Christian Dickinger
Habsburgs schwarze Schafe

AF217404

PIPER

Zu diesem Buch

Bereits Winston Churchill mokierte sich lautstark über die »idiotischen habsburgischen Erzherzöge«. In der Tat hat die Dynastie der Habsburger viele Familienmitglieder hervorgebracht, die sich durch Schwachsinn, physische Gebrechen, Charakterschwäche oder zumindest einen Hang zur Exzentrik auszeichneten – drastische Folgen jahrhundertelang betriebener Inzucht. Mit eiserner Konsequenz hielt Kaiser Franz Joseph am »Familienstatut« fest, das den Mitgliedern seines Hauses nur standesgemäße Heiraten gestattete, ungeachtet der nahen verwandtschaftlichen Beziehungen. Über permanenten Ehebruch und Ausschweifungen aller Art, wie sie beispielsweise der an Syphilis verstorbene Erzherzog Otto praktizierte, sah er großzügig hinweg, sofern sich das durchlauchtigste Treiben im Verborgenen abspielte. Pointiert und kenntnisreich schreibt Christian Dickinger über aristokratische Arroganz, fanatischen Glauben an das Gottesgnadentum und den Wahnsinn dynastischer Inzucht. Ein Buch über die Schattenseiten eines großen Herrschergeschlechts.

Christian Dickinger, geboren 1970 in Gmunden, studierte unter anderem Politikwissenschaft an der Universität Wien, wo er mit der Promotion am Institut für Staatswissenschaft abschloss. Er war seit 1997 freier Schriftsteller mit dem Schwerpunkt Politik und betätigte sich engagiert in der Kommunalpolitik, bis er 2021 verstarb. Von ihm erschienen zuletzt »Die Skandale der Republik«, »Franz Joseph I.«, »Die schwarzen Schafe der Wittelsbacher« und »Der Kreisky-Androsch-Konflikt«.

Christian Dickinger

Habsburgs schwarze Schafe

Über Sonderlinge, Rebellen
und Wahnsinnige im kaiserlichen Hause

Mit 15 Abbildungen

Mehr über unsere Autorinnen, Autoren und Bücher:

www.piper.de

Ungekürzte Taschenbuchausgabe
ISBN 978-3-492-24346-9
1. Auflage August 2005
14. Auflage April 2024
© 2023 Paul Zsolnay Verlag Ges. m. b. H., Wien
© Piper Verlag GmbH, München 2024
© Verlag Carl Ueberreuter, Wien 2000
Umschlaggestaltung: semper smile, München
Umschlagabbildung: akg-images /Cameraphoto
Gesetzt aus der Garamond
Gedruckt von CPI books GmbH, Leck
Printed in the EU

Inhalt

»Was diese Erzherzoge und Erzherzoginnen treiben, ist geradezu unerhört! Sie wollen auf jeden Fall der Öffentlichkeit beweisen, dass die Dynastie dekadent, degeneriert ist. Sie brauchen sich nicht so anstrengen, wir wissen alle schon längst, dass mit den Habsburgern nicht mehr viel anzufangen ist!«

Ministerpräsident Ernest von Koerber[1]

Zum Geleit

»Wer sich aber wundern sollte, dass nach so vielen Geschichts-
schreibern auch mir die Abfassung einer solchen Schrift
in den Sinn kommen konnte, der lese zuvor alle Schriften jener
anderen durch, mache sich darauf an die meinige
und dann erst wundere er sich.«

Flavius Arrianos (95–180 n. Chr.)

Während des »langen 19. Jahrhunderts«[2] brachte die Dynastie der Habsburger eine ungewöhnlich große Anzahl von
Familienmitgliedern hervor, deren Verhalten im In- und Ausland für beträchtliches Aufsehen sorgte. Der britische Staatsmann Winston Churchill, Enkel des 7. Herzogs von Mal-
borough, mokierte sich einmal lautstark über die »idiotischen
habsburgischen Erzherzoge«, womit er allerdings einer durchaus gängigen Einschätzung Ausdruck verlieh. Kaisertreue und
monarchische Gesinnung konnten auch in Österreich nicht
verhindern, dass die eingangs zitierte Einschätzung des Ministerpräsidenten Ernest von Koerber, wonach mit den »degenerierten« Habsburgern »nicht mehr viel anzufangen« sei, von
vielen geteilt wurde. Die Tatsachen sprachen einfach für sich
bzw. gegen einige Mitglieder dieser uralten Adelsfamilie, die
Österreich seit Jahrhunderten – »aus der Tiefe der Zeiten her«[3]
– regierte. Ein persönlicher Berater von Kaiser Franz Joseph
schrieb in seinen unter dem Schutze der Anonymität publi-
zierten Erinnerungen: »Es unterliegt keinem Zweifel, die
Habsburger waren ein zu altes Geschlecht und es erging ihnen
wie dem Weine, der, wenn er zu lange liegt und nicht sorgfälti-
ge, auffrischende Pflege findet, einfach Essig wird.«[4]
Aus dynastischen Erwägungen und primitivem Standesdünkel
wurden von der Familie Habsburg seit Jahrhunderten wahre
Orgien der Inzucht gefeiert, deren Ergebnisse sich in

Schwachsinn, physischen Gebrechen, Charakterschwächen, intellektueller Impotenz und allerlei Geisteskrankheiten manifestierten. Bei manchen Prinzen und Prinzessinnen bewirkte diese fahrlässige Schwächung der Erbmasse lediglich einen vergleichsweise harmlosen Hang zur Extravaganz, bei anderen fielen die Folgen wesentlich dramatischer aus. Die mehrere Generationen fortdauernden Verwandtenehen zwischen der österreichischen und der spanischen Linie des Hauses schwächten die Dynastie nachhaltig und führten dazu, dass den Habsburgern ab dem 16. Jahrhundert schlicht und einfach die Ahnen abhanden kamen. Wer aber nun der Meinung anhängt, wonach die Jahrhunderte unter Umständen auch ein Fürstengeschlecht wie die Habsburger klüger machen könnten, unterliegt einem folgenschweren Irrtum. Ein aus dem Jahre 1839 stammendes »Familienstatut«, das wohlweislich vor der Öffentlichkeit geheim gehalten wurde, normierte, dass kein Familienmitglied ohne die Erlaubnis des Kaisers heiraten durfte. Dabei war die Auswahl ohnehin beschränkt, da sich ein Habsburger nur »standesgemäß« verehelichen durfte, womit ausschließlich Mitglieder jener Familien infrage kamen, die bis zurück zu den Urgroßeltern aus einem regierenden Haus entstammen mussten. Die Konsequenz dieser lächerlichen und aberwitzigen Selektion, dieser gemeingefährlichen Inzuchtgarantie, war, dass auch und insbesondere im 19. Jahrhundert.zahlreiche Habsburger geistig und physisch schwerst beeinträchtigt waren. Der geistesschwache und zudem an Epilepsie erkrankte Kaiser Ferdinand I. – nach den Worten seiner Schwägerin Sophie »ein Trottel als Repräsentant der Krone«, nach jenen des Briten Lord Palmerston »eine vollkommene Null, beinahe ein Idiot« – gilt als eines der traurigsten Beispiele.

Die katholische Kirche verbot zwar die Eheschließung unter Blutsverwandten, doch wenn es sich um eine fürstliche Verbindung handelte, wurde die Ausnahme zur Regel erhoben und automatisch die Dispens erteilt. Es ist kein einziger Fall bekannt, dass die Kirche ihre Zustimmung zu einer solchen Heirat verweigert hätte. Vor allem zwischen den erzkatholischen Familien der Habsburger und der Wittelsbacher war es immer wieder zu politisch motivierten Ehen gekommen. Der bayerische König Maximilian Joseph verheiratete seine Tochter Karoline Auguste an den österreichischen Kaiser Franz I., dessen äußerst beschränkter Sohn Erzherzog Franz Karl, Kaiser Ferdinands Bruder, die bayerische Prinzessin Sophie ehelichte, eine Stiefschwester von Karoline Auguste, die nun auch die Schwiegermutter der jungen Braut wurde.

Der älteste Sohn dieses wahrlich nicht viel versprechenden Paares bestieg im Jahre 1848 als Franz Joseph I. den Thron. 1854 heiratete er seine Cousine Elisabeth, genannt Sisi, die zweitälteste Tochter seiner Tante Ludovika. Die Gräfin Larisch-Wallersee, eine »unstandesgemäße« Tochter von Sisis Bruder Ludwig und der Schauspielerin Henriette Mendel, die nach dem Tod des psychisch und physisch schwer angeschlagenen Kronprinzen Rudolf am Wiener Hof in Ungnade gefallen war, schrieb über diese beiden Dynastien: »Die Mitglieder des königlichen und herzoglichen Hauses Wittelsbach sind, alles in allem genommen, sicherlich interessanter und geistvoller als die Habsburger. Wohl arten auch die Sonderlichkeiten der Bayern bisweilen in Wahnsinn aus, doch ist der Unterschied zwischen den beiden Familien der, dass bei den Habsburgern der Irrsinn sich meistens in Unmoral, Selbsterniedrigung und gemeinen Ehen äußert, während er den Wittelsbacher in einen romantischen Dulder verwandelt, der in Welten hoch über allen Banalitäten des Lebens schwebt. Durch die königliche Familie haben sich immer Spuren von Wahnsinn gezogen, Sonderlinge hat es immer in der herzoglichen Linie gegeben. Aber keiner von uns hat jemals die grausigen Schandtaten der Habsburger verübt.«[5]

Die erstmals 1913 erschienenen Memoiren der Gräfin Larisch, deren 23-jähriger Sohn Hans Georg sich im Jahre 1909 erschoss, nachdem er in einem Buch über die Rolle seiner Mutter im Mayerling-Drama erfahren hatte, sind, wenn es sich um historische Details handelt, mit Vorsicht zu genießen, Enttäuschung und Antipathie schimmern wie ein Wasserzeichen durch ihre Erinnerungen. Wenn sich die Gräfin in der zitierten Passage über die »grausigen Schandtaten der Habsburger« ereifert, drängt sich ein Satz des Teiresias aus Hölderlins Nachdichtung der »Antigone« auf, der lautet: »Welche Kraft ist das, zu töten Tote?«

Das vorliegende Buch ist gewiss kein Beitrag zur Entmumifizierung einiger Mitglieder des Hauses Habsburg-Lothringen, kein Rückfall in den »Habsburger-Kannibalismus« vergangener Jahrzehnte, die Feder wurde nicht in Jauche getaucht, in Weihrauch freilich schon gar nicht. Der byzantinische Stil mancher Autoren ist ebenso abzulehnen wie jener der pauschalen Aburteilung. Arthur Schopenhauer sagte einmal, dass der »natürliche Stil der Geschichtsschreibung der ironische« sei. Es ist somit die Ironie, die auf den nächsten Seiten Regie führt, nicht die Polemik. Das Buch steht unter dem Motto der Entsakralisierung und Entmythifizierung, der Enttabuisierung und Entzauberung, der Relativierung und Zurechtrückung. Ich schreibe über aristokratische Arroganz, über Anmaßungen und Zumutungen, über Standesdünkel, fanatisches Gottesgnadentum und die Obsession der Auserwähltheit, über den Wahnsinn dynastischer Inzucht und den Wahnsinn als deren katastrophale Folge, ich schreibe über kleine Schwächen und große Laster, über erzwungene Ehen und außereheliche Affären, über Bigotterie und unerträgliche Doppelmoral.

Ab und dann, wenn auch nur selten, umlichterte gleich einem bengalischen Flammenstreifen sogar ein Anflug von geistiger Größe die Familiengeschichte der Habsburger, was in der franziskojosephinischen Ära jedoch als eine Art genealogischer Betriebsunfall bewertet wurde. Von den unkonventionellen Denkern, den Reformern und Rebellen wollte der Kaiser nichts wissen. Über permanenten Ehebruch und Ausschweifungen aller Art sah er hingegen großzügig hinweg, solange das durchlauchtigste Treiben im Verborgenen stattfand und die Öffentlichkeit keinen Wind davon bekam. Wenn ein Erzherzog allerdings aufbegehrte oder sich gar anschickte, sich den Wünschen der Majestät zu widersetzen, reagierte Franz Joseph mit stählerner Faust. Gegenüber den Mitgliedern seines »Hauses«, um 1864 zählte man 66 Erzherzoge und Erzherzoginnen, war er geradezu unerbittlich. Das vom Fürsten Metternich erdachte »Familienstatut« eröffnete dem Kaiser als Familienoberhaupt umfangreiche »hausrechtliche« Möglichkeiten. Diese grotesken »Hausgesetze«, die ursprünglich die Position des schwachen Kaisers Ferdinand stärken sollten, sicherten ihm volle Souveränität und Gerichtsbarkeit über jeden Habsburger zu. Verfehlungen der hohen Herren wurden demnach nicht von einem staatlichen Gericht, sondern vom Kaiser bzw. dem Obersthofmarschallamt sanktioniert. Zudem stand ihm das »Recht einer besonderen Aufsicht« zu, welches sich »insbesondere auf Vormundschaften, Kuratein und Verehelichungen, überhaupt aber auf alle Handlungen und Verhältnisse der Familienmitglieder« bezog, die »auf Ehre, Würde, Ruhe, Ordnung und Wohlfahrt des durchlauchtigsten Erzhauses einen Einfluss haben können«. Dem Monarch kam ferner das Recht zu, über die Erziehung der Prinzen und Prinzessinnen sowie deren Umgebung zu bestimmen, außerdem durfte kein Habsburger ohne die ausdrückliche Erlaubnis des Familienoberhauptes ins Ausland reisen. Diese quasidiktatorischen Vollmachten äußerten sich für die Mitglieder des so genannten »Erzhauses« in einer beinahe alle Lebensbereiche umfassenden Totalität.

Im Oktober 1889, nur wenige Monate nach dem mysteriösen Tod des Kronprinzen Rudolf, setzte Erzherzog Johann Salvator (Johann Orth) einen in der Geschichte der Habsburger einmaligen Akt. Er schrieb dem Kaiser einen Brief, in dem er darum bat, aus dem Erzhaus ausscheiden zu dürfen. Franz Joseph reagierte prompt, er warf den toskanischen Verwandten aus dem Familienverband. Noch dramatischer ging der Austritt von Johanns Neffen, Erzherzog Leopold Ferdinand Salvator (Leopold Wölfling), der später u. a. als Würstelverkäufer arbeitete, vonstatten. Als der junge Habsburger dem Kaiser eröffnete, dass er eine ehemalige Prostituierte zu heiraten gedenke, ließ dieser den Prinzen in eine geschlossene Anstalt sperren. Leopold folgte 1902 dem Beispiel seines Onkels, er trat aus dem Kaiserhaus aus, worauf er vom gestrengen Familienoberhaupt »aus der Liste der Lebenden« gestrichen wurde. 1911 wiederholte sich das Szenario. Mit Erzherzog Ferdinand Karl, einem Neffen Franz Josephs, trat innerhalb weniger Jahrzehnte bereits der dritte Habsburger aus dem Kaiserhaus aus, ein Vorgang, der immer auch als Hinauswurf interpretiert werden muss. Nachdem ihm der kaiserliche Oheim die Heirat mit der Bürgerlichen Bertha Czuber mehrmals verboten hatte, zog sich der Erzherzog als Ferdinand Burg ins Privatleben zurück. Alle drei Herren wurden zudem des Landes verwiesen, Herr Burg durfte nur noch ein einziges Mal in seine Heimat zurückkehren. 1914 gestattete ihm der greise Monarch, an der Beerdigung des ermordeten Erzherzog-Thronfolgers Franz Ferdinand, Ferdinand Karls ältestem Bruder, teilzunehmen. 14 Jahre zuvor hatte Ferdinand Karl noch persönlich beim Kaiser gegen die unstandesgemäße Ehe des Bruders mit der Gräfin Sophie Chotek, die immerhin aus böhmischem Uradel stammte, protestiert, da er eine solche Verbindung aus dynastischen Erwägungen für inakzeptabel hielt. Zwar bekam Franz Ferdinand, dessen Standesdünkel im Normalfall ebenso entwickelt war wie jener des Kaisers, zuletzt doch die Erlaubnis zu dieser »morganatischen Verbindung«, aber seine Gattin wurde seitens des Hofes bei jeder Gelegenheit gedemütigt, die gemeinsamen Kinder wurden noch vor deren Geburt von allen Vorrechten ausgeschlossen.

Ein habsburgischer Thronfolger durfte beschränkt sein, ein Schwachkopf gar, unzurechnungsfähig, selbst ein Wüstling vom Format des Erzherzogs Otto wäre in Frage gekommen. Otto, ebenfalls ein Bruder von Franz Ferdinand, hatte wie Ferdinand Karl gegen die Hochzeit des Thronfolgers opponiert, obwohl doch gerade dieser Prinz, der bis heute als Personifizierung dynastischer Degeneration gilt, Verständnis hätte haben müssen. Ottos Exzesse sind legendär, selbst die ausländische Presse beschäftigte sich mehr als einmal mit dem Lebensstil dieses Habsburgers, den schließlich die Syphilis hinwegraffen sollte. Härte zeigte der Kaiser auch gegenüber seinem homosexuellen bzw. bisexuellen Bruder Ludwig Viktor, genannt »Luzivuzi« oder »Bubi«, einem Liebhaber von Frauenkleidern, der nach einem einschlägigen Zwischenfall in einer öffentlichen Badeanstalt, wo sich »Luzivuzi« an einen jungen Burschen herangemacht hatte, der sich beim jüngsten Bruder des Kaisers daraufhin mit einer schallenden Ohrfeige zu bedanken wusste, auf Schloss Kleßheim bei Salzburg interniert wurde. Dort starb der Geisteskranke im Jahre 1919.

Schwachsinn, Geisteskrankheit, Primitivität, Rebellion, Außenseitertum u. a. m. werfen lange Schatten auf den Glanz und die Würde des »Hauses Österreich«, denn Grenzüberschreitungen aller Art passen nicht so recht in die üblichen Schablonen. Doch warum soll eine Familie, nur weil sie den geschichtsmächtigen Namen Habsburg trägt, von Abweichungen von der Norm oder auch Absonderlichkeiten verschiedenster Spielarten ausgenommen sein? Und vor allem: Warum sollte man verschweigen, dass gerade in der Familie Habsburg derartige Absonderlichkeiten besonders oft auftraten? Nur deshalb, weil diese in der gängigen Geschichtsschreibung für gewöhnlich marginalisiert wurden? Dafür besteht nun wirklich kein Anlass.

Außerdem soll nicht verschwiegen werden, dass die von zumeist reaktionären Privatlehrern überwachte Ausbildung der Erzherzoge, die vor allem streng und schikanös war, sehr zu wünschen übrig ließ und auch in diesem Umstand eine Art Teilschuld an der Unfähigkeit der kaiserlichen Hoheiten wurzelte. Baron Albert Margutti erklärte dazu einmal: »Man verstand es in der kaiserlichen Familie bedauerlicherweise nicht, die Prinzen einen Lehrgang durchmachen zu lassen, sondern begnügte sich damit, ihnen einige ad usum Delphini hergerichtete allgemeine Kenntnisse beizubringen, welche sie dann, schlecht und recht, halbwegs befähigten, die militärische Laufbahn einzuschlagen, die man für die allein selig machende hielt ...«[6]

Auf den folgenden Seiten soll nicht dem Dichterwort gefrönt werden, wonach »das Strahlende zu schwärzen« und »das Erhabene in den Staub zu ziehen« wäre, sondern vielmehr der Überzeugung, dass die sich über selektiv bearbeitete Biografien verschiedener Habsburger und Habsburgerinnen definierende Vergegenwärtigung der so genannten »guten alten Zeit« wesentlich dazu beitragen kann, eine Art intellektuelle Immunisierung gegenüber verklärten Geschichtsbildern und Retrospektiven, restaurativen Ansprüchen, anachronistischen Rechtfertigungen und neu entdeckten »Verpflichtungen« herbeizuführen. »Wenn man in die Geschichte zurückblickt«, erklärte z. B. noch in den 1990-er Jahren Karl Habsburg-Lothringen, der von einem überreich gefüllten Fettnäpfchen ins andere zu treten geruhende Ideenlieferant des über den zukünftigen »Chef des Hauses« Spott und Hohn ausgießenden Feuilletons, »sieht man, dass so ein großer ›Clan‹ auch immer Verpflichtungen und Rechte in politischer, gesellschaftlicher und wirtschaftlicher Hinsicht hatte. ... Dies hat sich bis heute nicht geändert – wenn man auch sagen muss, dass sich aufgrund der gegenwärtigen Umstände die Rechte drastisch eingeschränkt haben.«

Wohlgemerkt, Herr Karl Habsburg spricht hinsichtlich seiner »drastisch eingeschränkten Rechte« – nach acht Jahrzehnten Republik – von »gegenwärtigen Umständen«! Ein Teil der so genannten »Hocharistokratie« nimmt nach wie vor den Standpunkt ein, sie habe Vorbildcharakter, trage kraft Geburt und Tradition ein höheres Maß an Verantwortung für die Gemeinschaft als andere Zeitgenossen und wäre – sagen wir es geradeheraus – »etwas Besseres«, so als würden aus dem Abyssus der Zeit die Jahrhunderte geschichtsmächtig in ihrer Brust schlagen und mit jedem Takt an eben diese viel beschworene »Verantwortung« erinnern, welche gleich einer schicksalhaften Fügung in freilich an Konnotationen reiche Familiennamen eingebrannt zu sein scheint. Bewusst oder unbewusst steht das knarrende Tor ins Gestern einen Spalt weit offen und dahinter ist das leise, nur mühsam unterdrückte Scharren eines notdürftig verschleierten Geburtsgnadentums zu vernehmen. Ehrgeiz und Fähigkeiten fließen nur selten zusammen, hierin finden sich Vergangenheit und Gegenwart. Oftmals jedoch fehlte es in dieser an Denk- und Merkwürdigkeiten reichen Familie Habsburg-Lothringen an beidem, am Wollen *und* am Können.

Napoleons Sohn oder: Wer war der Herzog von Reichstadt?

>»Was meine Ansicht betrifft, so wollte ich lieber,
dass man meinen Sohn erwürge, als ihn jemals in
Wien als österreichischen Prinzen erzogen zu sehen.«

Napoleon Bonaparte

*»Die letzten Augenblicke
des Sohnes Napoleons«*

Das Karussell europäischer Großmachtpolitik drehte sich seit jeher über die Bedürfnisse, Wünsche und Gefühle jener Nachkommen der allerhöchsten Familien hinweg, die nicht selten als hochwohlgeborenes Menschenmaterial den stets noch höher angesiedelten dynastischen Interessen zum Opfer fielen. Die »Staatsräson«, eine euphemistische Floskel für die frivole Entfaltung diplomatischer Aktivitäten, genoss absoluten Vorrang. Wenn es um das »Wohl des Hauses« ging, mithin um die Absicherung von Macht und Einfluss bzw. deren Mehrung, um Geld und Territorium, gab es für die Prinzen und Prinzessinnen, die obendrein in der Regel noch blutjung waren, nur eine einzige Norm: unbedingten Gehorsam! Dies galt speziell für die Töchter der herrschenden Dynastien. Die Staatskanzleien glichen einem Verschubbahnhof machtpolitischen Kalküls, von dem aus die schon durch ihre Erziehung emotional meist völlig deformierten Mädchen als menschliche Ware an ihren Bestimmungsort verschickt wurden. Fürst Metternich erklärte einmal in diesem Sinne: »Wir heiraten, um Kinder zu haben, und nicht, um die Sehnsüchte des Herzens zu stillen.«

Eine Prinzessin wird verschachert

Eine dieser Töchter, die 1755 geborene Maria Antonia, wurde am 16. Mai 1770 per Prokuration (durch einen Stellvertreter) mit dem französischen Dauphin vermählt, der vier Jahre später als Ludwig XVI. den Thron besteigen sollte. Die Habsburgerin war damals erst 15 Jahre alt. Ihr Gatte war ein primitiver Phlegmatiker, nur mäßig gebildet und blind für die unsagbaren Leiden der dahindarbenden, rechtlosen Untertanen. Seine Leidenschaft galt der Saujagd, mit harten körperlichen Arbeiten trachtete er seine langjährige Impotenz zu kompensieren. Die romantischen Hoffnungen, die kein Geringerer als der alternde Philosophenfürst Voltaire in ihn gesetzt hatte, vermochte der dekadente Bourbone nicht einmal im Ansatz zu erfüllen. Verschwenderischer Luxus in der königlichen Traumwelt von Versailles hatte den Staat in den Bankrott geführt, Missernten führten zu furchtbaren Hungersnöten. Doch alle Reformideen wurden seitens des Hofes, der Aristokratie und der »Hohen Geistlichkeit« arrogant verworfen. Just diese erzreaktionäre Beharrlichkeit war der Humus, in welchem die von den ersten Denkern Europas gestreute Saat der Aufklärung gedeihen konnte. Doch der König und die Königin glichen einem Pfauenpärchen, das von alldem keine Notiz zu nehmen geneigt war. »Madame Déficit« wurde Maria Antonia alias Marie Antoinette, der »strahlende Mittelpunkt des vergnügungs- und verschwendungssüchtigen Hofes«[7], vom Volksmund bezeichnet; ihre Überheblichkeit war tatsächlich sprichwörtlich.

Nachdem sich der dritte Stand 1789 zur Nationalversammlung erklärt und mit der Ausarbeitung einer Verfassung begonnen hatte, war es »die Österreicherin«, die für die harte Gangart plädierte und anstatt Verhandlungen der kathartischen Kraft der Bajonette vertraute. Doch daraus wurde nichts. Am 14. Juli 1789 erfolgte der Sturm auf die Bastille, der an Symbolik reiche Sturm auf die alte Ordnung. Ganze sieben Gefangene galt es zu befreien. Als der Herzog von Liancourt zum König eilte, um ihn über die beunruhigenden Ereignisse zu unterrichten, rief der bestürzte Louis: »Aber mein Gott, das ist ja eine Revolte!« – »Nein, Sire«, entgegnete Liancourt kühl, »das ist die Revolution!« Etwa drei Monate später musste die königliche Familie nach Paris übersiedeln, dem »Druck von Galerie und Straße« nachgeben. Dies war die eigentliche Ouvertüre der Französischen Revolution.

In Österreich herrschte zu diesem Zeitpunkt noch der Reformkaiser Joseph II., der Bruder Marie Antoinettes. Im Februar 1790 folgte ihm sein durchaus konstitutionell gesinnter Bruder Leopold II. nach und dessen ältester Sohn – auch Leopold hatte 16 Kinder –, der 1768 geborene Franz, wurde aufgrund des Gesetzes der Primogenitur, worunter man den Vorzug des erstgeborenen Sohnes bei der Erbfolge versteht, sein Nachfolger. Am 5. Juli 1792 wurde der 24-Jährige als Franz II. zum römisch-deutschen Kaiser gewählt. Indessen überstürzten sich in Frankreich die Ereignisse, im September d. J. kam es zur Ausrufung der Republik. Auf Antrag des Bürgers Robespierre wurde Ludwig XVI., nunmehr nur noch der »Bürger Capet«, mit einer einzigen Stimme Überhang zum Tode verurteilt. Am 21. Jänner 1793 führte man den gestürzten König von Gottes Gnaden zur Guillotine. Wenige Monate später herrschte in Paris ein diktatorisches Regime, das die Prinzipien der Revolution, »Gleichheit, Freiheit und Brüderlichkeit«, schmählich verraten hatte. Ein allgegenwärtiges Revolutionstribunal praktizierte Justizterror der übelsten Sorte und veranlasste bis Juli 1794 allein in Paris 1251 Vollstreckungsurteile durch die Guillotine. Eines der Opfer war die stolze Marie Antoinette, die am 16. Oktober zur Hinrichtung geführt wurde. Der Prozess gegen die Habsburgerin wurde von Beginn an unfair geführt, die Niedertracht ihrer Ankläger ging sogar so weit, dass ihr der Vorwurf gemacht wurde, sie hätte ihr Kind sexuell missbraucht. Marie Antoinette war bis zuletzt auf die Wahrung ihrer Würde bedacht, die »Witwe Capet« wollte »als Königin sterben«. Als sie auf dem Schafott ihrem Henker versehentlich auf den Fuß trat, soll sie gesagt haben: »Entschuldigen Sie mich, Herr, es geschah nicht absichtlich ...«

»Das ist gerade der Uterus, den ich zum Heiraten brauche!«

Niemand konnte in dieser Stunde ahnen, dass nur 17 Jahre später wieder eine Prinzessin aus dem Hause Habsburg den Thron Frankreichs besteigen würde. Ihr Name war Marie Louise, Franz' I./II. 1791 geborene Tochter. Und wie ihre Verwandte Marie Antoinette wurde sie Opfer der habsburgischen Heiratspolitik. Napoleon I. Bonaparte, seit 1804 Kaiser der Franzosen, hatte sein Interesse an der Erzherzogin bekundet, wobei er vor allem bei Metternich auf offene Ohren stieß. Der korsische Revolutionsgewinnler sehnte sich geradezu obsessiv nach einem männlichen Erben, nach einem Bewahrer der Dynastie, welche tausend Jahre herrschen sollte. (In Parenthese sei hier angemerkt, dass dieser Irrtum in der Geschichte öfter anzutreffen ist, vom christlichen Chiliasmus bis zum Schattenreich des Blutlandkartenmalers aus Braunau.) Napoleons erste Frau, Joséphine Beauharnais, konnte ihm diesen Wunsch nicht erfüllen, weshalb er sich 1810 offiziell scheiden ließ. Die neue Gattin des »Usurpators von Europa« musste nicht nur gesund und kräftig sein, sondern, um mit Napoleon zu sprechen, »von edelster Geburt«. Nur zwei Herrscherhäuser kamen deshalb für den wählerischen Kaiser in Frage: die Romanows und die Habsburger. Nachdem die russische Großfürstin Anna, eine Schwester des Zaren, die Avancen des Kaisers in deutlicher Form abgelehnt hatte, verblieb das uralte Geschlecht der Habsburger. Napoleon dachte nur an einen Nachfolger, die Vorzüge seiner Auserwählten waren ihm relativ gleichgültig, einen Thronfolger musste sie ihm gebären, das war alles. Über Marie Louise bemerkte Napoleon wenig feinfühlend: »Das ist gerade der Uterus, den ich zum Heiraten brauche!«

Die Kaisertochter vertraute ihrem geliebten Vater viel zu sehr, als dass ihr in den Sinn gekommen wäre, dass dieser sie in eine ausschließlich politisch motivierte Ehe drängen würde. »Und Papa ist viel zu gut«, schrieb sie, »um mich in einer so wichtigen Angelegenheit zu etwas zu zwingen.«[8] Doch der »gute Kaiser Franz« kümmerte sich keinen Deut um das Wohlergehen seiner Tocher, ihr Glück bedeutete ihm nichts. Als alles schon entschieden war, zeigte sich der Kaiser sogar noch zu feige, um Marie Louise über die bereits beschlossene Heirat in Kenntnis zu setzen. Die Schuld schob er schließlich auf Metternich, dieser, so erklärte er seinem völlig aufgelösten und weinenden Kind, habe sie aus eigenen Stücken dem Korsen versprochen und er, der Kaiser, könne jetzt nichts mehr daran ändern. Die Hochzeit erfolgte per procurationem am 10. März 1810 in Wien. Drei Tage später trat Marie Louise mit 85 Kutschen die Reise nach Frankreich an. Während sich die verschacherte Kaisertochter wie »ein dem Minotaurus geweihtes Opfer«[9] fühlte und Maria Karolina von Neapel erklärte, des »Teufels Großmutter« zu werden, hielt Napoleon am Tage von Marie Louisens Ankunft in Paris fest: »Wir sind nun eine Familie, Kaiser Franz wird dereinst der Beschützer meiner Kinder sein.«[10] Napoleon konnte damals nicht wissen, wie Recht er mit dieser Bemerkung haben sollte.

Am 1. April fand die Ziviltrauung statt, einen Tag später die kirchliche Trauung im Louvre. Zahlreiche Kardinäle sabotierten die feierliche Zeremonie, da sie des Kaisers zweite Ehe als ungültig betrachteten. Als die hohen geistlichen Herren nach der Hochzeit doch noch geschlossen am offiziellen Empfang teilnahmen, ließ Napoleon sie hinauskomplimentieren und rief in höchster Erregung, dass er von »diesen aufgeblähten Pfaffen« nichts mehr wissen wolle. Die Habsburgerin wurde in Paris zwiespältig aufgenommen. Napoleon tat alles, um ihr zu gefallen, und umschwärmte seine junge Frau. Einige Damen höherer Kreise hingegen kritisierten ihren »Kalmückenblick«, ihre zu breiten Schultern und Hüften, die auffällig üppigen Brüste. Die gestrenge Gattin eines französischen Generals meinte gar, dass ihr die Hässlichkeit Marie Louises »den Schlaf geraubt« habe.

»Dies ist der König von Rom!«

Im Juli wurde die junge Kaiserin der Franzosen schwanger. Es wurde beschlossen, dass sie einen Sohn zu gebären habe. Der Korse hatte auch bereits einen protzigen Titel ersonnen: »König von Rom«. Am 19. März setzten die Wehen ein und prompt standen 22 ausgewählte Zeugen in einer diesem Anlass angemessenen Kleidung bereit. Als sich andeutete, dass sich die Geburt noch verzögern würde, richteten sich die Herrschaften auf eine längere Wartezeit ein, manche Würdenträger verschwanden für eine Weile im Bordell.
Um 9 Uhr 20 des nächsten Tages war es endlich so weit. Eine Geburtszange brachte Napoleons Sohn, der anfangs ganz blau im Gesicht war, zur Welt. Nachdem man den Neugeborenen mit etwas Branntwein stimuliert hatte, hob ihn der Kaiser triumphierend in die Höhe und rief: »Dies ist der König von Rom!« Im Rahmen einer Nottaufe erhielt der Knabe noch am selben Tag den Namen Napoleon Franz Carl Joseph. Unter den allgemeinen Jubel mischte sich auch Skepsis. Eine Dame in Wien soll in jenen Märztagen bemerkt haben: »Bah – der kleine König von Rom! In ein paar Jahren kommt er vielleicht hierher, um sich aus Mildtätigkeit aufpäppeln zu lassen!«[11]
So ähnlich kam es dann ja auch. Doch zunächst erfreute sich

die französische Kaiserfamilie einer kurzen Phase geradezu bürgerlichen Glücks. Die Tochter des Kaisers Franz hatte für den »Usurpator Europas«, bei dessen Namensnennung sie sich vor noch nicht allzu langer Zeit bekreuzigt hatte, einige Zuneigung entwickelt. Sie nannte Napoleon »Popo« und küsste ihn leidenschaftlich vor dem versammelten Hofe. Politisch hingegen hatte sich Metternich gehörig verrechnet. Das eifrig zur Schau gestellte Familienglück der Bonapartes ließ sich für die österreichische Politik in keiner Weise nutzbar machen: »Das Haus Habsburg hatte seinen guten Namen und an Napoleon eine passable Bettgenossin verkauft, aber letztlich nichts dafür erhalten. Metternich, durch mehrere Aussprachen mit Napoleon ernüchtert, ahnte, dass der Friede Europas nicht von langer Dauer sein werde«, resümierte ein Autor trefflich.

»Ist mein Vater, der so viel Unheil angestellt hat, ein Verbrecher?«

Im Juni 1812 überschritt die riesige Streitmacht Napoleons den Fluss Njemen nordöstlich von Königsberg, der Russlandfeldzug der »Grande Armée« hatte begonnen. Etwa 700 000 Mann, die bisher größte Armee der Geschichte, setzte sich mit 28 Millionen Flaschen Wein und 2 Millionen Flaschen Schnaps im Gepäck in Bewegung. Zar Alexander I. »glaubte sich zum Kampf gegen den Antichristen durch Gott berufen«.[12] Mit derartigen Zuschreibungen wurde Napoleon zeit seines politischen Lebens reich bedacht, er galt als »Antichrist«, »Teufel«, »Werwolf«, »Verbrecher« u. a. m. Lange nach seiner Abdankung bemerkte sein kleiner Sohn gegenüber einem Erzieher, er wisse, dass in Frankreich einmal ein Kaiser geherrscht habe. »Wer war das?« Der Erzieher, er hieß Foresti, antwortete: »Das war Ihr Vater, der infolge seiner unglücklichen Neigung für den Krieg Krone und Reich verloren hat!« – »Ist mein Vater, der so viel Unheil angestellt hat, ein Verbrecher?«, wollte der aufgeweckte Knabe schließlich wissen. Foresti zog sich geschmeidig aus der Affäre und empfahl dem kleinen Prinzen, doch lieber zu beten.[13]

Mitte September zog die französische Armee in das von den Russen geräumte Moskau ein. Sofort ließ Napoleon an der Wand über einem pompösen Kamin ein Gemälde seines geliebten Sohnes anbringen. Bald schon fiel reichlich Schnee, der harte russische Winter brach herein. Außerdem brannte Moskau nach wie vor an ungezählten Stellen. Die Stadt musste geräumt werden und die »Grande Armee« verlor sich in der Weite des Riesenreiches. Sie wurde völlig aufgerieben. Von bigotten Zeitgenossen wurde daraufhin einmal mehr der »Herrgott« bemüht, der alleine den Antichristen in die Schranken zu weisen vermocht hatte: »Mit Mann und Ross und Wagen hat sie der Herr geschlagen«, hieß es. Napoleon verließ seine Truppen und kehrte in kürzester Zeit nach Paris zurück, wo ein General soeben den Staatsstreich versucht hatte. Zuvor waren Gerüchte in die Welt gesetzt worden, wonach der Korse gestorben sei. In beinahe schon infantiler Unbekümmertheit erklärte damals die Kaiserin, gerade so, als hätte sie nie etwas von Marie Antoinette gehört: »Was hätten sie mir schon antun können? Ich bin doch die Tochter des Kaisers von Österreich.«[14] Auch um ihren Sohn hatte sie sich nicht besorgt gezeigt. Für Bonaparte war dieses Kind bis zu seinem frühen Tod im Exil der Mittelpunkt seines Lebens, in ihm sollte und musste sein eigener Ruhm fortleben.

»Schlagen wir Papa François! ... dieses Skelett, das vom Verdienst seiner Ahnen auf den Thron gesetzt wurde!«

Die Niederlage in Russland erwies sich als Anfang vom Ende. Napoleons wiederholte Versuche, den Schwiegervater in Wien für seine Sache zu gewinnen, scheiterten. 1813 setzten die so genannten »Befreiungskriege« ein. Preußen erklärte im März Frankreich den Krieg. Zuvor hatte der Zar ein Bündnis mit den Preußen abgeschlossen, dem wenig später auch England beitrat. Der Verlauf dieser Waffengänge tut hier nichts zur Sache. Erst als sich die letzten Hoffnungen auf eine Verhandlungslösung zerschlagen hatten, wollte Kaiser Franz in den Krieg eintreten. Von den Plänen des österreichischen Monarchen, der lange darauf warten musste, den korsischen Emporkömmling stürzen zu sehen, hatte Napoleon schon Monate zuvor Wind bekommen. Bereits zu diesem Zeitpunkt ließ er sich – bebend vor Zorn – über »Papa François« aus, »dieses Skelett, das vom Verdienst seiner Ahnen auf den Thron gesetzt wurde«.

Bei Dresden errang Napoleon noch einen wichtigen Sieg, aus der drei Tage währenden »Völkerschlacht« bei Leipzig im Oktober, die ungefähr 100 000 Gefallene forderte, ging er jedoch als Verlierer hervor. Wieder in Paris angekommen kümmerte er sich nun intensiv um seinen Sohn, der folgenden Spruch auswendig lernen musste: »Schlagen wir Papa François! Schlagen wir Papa François!« Doch daraus sollte nichts werden. Am 24. Jänner 1814 verabschiedete sich der Kaiser der Franzosen von Marie Louise und dem König von Rom. Er sollte die beiden nie mehr wieder sehen.

Ungefähr zwei Monate später zogen die alliierten Truppen in Paris ein. Napoleon wurde von einer provisorischen Regierung unter dem ungemein wandlungsfähigen Charles Maurice de Talleyrand, den Goethe einmal als »Voltaire der Diplomatie« bezeichnete, abgesetzt. Kurz vor dem Einmarsch der Alliierten waren Marie Louise und ihr Sohn mit dem Staatsschatz und einigen Millionen Franc aus der Stadt geflüchtet. Gegenüber Bestrebungen, den kleinen Prinzen als Napoleon II. auf den Thron zu setzen, widersetzte sich Zar Alexander, womit die Rückkehr der Bourbonen eine ausgemachte Sache war. Daraufhin verzichtete Napoleon für sich und seinen Sohn auf den Thron und meinte resigniert, dass der Rang eines Erzherzogs von Österreich für seinen Sohn vielleicht mehr wert sei als der Thron Frankreichs. In einem Brief vom 9. Februar klang er noch anders, kämpferischer: »Was meine Ansicht betrifft, so wollte ich lieber, dass man meinen Sohn erwürge, als ihn jemals in Wien als österreichischen Prinzen erzogen zu sehen.«[15] Am 29. April trat der Kaiser der Franzosen die Verbannung auf Elba an, am 21. Mai erreichte Marie Louise Wien. Im unerlässlichen Polizeibericht stand zu lesen, dass sich »der kleine Prinz die Sympathien des Publikums so rasch erworben hat, dass nichts so bedauert wird, wie dass der Kaiser Napoleon sein Vater ist.«[16]

Die Mutter des Prinzen, Marie Louise, empfand Wien bald als unerträgliches Gefängnis, die bevorstehende Abreise nach Parma, das ihr kurz zuvor als Herrschaftsgebiet zugestanden worden war, sah sie mit Freude entgegen. Davon, dass sie Napoleon nach Elba folgen würde, war schon lange keine Rede mehr. Die Kaiserin hatte sich in einen anderen Mann verliebt, in den Grafen Neipperg. Helmholtz urteilte streng: »Sie flennte ein paar Tage wie ein Dienstmädchen, das von seinem Liebhaber versetzt wurde, dann verdrehte sie lüstern die Augen nach dem einäugigen Kammerherrn Neipperg.«[17]

»Der Kongress kommt nicht vom Fleck, er tanzt!«

In der Polyphonie der Großmächte hatte Napoleon jetzt keine Stimme mehr, das »Ungeheuer« war bezwungen. Auf dem Wiener Kongress sollte eine neue Ordnung, d. h. die Wiederherstellung der vorrevolutionären Zustände, herbeigeführt werden. Nie wieder sollte eine Revolution aufbranden. Der Einfall, die monarchisch-dynastische Architektur Europas als Gegenstrategie zur Idee der Nation christlich zu legitimieren, stammte vom Zaren: Die »Heilige Allianz« war geboren. Initiator des Kongresses war der zum Fürsten aufgestiegene Metternich, der für die nächsten 30 Jahre die österreichische Politik prägen sollte. Am 18. September wurde der Kongress eröffnet. Metternich war neben Zar Alexander, dem britischen Außenminister Lord Castlereagh, der später mit einer Rasierklinge Selbstmord begehen sollte, und dem französischen Außenminister Talleyrand der Hauptdarsteller, Wien Ort der Verhandlungen und Vergnügungen. Jeder Tag kostete den Staat ein Vermögen.

Die Teilnehmer am Kongress kosteten von allen Freuden, die Wien zu bieten hatte. »Wenn das so fortgeht«, jammerte der Kaiser, »da lass ich mich jubilieren« (in die Rente schicken, Anm. C. D.). Insbesondere Alexander gab sich exzessiv der Promiskuität hin, ein geläufiges Bonmot lautete, dass der Russe »für alle liebe«. Gegenüber einer Gräfin Széchényi-Guilford bemerkte er eines Abends: »Ich höre, Ihr Gemahl ist abwesend. Es würde mir ein Vergnügen bereiten, ihn zu vertreten.« – Die Dame reagierte vornehm und witzig: »Majestät verwechseln mich mit einer Provinz.« Lady Castlereagh erschien im »Kostüm einer Vestalin mit dem Hosenbandorden ihres Mannes um die Stirne und der Devise ›Honni soit qui mal y pense‹«.[18]

»Der Kongress kommt nicht vom Fleck«, erklärte der Fürst von Ligne, »er tanzt!« Der greise Feldmarschall spielte mit diesem Satz darauf an, dass die Positionen der Verhandlungspartner verhärtet waren und das diplomatische Tauziehen nur zäh voranging. Es kristallisierte sich schließlich eine Frontstellung zwischen Österreich, Frankreich und England einerseits bzw. Russland und Preußen andererseits heraus. Im Februar 1815 war die Situation bereits so verfahren, dass von der Möglichkeit eines neuen Krieges die Rede war. Dies konnte natürlich auch Napoleon auf Elba nicht verborgen bleiben.

Am 6. März erreichte Metternich die Hiobsbotschaft, dass der Korse zurückgekehrt sei, sein Name lag erneut wie ein gespenstischer Schatten über Europa. Die Alliierten in Wien fanden nun rasch wieder zueinander. Talleyrand blieb als einer der wenigen ruhig: Napoleons Rückkehr mag zwar eine *Nachricht* sein, verkündete er gelassen, *Ereignis* sei sie hingegen keines mehr. Ganz anders Marie Louise, sie soll in Tränen ausgebrochen sein. Erzherzog Johann tröstete sie: »Meine arme Marie Louise! Ich bedaure dich. Was ich dir und uns wünsche ist, dass er sich endlich den Hals bricht!«[19]

Napoleons Einzug in Paris war triumphal, er gab sich nun als Volkskaiser und sprach viel von den hehren Prinzipien der Revolution, die er so oft mit Füßen getreten hatte: Die Herrschaft der einhundertvierzehn Tage begann. Am 18. Juni 1815 war alles verloren. In Waterloo ertranken die Träume des Korsen im regennassen Schlachtfeld, vier Tage später dankte er ab, seinen Sohn hingegen proklamierte er als Napoleon II. zum Kaiser der Franzosen. Die Entscheidung zwischen »Napoleon II.«, dessen Mutter die Regentschaft übernehmen sollte, und Ludwig XVIII. war jedoch rasch zugunsten des Bourbonen gefallen.

»Damals, als ich noch König war ...«

Die Zukunft von Napoleons Sohn lag in Wien, Kaiser Franz befahl den 5-Jährigen zu sich. Bei Hofe wurde der Knabe »Prinz Franzi« gerufen. Einen »ganz und gar deutschen Prinzen« wolle er aus dem Kind machen, erklärte sein Erzieher Graf Dietrichstein, dem »Prinz Franzi« von allem Anfang an mit ausgeprägter Abneigung begegnete. Dietrichsteins Kollege Foresti wurde vom widerspenstigen Prinzen etwas besser aufgenommen. Da »Prinz Franzi« ständig von seiner Vergangenheit am Pariser Hof sprach (»Damals, als ich noch König war ...«), verlangte Dietrichstein, dass alle französischen Angestellten aus dem Umfeld des Knaben zu verschwinden hätten. Marie Louise stimmte nur widerwillig zu. Anfang März 1816 reiste sie schließlich mit Neipperg nach Parma ab, ohne dies ihrem Kind zu sagen: »Ich bin abgereist, ohne Abschied zu nehmen, und war befriedigt von diesem Opfer.«[20]

Für den Jungen war die Abreise seiner Mutter begreiflicherweise ein Schock, er fühlte sich von allen allein gelassen. Trotzigkeit und Renitenz waren die logischen Folgen in dieser frühen Entwicklungsphase. Gegenüber den Mitgliedern der kaiserlichen Familie gab sich der Prinz liebenswürdig und strebsam, seinen Erziehern aber bereitete er stets Schwierigkeiten. Nachts erfand er Gespenster, von denen er lange nicht lassen wollte, und etwas später, als seine Erzieher darauf nicht mehr reagierten, fingierte er einen stark hinkenden Gang. Der 15-jährige Erzherzog Franz Karl brachte dem Prinzen so einige Schimpfworte bei, u. a. das unschickliche Wort »scheißen«, das er nun bei zahlreichen Gelegenheiten benützte.

»Dös war koa Guater!«

Der Knabe schien sehr genau im Bilde gewesen zu sein, wer sein Vater war, welche Bedeutung er einmal genossen hatte. Obgleich niemand über die Vergangenheit reden durfte, waren in seinem Kopf die Einflüsterungen der französischen Gouvernanten noch immer lebendig. Kein Blatt vor den Mund nahm sich Kaiser Franz: »Dös war koa Guater!«, pflegte er in seiner breiten Wiener Mundart zu antworten, wenn die Frage des Prinzen auf seinen Vater kam. Der Großvater erwies sich in diesen Gesprächen als unsensibel und ungeschickt. Als der 8-Jährige fragte: »Wo ist denn mein Vater?«, antwortete der Kaiser: »Dein Vater ist eing'sperrt.« – »Warum ist er denn eing'sperrt?«, bohrte das Kind nach. Und die großväterliche Antwort fiel krude aus: »Weil er nicht gut tan hat, und wenn du nicht gut tuast, wirst halt auch eing'sperrt!«[21]

Als die Pariser Außenministerkonferenz beschlossen hatte, dass der Sohn Napoleons niemals einen Thron besteigen dürfe, war »Prinz Franzi« nun auch von der Nachfolge in Parma endgültig ausgeschlossen. 1817 wurde der Prinz aus der Liste der Souveräne gestrichen. Der ehemalige König von Rom brauchte nun einen angemessenen Titel. In Wien wurden eine Reihe von unbedeutenden Orten vorgeschlagen, die dem zukünftigen Herzog – auf diesen Titel konnte man sich einigen – ihren Namen geben könnten: Troppau, Ratibor und Podibrand waren ebenso dabei wie Meran, Gradisca und Schaumburg. Der amüsanteste Vorschlag kam von Metternich, der den bedeutungsvollen Namen Buschthierad in die Diskussion einbrachte. Zuletzt einigte man sich auf den Titel eines Herzogs von Reichstadt. Protokollarisch rangierte Napoleons Sohn hinter jedem der Erzherzoge. Der schwierige und aufsässige »Prinz Franzi« hatte gleich Janus ein zweites Gesicht. Seinen Erziehern gegenüber konnte er sogar tätlich werden, die vornehme Gesellschaft jedoch vermochte der »deliziöse, angebetetste Reichstadt« zu enthusiasmieren. Doch »in seiner Studierstube herrschte von morgens bis abends Krieg«.[22]

Im April 1820 sah der entnervte Dietrichstein keinen anderen Ausweg mehr, als bei Marie Louise um die Erlaubnis anzusuchen, den starrköpfigen Herzog mit der Knute zu züchtigen. In Briefen an die im fernen Parma weilende Mutter beteuerte Reichstadt hingegen immer wieder, dass er »recht brav« sein wolle. Er versprach der geliebten Mutter alles, wenn diese nur andeutete, den nächsten Sommer wieder in Wien verbringen zu wollen. Doch auch den Vater hatte er nicht vergessen: »Ich bete für Sie, für Euch und meinen guten Vater jeden Tag.«[23]

Am 5. Mai 1821 verstarb Napoleon in seinem Exil auf der At-
lantik-Insel St. Helena, wohin man ihn im August 1815 gebracht hatte. Kaiser Franz befahl Foresti, dem jungen Herzog
von Reichstadt, der darauf sogleich in bittere Tränen ausbrach,
die traurige Nachricht zu überbringen. Kurz darauf heiratete
Marie Louise Neipperg und blieb wegen zweier Schwangerschaften sowohl 1821 als auch 1822 Wien fern. Erst im darauf
folgenden Jahr reiste sie wieder in ihre alte Heimat, und dies
nur, weil sie sich mit dem berechtigten Vorwurf konfrontiert
sah, sich nicht um ihren Sohn zu kümmern. General Neipperg
wurde von Franz I. nur ganz am Ende der Tafel geduldet. Der
Aufenthalt des Paares gestaltete sich äußerst unangenehm und
Marie Louise war froh, im September wieder nach Parma
zurückkehren zu können. Es sollte drei Jahre dauern, bis
Reichstadt seine Mutter wieder sehen konnte. 1823 tauchten
auch die ersten Anzeichen einer Krankheit auf. Zudem klagte
Dietrichstein, dass der Herzog nicht einmal in der Lage sei,
zwei Zeilen fehlerfrei zu schreiben. Sogar seine Unterschrift
wies von Zeit zu Zeit orthographische Fehler auf. Möglicherweise war er Legastheniker.

»Glühende Cäsaren-Träume« zwischen Frankreich und dem Kinderzimmer

Ab 1826 bekam Reichstadt ständig Fieber senkende Mittel.
Offiziell wurde von »Schnupfen« gesprochen. Im Jahr darauf
wurde eine »skrofulöse Luftröhrenschwindsucht« diagnosti-
ziert. Während allerdings in anderen Staaten bereits erfolgreich gegen die Tuberkulose vorgegangen wurde, begnügte
man sich im österreichischen Kaiserreich mit einigen Teemi-
schungen. Parallel zu seinem immer labileren Gesundheitszustand entwickelte sich eine innere Unruhe in dem jungen Herzog, die er nicht mehr loswerden sollte. In dieser Zeit interessierte er sich hauptsächlich für Zeitgeschichte und natürlich
verschlang er förmlich alles, was über seinen Vater geschrieben
wurde. Es wurde angemerkt, dass der junge Mann in »glühen-
den Cäsaren-Träumen« schwelgte.[24] Reichstadt war im Jahre

1828 17 Jahre alt und für diese Zeit sehr groß, etwa 1,80 Meter. Doch er war blass und hatte eine schlechte Haltung. Im Sommer dieses Jahres kam auch Marie Louise wieder nach Österreich, begleitet vom krankhaft eifersüchtigen Grafen Neipperg, der dem Kaiser noch immer aus tiefster Seele zuwider war. Als der Haudegen im Februar 1829 überraschend an »Herzwassersucht« starb, verbot der Kaiser seiner Tochter sogar das Tragen von Trauerkleidung. Als Reichstadt davon in Kenntnis gesetzt wurde, dass Marie Louise den General geheim geheiratet und von ihm Kinder hatte, reagierte er enttäuscht und verbittert: »Ach, sie ist gut ..., aber sie ist kraftlos ... Sie war nicht das Weib, wie es mein Vater verdiente.«

Zu dieser Zeit schmiedete der Sohn des großen Korsen ehrgeizige, ja fantastische Pläne, während ständiger Husten Böses erahnen ließ. Reichstadt, der eine auffällig gelbe Hautfarbe bekam, verlegte seine Aktivitäten zusehends in die Nacht, verbrachte ungezählte Stunden im Sattel und legte plötzlich großen Wert auf sein Äußeres. Als die Ärzte Anfang 1830 einen »Schwächezustand des Brustkorbes« erkannten, verweigerte der Herzog die Behandlung mit der wahnwitzigen Erklärung, er wäre »unverwundbar«. Gegenüber dem Generalstabsoffizier Prokesch von Osten sagte der nunmehrige Oberstleutnant: »Meine Bestimmung kann keine andere sein, als der neue Prinz Eugen von Österreich zu werden.«[25]

Prokesch war es auch, der den nach Ruhm dürstenden (freilich wenig gebildeten Reichstadt) darauf aufmerksam machte, dass der griechische Thron neu zu besetzen wäre. Der Gedanke, im Lande Homers zu herrschen, beflügelte die Fantasie des Herzogs, dessen Prioritäten aber jetzt rasch wechselten. »Frankreich gebe ich auf ... Aus dem allgemeinen Chaos möchte ich mir Polen zusammenstellen und für mich haben«, fabulierte der noch nicht 20-Jährige in unsympathischer Diktion.[26]

Es sollte aber nicht lange dauern, bis das wankelmütige Gefühlsleben des jungen Mannes erneut Frankreich in den Fokus seiner politischen Sehnsüchte rückte, ein Land, welches er noch kurz davor »über den Haufen rennen« wollte.

»Der Junge ist ein Krebsschaden am System des Fürsten!«

Dieser Satz des Freiherrn von Gentz bezog sich auf die Haltung Metternichs hinsichtlich der fantastischen Ambitionen des Prinzen. Eine Restauration unter einem Kaiser Napoleon II. schien ihm absurd und gefährlich obendrein: »Meiner Meinung nach würde er nach Verlauf von sechs Monaten am Rande des Abgrundes stehen ... Die großen Männer setzen sich nur selten in ihren Erben fort.«[27] War es im November 1830 der Thron Belgiens, für den der Herzog schwärmte, gab es im Dezember wieder nur ein Thema: Polen. Dann Frankreich, Polen *oder* Frankreich – irgendein Thron. Für Metternich war der Sohn Napoleons nichts weiter als ein Komödiant, eine durch und durch lächerliche Figur, aber der Fürst hatte wohl auch vor Augen, dass eigentlich er es gewesen war, der den Herzog von Reichstadt »gemacht« hatte. Über seine Auffassung bezüglich der zukünftigen Rolle Reichstadts ließ er keinen Zweifel offen: »Ein für allemal ausgeschlossen von allen Thronen!«[28]
Zweimal passierte es, dass der Herzog ausgerechnet zu jenen Zeitpunkten, an welchen sein politischer Ehrgeiz und – aus seiner Sicht – wohl auch seine Chancen am höchsten waren, durch die romantische Schwärmerei für eine Frau gestoppt wurde. Zunächst, Ende 1830, war es die Gräfin Nadine Karolyi, deren Charme die magische Anziehungskraft der Kronen Polens und Frankreichs überstrahlte, später hielt ihn die Schauspielerin Therese Peche davon ab, nach Frankreich zu fliehen. Eine Gräfin Almássy und eine Lulu Thürheim wurden ebenfalls an der Gerüchtebörse gehandelt, doch dabei dürfte es sich aller Wahrscheinlichkeit nach um »platonische« Beziehungen gehandelt haben. Mit einem weiteren angeblichen Verhältnis, das Reichstadt mit der weltberühmten Tänzerin Fanny Elßler, dem »holdesten Wiener Blut«, wie der Dichter Adolf Wilbrandt sie bezeichnete, eingegangen sein soll, verhielt es sich ähnlich. Tatsache ist, dass die 19-jährige Fanny im Jahre 1828 eine Liaison mit dem beinahe ein halbes Jahrhundert älteren Gentz begonnen hatte.[29]

Am 14. Juni 1831 feierte Reichstadt, mittlerweile 20 Jahre alt, seine »Emanzipation«, jenen Tag, an welchem er aus der Obhut seines Erziehers entlassen wurde. Ähnlich wie Jahrzehnte später beim rebellischen Kronprinzen Rudolf wurde die Strategie gewählt, die gefährlichen politischen Schwärmereien des jungen Mannes durch Bälle, Theatervorstellungen und Jagdveranstaltungen zu narkotisieren. Was nun die Frauen anlangt – und hier unterschied sich der Sohn Napoleons von jenem Franz Josephs –, geht die Forschung davon aus, dass die amourösen Abenteuer des Herzogs, welche damals für viel Gesprächsstoff sorgten, »eine Erfindung seiner Zeitgenossen« gewesen seien. Ein Gespräch Reichstadts mit Prokesch am 10. Oktober 1831 scheint diese Einschätzung zu untermauern: »Er sagt mir, er habe noch kein Weib berührt. Ich halte ihn fest an diesen Grundsätzen!«[30]

War der Sohn des Kaisers von Frankreich der Vater des Kaisers von Mexiko?

Die bayerische Prinzessin Sophie kam im Oktober 1824 nach Wien, um Erzherzog Franz Karl, den zweitgeborenen Sohn des Kaisers Franz, zu heiraten. Franz Karl war geistig und körperlich zurückgeblieben und für ein 19-jähriges Mädchen wahrlich kein Märchenprinz. Hübsch war die junge Wittelsbacherin zwar auch nicht besonders, aber sie hatte eine gute Figur und wirkte natürlich. Die Mutter der Prinzessin huldigte freilich einem Wunschdenken, als sie im November an ihre eigene Mutter schrieb: »Sophie ist mit ihrem Mann so glücklich, wie sie als Verlobte unzufrieden war.«
Die frisch angetraute Erzherzogin von Österreich hatte eigentlich nur eine Aufgabe: einen Sohn zu gebären. Zwei Jahre dauerte es, bis Sophie endlich schwanger wurde, doch die Niederkunft endete mit einer Fehlgeburt. Auch die zweite Schwangerschaft mündete in eine »fausse couche«. Erst 1830 wurde die Prinzessin von einem Knaben entbunden, der den Namen Franz (»Franzi«) erhielt. 1832 folgte ein weiterer Sohn, der den Namen Ferdinand Maximilian (»Max«) erhielt.

Es währte nicht lange und in Wien wurde getuschelt, dass der farblose Einfaltspinsel Franz Karl unmöglich der Vater dieser Söhne sein könne: Nun gab es am Wiener Kaiserhof in den ersten Jahren von Sophies Ehe auch tatsächlich zwei junge Herren, die sowohl äußerlich wie auch geistig alle jene Vorzüge besaßen, die den beiden Söhnen des Kaisers in überreichem Maße abgingen. Zwei Prinzen wie aus dem Märchenbuch, charmant und intelligent, strahlende Erscheinungen, die das Herz höchster und allerhöchster Damen schneller schlagen lassen mussten. Beide waren sie in Sophie verliebt und beide machten aus ihrer Schwärmerei kein Geheimnis. Der eine war der exilierte Prinz Gustav Wasa, dessen Vater König Adolf IV. von Schweden durch die napoleonische Politik um den Thron gebracht worden war, der andere war der Herzog von Reichstadt. Bei Sophies Ankunft in Wien zählte der Schwede 25 Jahre, der Sohn des Korsen hingegen erst 13. Die Söhne der Wittelsbacherin – »Franzi« und »Max« – erhielten den Spitznamen »Wasa-Buben«, wenngleich hinter vorgehaltener Hand. Ebenso im Geheimen wurde über ein Verhältnis zwischen der Schwiegertochter des Kaisers und dem »Aiglon«, dem Adler, wie Reichstadt von seinen Getreuen genannt wurde, spekuliert. Als Sophie das zweite Mal schwanger war, tauchte in ihrer Korrespondenz immer häufiger der Name des Sohnes von Napoleon auf. Die beiden hatten häufig gemeinsam Tanzveranstaltungen, die Oper und das Theater besucht, sie empfanden Zutrauen zueinander und verbargen dies auch nicht.[31] Mit Sophies Erstgeborenem verband Reichstadt eine besonders innige Beziehung. Noch im Juni seines Todesjahres hatte der Herzog den »innigen Wunsch ..., Franzi zu sehen«. Mit seinen blonden Locken und der rosigen Haut sehe sein kleiner Vetter wie »Erdbeergefrorenes mit Schlagobers« aus, meinte er einmal vergnügt. Es existiert auch ein berühmtes Gemälde des Malers Johann Ender, das den kleinen »Franzi« auf dem Schoße Reichstadts zeigt.

Am 4. Juli 1832, einem Mittwoch, besuchte die Erzherzogin Reichstadt zum letzten Mal in seinem Krankenzimmer, da die Wehen einsetzten. Am Freitag kam Sophies zweiter Sohn Ferdinand Maximilian zur Welt. Als der todkranke Reichstadt die

Nachricht von der Geburt des Knaben erhielt, soll er zufrieden gelächelt haben. War er der Vater von »Max«, dem erklärten Lieblingssohn Sophies, der seinen Brüdern beinahe in allem überlegen war? Konkrete Hinweise darauf existieren nicht, doch als etwa vier Jahrzehnte später Reichstadts Vetter Charles Louis Napoléon[32], seit 2. Dezember 1852 als Napoleon III. Kaiser der Franzosen, dem maßlos ehrgeizigen Habsburger Maximilian die mexikanische Kaiserkrone anbot, erinnerte man sich wieder an die – aus Sicht der Forschung ziemlich haltlosen – Gerüchte, wonach Maximilian in Wirklichkeit ein Bonaparte sei. Der prominenteste Vertreter dieser Theorie war der »rasende Reporter« Egon Erwin Kisch.

»Ich krepier! Mir hilft nichts mehr!«

Am 16. Jänner 1832 war es in Wien bitterkalt. Das Thermometer zeigte eine Temperatur von minus 18 Grad Celsius an. Der Herzog von Reichstadt, ohnehin von schwächlicher Konstitution, kommandierte an diesem unfreundlichen Wintertag eine Trauerparade. Plötzlich versagte ihm seine Stimme. Er brachte keinen Laut mehr heraus. »Von diesem Tag an«, erklärte sein Biograf Holler, »begann für den jungen Mann ein Martyrium«. Der Gesundheitszustand Reichstadts war schwankend, bessere und schlechtere Tage lösten einander ab. Am 20. April notierte die Fürstin Metternich in ihrem Tagebuch: »Der Kaiser sagt Clemens, er habe über den Herzog von Reichstadt eine Consultation abhalten lassen und die Ärzte hätten einstimmig dessen Lage für hoffnungslos erklärt. Er spucke bereits Stücke von der Lunge aus und könne nur noch einige Monathe leben …«
Reichstadt, mittlerweile Oberst, musste warme Kuhmilch und Eselsmilch trinken, sogar »Blutigeln an den Hemerrhoiden« wurden ihm gesetzt, aber natürlich brachten diese primitiven Behandlungsmethoden keine Linderung. Seitens der Bevölkerung gingen nun zahllose Vorschläge ein, wie man dem Schwerkranken helfen könne. Jemand empfahl zum Beispiel den Verzehr von 64 lebenden Schnecken.

Reichstadt litt jetzt schreckliche Qualen. Gaumen, Zunge und Mundschleimhaut waren entzündet. Ein Vertrauter schrieb: »Ich kann das Eklige der Operation, welche wir vornehmen mussten, um den Eiter, welcher im ganzen Munde und Zunge festsaß und eine zweite Eiterung erzeugte, nicht mit Worten beschreiben; jede dieser Operationen brachte mich einer Übelkeit nahe ...«[33] Den Raum erfüllte ein schrecklicher Gestank, jene Menschen, welche dem Herzog behilflich waren, mussten sich ständig erbrechen. Mitte Juli hatte der Gepeinigte seine Stimme fast völlig verloren, er konnte sich beinahe nur noch durch Gesten verständlich machen. Napoleons Sohn war so verzweifelt, dass er stundenlang wie irre mit der Faust auf seinen Schädel einschlug: »Ich krepier! Mir hilft nichts mehr!« – »Ich will den Tod, nur den Tod!«

Am Sonntag, dem 22. Juli 1832, hatten die Leiden des 21-Jährigen ein Ende; beinahe, ließe sich hinzufügen. Denn unmittelbar nach seinem Ableben stürmten biedermeierliche Souvenirjäger das Zimmer des Toten und schnitten ihm büschelweise die Haare ab, sodass er zuletzt fast eine Glatze hatte. Über die Reaktion des kaiserlichen Großvaters wurde berichtet: »So betrübend sein Hinscheiden sei, so könne man nicht sagen, ob derselbe nicht für ihn und für die Monarchie ein Glück gewesen. Sein unglücklicher Charakter habe Grund gegeben, alles Üble zu fürchten; so lange er, der Kaiser, gelebt haben würde, wäre nichts zu befürchten gewesen, aber meinen Kindern hätte er viel Verdruss machen können; er hatte politische Gesinnungen, die ganz pervers waren ...«[34]

Die vergiftete Melone und andere Mord(s)geschichten[35]

Die Leiche des jungen Herzogs war noch nicht lange kalt und schon tauchten Gerüchte auf, wonach es bei seinem Tode nicht mit rechten Dingen zugegangen sein könnte. Zu Spekulationen führten die Ausführungen von Joseph von Obenaus, der schrieb: »Der Prinz starb am 22. 7. 1832 um halb 5 Uhr früh in Schönbrunn an der Lungenschwindsucht, Folge des – – von Obenaus mehrmals prophezeiten – – –.«

Es konnte nie geklärt werden, was diese Gedankenstriche bedeuteten. Jedenfalls beziehen sie sich auf die oftmals kritisierte Tätigkeit der Ärzte. In Frankreich wurde lanciert, der Kaiser hätte seinen Enkel durch Doktor Malfatti vergiften lassen. Anderen Autoren zufolge wäre es der gehasste Staatskanzler Metternich gewesen, der Prokesch von Osten befohlen hätte, dem Sohn Napoleons eine vergiftete Melone zu reichen. Auch der Hofzahnarzt Carabelli wurde ins Spiel gebracht. Er soll Reichstadt mit Arsen vergiftet haben. Die durch keine Fakten gestützte Vergiftungstheorie war so populär, dass selbst der König von Bayern an den österreichischen Gesandten die undiplomatische Frage richtete, ob der Herzog tatsächlich vergiftet worden sei. Metternich, dem offensichtlich alles zugetraut wurde, hätte nach einer anderen Version den noch blutjungen Reichstadt mit syphilitischen Tänzerinnen verkuppelt. An den Spätfolgen wäre er sodann gestorben. Natürlich musste auch der Name der berühmten Fanny Elßler fallen, die den Kaiserenkel »sexuell ruiniert« haben soll.

»I bin der Kaiser und i möchte Knödeln!« – Ferdinand I. und die Folgen dynastischer Inzucht

»Was ist das Tier implumis bipes, das sich Kaiser nennt?
Eine vollkommene Null, beinahe ein Idiot!«

Lord Palmerston über Kaiser Ferdinand I.[36]

*Allegorie aus Anlass der Thronbesteigung
des Hilfe bedürftigen Ferdinand*

m Juli 1830 brach in Paris erneut eine Revolution aus. Karl X. wurde zur Abdankung gezwungen und musste aus Frankreich flüchten. Als Metternich in Wien davon in Kenntnis gesetzt wurde, hegte er die Befürchtung, dass der gesamte europäische Kontinent vom »französischen Revolutionsfieber« angesteckt werden könnte. Einmal mehr drohte die fest gefügte Ordnung zu erodieren, die Ordnung, deren Aufrechterhaltung Metternich sein politisches Leben verschrieben hatte. Just an jenem Tag, an welchem der exilierte Bourbone englischen Boden betreten hatte, wurde Erzherzogin Sophie von einem lange erwarteten Sohn entbunden, der nur 18 Jahre später unter dem Namen Franz Joseph I. den Thron besteigen und 68 Jahre lang herrschen sollte, länger als jeder andere Souverän der Neuzeit.

»Dass Gott erbarm«: Die missratenen Söhne des guten Kaisers Franz

Franz Karl Joseph war im Jahre 1807 infolge des Todes seines Bruders Joseph in der Erbfolge nach dem ältesten Bruder Ferdinand an die zweite Stelle vorgerückt. Beide Söhne des Kaisers Franz waren geistig zurückgeblieben, wenngleich Franz Karl nicht in dem Ausmaß wie der zudem an Epilepsie leidende Ferdinand. Auch beider Onkel, Erzherzog Karl, litt an dieser Krankheit, ebenso eine Schwester, Erzherzogin Marianne. Marianne war im Gesicht furchtbar entstellt und schwachsinnig, sie geisterte, ihrer Umwelt völlig entfremdet, wie ein Gespenst durch die Fluren von Schönbrunn und Schloss Hetzendorf. Es wurde erzählt, dass ihre Mutter während der Schwangerschaft von einem entflohenen Orang-Utan erschreckt worden sei und darin der Grund für den bemitleidenswürdigen Zustand der Prinzessin liege. Die mühevolle Aufgabe der Erziehung der Knaben überließ Kaiser Franz seiner dritten Gattin Maria Ludovika, der Stiefmutter, die allerdings 1816 starb. Des Kaisers Franz neue Gemahlin Karoline Auguste war eine Tochter des bayerischen Königs.
Ab hier wird es kompliziert, gleichzeitig auch amüsant und et-

was traurig. Als der 1824 großjährig gesprochene Franz Karl bei seinem kaiserlichen Vater um die Erlaubnis ansuchte, heiraten zu dürfen, schlug die Stiefmutter ihre eigene Stiefschwester vor – Sophie.

Der Vater der beiden Schwestern, Maximilian Joseph, war ursprünglich »nur« Kurfürst gewesen, 1806 jedoch stieg er zum ersten König von Bayern auf. König Max I. *von* Bayern machte daraufhin seinen Vetter Wilhelm zu einem Herzog *in* Bayern. Sophies Mutter war die zweite Gemahlin des Bayernkönigs. Unter den fünf Töchtern dieser Ehe war auch eine Tochter namens Ludovika, die man bereits im zarten Kindesalter dem Herzog Max *in* Bayern, dem »bayerischen Urvieh«, versprochen hatte. Dieser erzwungenen Verbindung entstammten acht Kinder, u. a. eine Tochter, der man den Namen Elisabeth gab. 1854 heiratete Elisabeth, die zumeist »Sisi« gerufen wurde, ihren Cousin Franz Joseph, den Kaiser von Österreich. Sisis anderer »Cousin«, König Ludwig II. von Bayern, war geisteskrank, dessen Bruder Otto endete in einer Irrenanstalt. Eine andere bayerische Verwandte litt unter der Wahnvorstellung, sie hätte ein gläsernes Klavier verschluckt.

Die kluge Sophie war von ihrem präsumtiven Gemahl natürlich gar nicht angetan, »den niemals«, bekräftigte sie gegenüber ihren Eltern. Als sie Franz Karl 1824 persönlich kennen lernte, war sie entsetzt. »Der Kutsche entstieg ein freundlich grinsendes, linkisches Männchen, das einen viel zu großen und nach oben in die Länge gezogenen Turmschädel auf den Schultern trug und einen zu kurz geratenen Körper hatte. Mit wasserblauen Schweinsäuglein blickte er freundlich, aber nichts sagend, wenn nicht gar blöde in die Gegend. Eine viel zu große und wülstige Unterlippe, das Markenzeichen der Familie Habsburg, verunstaltete mehr das Gesicht, als dass sie es verschönern konnte«, urteilte Sophies Biograf Holler streng.[37] Doch so gut wie alle zeitgenössischen Urteile kamen zu ähnlichen Schlussfolgerungen. So meinte die Schwiegermutter des Erzherzogs: »Er ist ein bon garçon, bestrebt, Gutes zu tun. Er fragt jedermann um Rat, mais il est terrible ... Mich würde er zu Tode langweilen ... Ab und zu möchte ich ihn schlagen.«[38] Marie Therese von Neapel, die zweite Frau des Kaisers Franz, war zugleich seine doppelte Cousine und die Folgen dieser irrationalen, von aberwitzigem Standesdünkel und Sendungsbewusstsein diktierten Inzucht waren bei Kronprinz Ferdinand am exzessivsten zu beobachten. Die wenig schmeichelhafte Charakterisierung seines im Vergleich doch noch ein wenig vorteilhafter wirkenden Bruders lässt bereits erahnen, welchen Eindruck der spätere Kaiser auf seine Umgebung – jahrelang war Ferdinand von allen öffentlichen Verpflichtungen entbunden gewesen – machen musste. Brook-Shepherd charakterisierte Ferdinand als »geistig beschränkten Epileptiker, kaum imstande, sich normal zu bewegen und zu sprechen, ein lebendiges Memento dynastischer Inzucht, dessen Auffassung von der Würde der Krone ihren bündigsten Ausdruck in dem seither oft zitierten Geheiß fand: »I bin der Kaiser und i möchte Knödeln!«[39] Und ein anderer Autor hielt fest: Er »hatte einen übergroßen, deformierten Kopf und ein schräg verzerrtes Gesicht; sein Mund stand offen, die geistige Beweglichkeit war stark eingeschränkt. Zu kurze Arme und Beine vermitteln den Eindruck eines großen Kindes.«[40]

Dutzende Privatlehrer hatten jahrelang mit wenig Erfolg versucht, in diesen großen Kopf das allernotwendigste Wissen hineinzupumpen, doch lange Zeit erschöpfte sich das Interesse des Kronprinzen darin, sich in einen Papierkorb zu zwängen und auf diese Weise in den großen Räumen der Residenz umherzurollen. Später wurden alle Auftritte Ferdinands präzise inszeniert, musste einmal etwas schnell gehen, wurde der Prinz von mehreren Dienern durch die weitläufigen Korridore geschoben und gezerrt. Bei Hofe galt Ferdinand als »Kretin«, als »Trottel«. Insbesondere Sophie nahm es Metternich übel, dass er sich beim Kaiser dafür eingesetzt hatte, dass dieser am ehernen Gesetz der Primogenitur festhalte, »ein Trottel als Repräsentant der Krone«, entfuhr es ihr einmal.[41] Tatsächlich waren »Dähmlichkeit«, »Debilität« und »Schwachsinn« die geläufigen Zuordnungen für »Ferdinand den Gütigen«, der gerne auch als »Gütinand der Ferdige« verspottet wurde.

Der Beiname »der Gütige« hatte hingegen einiges für sich. Ferdinand, »der Nandl«, wie ihn die Wiener später nennen sollten, empfand kindliche Freude, wenn er helfen konnte, und sein Mitgefühl angesichts des Unglücks so vieler Menschen war ehrlich. Diese Gutmütigkeit wird neben der Umständlichkeit seines Denkens, seiner Langsamkeit und seinem Streben, stets gefällig zu wirken, als klassisches Charakteristikum seiner Epilepsie, mit welcher er einmal stärker, einmal schwächer zu kämpfen hatte, gewertet. Ganz so schwachsinnig war Ferdinand Carl Leopold Joseph Franz Crescentius jedoch wiederum auch nicht, so beherrschte er mehrere Sprachen. Er interessierte sich für Botanik und Heraldik, spielte Klavier und Trompete. Sogar der eine oder andere Anflug von Ironie wird ihm nachgesagt. Als er einmal eine Festungsanlage inspizierte, deren Verbrauch von gemeiner Tinte sich in den Büchern in horrenden Zahlen niederschlug, starrte der insgeheim von allen belächelte Ferdinand über einen langen Zeitraum auf eine leere Wand. Nachdem der Festungskommandant untertänigst nachgefragt hatte, warum er denn so gebannt auf die leere, weiße Wand blicke, erwiderte der »Nandl« trocken, dass aufgrund der astronomischen Rechnungen wohl jede Mauer dieser Festung mit Tinte angemalt sein müsse, alleine er könne nichts entdecken!

»Hat's ihm wer g'schafft?«

Obwohl er von Politik nichts verstand und die wichtigsten Entscheidungen über seinen großen Kopf hinweg gefällt wurden, darf man aber nicht vergessen, dass die letzten großen Protestantenvertreibungen aus dem katholischen Habsburgerreich mit seiner Zustimmung erfolgten. Politik und Politikverständnis seines Vaters waren Ferdinand in Fleisch und Blut übergegangen: Als er einmal vor dem Affenhaus des Tiergartens Schönbrunn stehen blieb, machte der Zoodirektor den Kaiser darauf aufmerksam, dass eines der kleinen Äffchen besonders unternehmungslustig sei und unermüdlich umherspringe. Es sei erstaunlich, so der Direktor, dass der kleine Körper des Äffchens diese Anstrengung überhaupt aushalte. Darauf der Kaiser kühl: »Hat's ihm wer g'schafft?«
Jede Tätigkeit, welche »net g'schafft« war, die nicht befohlen

war, erschien ihm schlicht und einfach überflüssig. Schon früh wurden Überlegungen angestellt, ob man nicht ausnahmsweise vom Gesetz der Primogenitur Abstand nehmen sollte, doch der Kaiser wollte seinen erstgeborenen Sohn nicht übergehen. Allgemein wurde angenommen, dass Ferdinand keine Nachkommen haben würde, zumal ihn Frauen nicht besonders interessiert haben dürften. Die Thronfolge würde demnach auf den gemütlichen und stets überforderten Franz Karl übergehen. Mit dieser Tatsache war natürlich auch Sophie vertraut, die Vorstellung, Kaiserin von Österreich zu werden und dadurch den fürstlichen Olymp Europas zu erklimmen, reizte sie viel zu sehr, als dass die Perspektive einer Ehe mit Franz Karl, der als »schiach« und »deppert« galt, sie von ihren Ambitionen hätte abbringen können. – Von politischen Geschäften würde er gar nichts verstehen, erklärte der Erzherzog freimütig gegenüber der jungen Wittelsbacherin, er wolle seine liebe Ruhe haben. Nur auf eine Sache lege er großen Wert: Täglich mit einem »Sechserzug« durch Wien zu fahren und die freundlichen Grüße der Bürger zu erwidern. Sophie erkannte sofort, dass ihr dieses Männlein nichts entgegenzusetzen hatte und folglich sie es einmal sein werde, bei der die Fäden der Macht zusammenlaufen würden.

Ein Kaiserreich für eine Frau

Damit kehren wir zum Ausgangspunkt dieses Kapitels zurück, dem Jahre 1830. Kaum eineinhalb Monate nach der Geburt des Erzherzogs Franz wurde Ferdinand auf Betreiben Metternichs zum König von Ungarn gekrönt, womit sein Status als Nachfolger unmissverständlich demonstriert wurde. Ende des Jahres wurde bekannt, dass der Kaiser sich entschlossen hatte, Ferdinand, seinem Erstgeborenen, eine Ehefrau zu »besorgen«. Sophie hegte nun ernste Bedenken, dass ihr Schwager doch vielleicht Kinder zeugen könnte, was alle ihre Pläne über den Haufen geworfen hätte. Erst als der kaiserliche Arzt Doktor Stifft klargestellt hatte, dass der Thronfolger nur sehr unwahrscheinlich »von seinem Gattenrecht

Gebrauch machen« würde, beruhigte sie sich wieder.[42] Maria Anna, die Auserwählte, war die Tochter des Königs von Sardinien-Piemont und 27 Jahre alt. Sie hatte einen schiefen Mund und stark hervorstehende Zähne, außerdem wurde ihr nachgesagt, sie wäre stets unvorteilhaft gekleidet gewesen. Es wurde sogleich gemunkelt, die Familie wäre recht froh gewesen, die Tochter doch noch »angebracht« zu haben. Verfolgen wir, was Sophie an ihre Mutter zu schreiben hatte: »Wir können dem Himmel nicht genug danken, uns ein solch gutes und sanftes Wesen gesendet zu haben, das seine eigentlich trostlose Existenz mit so viel Ergebung und Gleichmut erträgt. Ich glaube, wenn man Ferdinand nicht sage, er solle von seinem Gattenrecht Gebrauch machen, er niemals daran denken würde, es zu tun.«[43] Klar ist indessen, dass Metternich hinter der Eheschließung stand und diesen Schritt zur Absicherung seiner eigenen Macht unternommen hatte. Anlässlich der Hochzeit murmelte der Kaiser angesichts des wenig vorteilhaft wirkenden Bräutigams mitleidig: »Dass Gott erbarm!«

»Weint nicht, Kinder! Es bleibt ja alles beim Alten!«

Im Jänner 1835 hatte Ferdinand mit starken epileptischen Anfällen zu kämpfen, wenig später erkrankte der Kaiser an Lungenentzündung. Am 1. März schrieb ein Vertrauter: »Das Ende naht! Der Herr wird wohl nicht den Morgen erleben. Gott schenke ihm eine sanfte Sterbestunde.« Am 2. März 1835, »um ¾ vor 1 Uhr«, hauchte der »gute Kaiser Franz« im Alter von 67 Jahren sein Leben aus. Die öffentliche Kundmachung lautete: »Es hat Gott dem Allmächtigen gefallen, seine kaiserliche und königliche Majestät den Kaiser und König Franz den Ersten, unseren innigst geliebten Landesvater von dieser Welt abzuberufen.«[44] Das von Franz I., dem Kaiser der »Backhendl-Zeit«, häufig gezeichnete Bild ist höchst korrekturbedürftig. »Hinter Franzens angeblicher Gutmütigkeit«, urteilte ein Zeitgenosse, »lag eine Schlauheit und Härte verborgen, vor denen selbst ein Metternich zurückschreckte«.[45] Lästigerweise war der ehemals so beliebte Souverän ausgerechnet zur Faschingszeit verschieden, was ihm die von seiner reaktionären Politik ernüchterten Wiener ziemlich verübelten. Als sich vor dem Burgplatz schließlich doch ein Häuflein weinender Menschen einfand, trat ein hoher Herr vor die Menge und sprach die tröstenden Worte: »Weint nicht, Kinder! Es bleibt ja alles beim Alten!« Daraufhin kam aus der Menschenmenge der Ruf zurück: »Deshalb weinen wir ja ...!«

Nur wenige Tage vor dem Tod des Kaisers war das von Metternich mitverfasste Handschreiben an den Thronfolger ergangen: »Verrücke nichts an den Grundlagen des Staatsgebäudes, regiere und verändere nichts; stelle Dich fest und unerschütterlich auf die Grundsätze, mittels derer steter Beachtung Ich die Monarchie nicht nur durch die Stürme harter Zeiten geführt ... Ehre die wohlerworbenen Rechte; ... Übertrage auf den Fürsten Metternich, Meinem treuesten Diener und Freund, das Vertrauen, welches Ich ihm während einer so langen Reihe von Jahren gewidmet habe. Fasse über öffentliche Angelegenheiten wie über Personen keine Entschlüsse, ohne ihn darüber gehört zu haben.«[46]

Ab Dezember 1836 trat dem neuen Kaiser die »Geheime Staatskonferenz« als Hilfsorgan bei der Erfüllung der Regierungsgeschäfte zur Seite. Diese staatsrechtliche Konstruktion war von enormer Bedeutung, da Ferdinand I. schließlich jederzeit ausfallen konnte. Erzherzog Ludwig, der auch nicht eben geistreiche Bruder des verstorbenen Herrschers, führte nominell den Vorsitz in der Konferenz, der auch Metternich und Graf Kolowrat-Liebsteinsky, der Finanz- und Innenminister, angehörten. Während beim Kaiser bald wieder epileptische Anfälle einsetzten, war die Konferenz aufgrund der persönlichen Feindschaft zwischen Metternich und Kolowrat ununterbrochen gelähmt. In dieser Situation schrieb Erzherzogin Sophie: »Oft glaube ich mich eher in einer gut organisierten Republik als in einer Monarchie, denn wie kann ich mich an die Idee gewöhnen, dass unser armer kleiner Kaiser (mit all seinen Schwächen) wirklich mein Gebieter sei.«[47] Aufgrund des labilen Gesundheitszustandes Ferdinands trat dessen Bruder Franz Karl immer häufiger auf die öffentliche Bühne. Anlässlich der zahlreichen Audienzen, die zu halten er nun verpflichtet war, pflegte der beschränkte Erzherzog die stereotype Formel »Adieu, mein Lieber, bleiben S' g'sund, bis wir uns wieder sehen« zu verwenden. Der Inhalt der Gespräche war freilich weniger wichtig.

Das Elend der Bevölkerung war entsetzlich und machte vor so gut wie keinem gesellschaftlichen Segment Halt. Am Lande hielt sich trotz Aufhebung der Leibeigenschaft der Frondienst, in den Vorstädten kam es zur Massenverelendung. Miserable Verhältnisse fand im Metternich-Kolowrat-Sedlnitzky'schen Polizei-, Spitzel- und Überwachungsstaat auch die so genannte Intelligenz vor, der mit allergrößtem Misstrauen begegnet wurde. Der Grundtenor einer Rede des Kaisers Franz vor Gymnasiallehrern 1821 hatte nach wie vor paradigmatischen Charakter: »Ich brauche keine Gelehrte, sondern brave, rechtschaffene Bürger ... Wer mir dient, muss lehren, was ich befehle. Wer das nicht kann oder mir mit neuen Ideen kommt, der kann gehen oder ich werde ihn entfernen.«[48]

Franz I. war eben nicht jener fürsorgliche pater patriae, der sich rührend um das Wohl seiner Untertanen sorgte, ihm war es beinahe ausschließlich darum zu tun, »die Souveränitätsrechte ungeschmälert aufrechtzuerhalten und jeden Angriff auf sie energischst abzuwehren. Darin erblicke man eigentlich die Herrscheraufgabe.«[49] Dieser erzkonservativen Einstellung fühlte sich der alternde Metternich bis zuletzt verpflichtet, doch seine ehemals unangreifbare Machtposition als Haus-, Hof- und Staatskanzler war brüchig geworden, da er sich nicht mehr voll auf die Unterstützung der Erzherzogin Sophie verlassen konnte. Bald wendete sie sich ganz vom »Peitschenknaller Europas« ab, der einmal mehr Macht in seinen Händen gehalten hatte als jeder andere Kanzler vor ihm, Maria Theresias schrulliger Fürst Kaunitz mit eingeschlossen.

»Bin i jetzt der Kaiser oder net?«

Die Februarereignisse des Jahres 1848 in Frankreich erwiesen sich schließlich als jenes Epizentrum, von dem aus ein revolutionäres Beben konzentrische Kreise über den Kontinent legte und die alte, erstarrte Ordnung erschütterte. Unaufhaltsam erhob sich der Ruf der Menschen nach mehr Freiheit und weniger staatlichem Paternalismus. In Österreich kam noch die nationale Vielfalt hinzu, was die Lage zusätzlich verkomplizierte. Verschiedenste Gruppen trugen nun an den Hof Petitionen heran. Am 12. März urgierten Wiener Studenten die volle akademische Freiheit sowie die Aufhebung der Zensur. Eine Professorendelegation wurde daraufhin von Erzherzog Ludwig in Anwesenheit des begriffstutzigen Kaisers empfangen. Ludwig bot sogar die Entlassung des verhassten Polizeipräsidenten Sedlnitzky an, Metternich hingegen müsse und werde bleiben. Dieser bekam dadurch wieder Auftrieb und plädierte vehement dafür, »Ordnung zu machen«. Im Hinterkopf hatte er bereits einen Thronwechsel vor Augen, am 18. August würde Erzherzog Franz 18 Jahre alt werden.

Am 13. März wurde die berühmte »Taufrede der österreichischen Revolution« von Ludwig Kossuth verlesen, die dieser am 3. März in Pest gehalten hatte. Kossuth wusste die Situation als »erstickenden Dampf des tödlichen Windes, der aus den Bleikammern des Wiener Regierungssystems, alles niederdrückend, lähmend, vergiftend, einherwehe«, zu beschreiben. In der Folge drangen Studenten in das Gebäude des niederösterreichischen Landtages ein und forderten lautstark die Entlassung Metternichs. Wenig später gab es die ersten Toten, wofür der Befehlshaber der Soldaten, der unerbittliche Erzherzog Albrecht, verantwortlich gemacht wurde. Damit hatte in den Augen der Revolutionäre aber die Dynastie selbst das Blut des Volkes vergossen und die Bedrohung für den Hof wuchs, als zu den Studenten und Bürgern ganze Scharen von Arbeitern aus den Vorstädten hinzustießen. Kaiser Ferdinand, »der Trottel«, überraschte zu diesem kritischen Zeitpunkt mit einer von diesem Männlein nicht erwarteten Besonnenheit. Man möge unbedingt auf Gewalt verzichten, verkündete er, die Forderungen der Menschen müssten erfüllt werden, so gut dies eben möglich sei. Als die Hardliner bei Hofe später für den konsequenten Einsatz von Waffengewalt eintraten, stießen sie bei Ferdinand auf kecken Widerstand: »Bin i jetzt der Kaiser oder net?«, hielt er seiner erstaunten Umgebung entgegen.

Diese Haltung korrespondiert nicht mit dem zumeist gezeichneten Bild des harmlosen Schwächlings, der hilflos fragt: »Ja, dürfn s' denn das?«

Die Hofburg war gut gesichert und bewacht; ihre Bewohner spielten hochherrschaftliches Biedermeier, so wie jeden Tag. Der Kaiser bekam nicht viel mit, Franz Karl übte sich wie stets im Müßiggang und die betfreudigen Damen pflegten regen Umgang mit diversen Beichtvätern. Gegen Mittag wurde die Lage jedoch zusehends gefährlicher, in der Bevölkerung brodelte es. Metternich war das erklärte Feindbild der aufgebrachten Massen. Der alte Fürst hatte noch immer nicht erkannt, wie Recht sein kaiserlicher Freund und Herr Franz I. gehabt hatte, der vor vielen Jahren auf die abfällige Bemerkung seines Kanzlers, wonach das monarchische Prinzip von dem Gerede über die angeblichen Rechte der Völker und Menschen gefährdet sei, erklärte: »Mein lieber Metternich, heutzutag' sind die Völker auch wer!« Der herbeigeeilte Fürst Alfred Windischgraetz, ein finsterer Reaktionär, machte den Vorschlag, Artillerie gegen die Revolutionäre einzusetzen und auf diese Weise den Aufstand »niederzukartätschen«. Bei Hofe waren die Meinungen über die Vorgangsweise geteilt, die einen wollten die Kanonen sprechen lassen, die anderen opponierten dagegen. Am Abend des 13. März pokerte »Fürst Mitternacht«, wie die Zeitungen Metternich mittlerweile nannten, hoch. Er bot dem Kaiser in pathetischen Worten seinen Rücktritt an und war nicht wenig überrascht, als Ferdinand ihn prompt und ungerührt akzeptierte, ja der »depperte Nandl« verweigerte dem Freund seines Vaters sogar die Geldmittel für dessen überstürzte Flucht nach England. Die Wiener jubelten!

»Ich gewähr euch alles, ich gewähr euch alles!«

Doch schon tags darauf ängstigten sich die Habsburger vor Gerüchten, dass Pläne zur Erstürmung der Hofburg bestünden. Erzherzog Ludwig soll in Ohnmacht gefallen sein, während den Kaiser einmal mehr ein epileptischer Anfall ereilte. Alles schien jetzt möglich zu sein. Ferdinand wurde dazu überredet, sich dem Volk zu zeigen und eine Spazierfahrt zu unternehmen. Der Monarch ängstigte sich zu Tode und ließ sich sicherheitshalber noch die Kommunion spenden. Seine verständliche Angst sollte sich aber als unbegründet erweisen, denn die Wiener applaudierten ihrem »Nandl« begeistert, worauf dieser in kurzen Abständen den Zylinder vom übergroßen Schädel nahm und wiederholt rief: »Ich gewähr euch alles, ich gewähr euch alles!« – Am nächsten Tag kam es zur »Erfüllung der Wünsche unserer treuen Völker«. Ferdinand versprach eine baldige »Constitution des Vaterlandes« und gewährte »Pressfreiheit«. Letzteres veranlasste Sophie – von der Graf Bombelles sagte, sie wäre in den Tagen der Revolution das »einzige männliche Wesen am Hof zu Wien«[50] gewesen – zu einem seufzenden »Ach und Weh«. Auch der keineswegs übersensible Latour wusste um das resolute Gebaren der Erzherzogin. Nach einer »Unterredung« mit Sophie stöhnte er einmal entnervt: »Ja, diese Weiber! Sie haben, lieber Freund, in ihrem ganzen Leben keinen solchen Wischer bekommen, wie ich jetzt bekam.«[51]

Mit der Gründung eines provisorischen Staatsministeriums wurde die Staatskonferenz am 21. März aufgelöst. Den Vorsitz im Kabinett führte zunächst Kolowrat, wenig später Ficquelmont, der Anfang Mai dem bisherigen Innenminister Pillersdorf weichen musste. Dieser hatte am 25. April eine (oktroyierte) Verfassung vorgelegt, die jedoch abgelehnt wurde. Am 15. Mai wurde vom Kaiser die Rücknahme der »Märzverfassung« verlangt. Bewaffnete Abordnungen waren vor die Hofburg gezogen und hatten mit ihrer »Sturmpetition« Erfolg, der Hof gab nach. Die Gerüchteküche brodelte. Vom Michaelerplatz ausgehend würde ein Geheimgang ausgehoben, der direkt unter die kaiserlichen Gemächer führen sollte, um diese in die Luft sprengen zu können, hieß es etwa. All dies war natürlich Unfug, aber die Zuspitzung der Situation veranlasste die »Hofkamarilla« zu einem gewagten Entschluss: Ferdinand sollte nach Tirol »entführt« werden. So geschah es auch.

Der Kaiser, dem man erklärte, die Revolutionäre hätten die Republik ausgerufen, wurde total überrumpelt.

Die Flucht der kaiserlichen Familie markierte gleichzeitig eine

Zäsur im revolutionären Geschehen. Der Plan der Hofpartei, das heterogene Lager der Aufständischen zu spalten und das durch anarchische Wirren herbeigeführte Vakuum zu nützen, womöglich mit einem neuen Kaiser an der Spitze, schien aufzugehen. Dem grundsätzlich habsburgtreuen Bürgertum ging die Radikalisierung der Ereignisse schön langsam zu weit, was zu Konflikten mit den Studenten und Arbeitern führte. Im August schließlich begann sich um die Stadt ein militärischer Cordon zu ziehen, doch die Verantwortlichen nahmen die bedrohliche Neuformierung der kaisertreuen Kräfte nicht genügend deutlich wahr. Der kroatische Banus Josef von Jellačić betrieb die Niederschlagung des Aufstandes in Ungarn, der tschechische Aufstand war bereits erstickt, der gefürchtete »Bombenfürst« Windischgraetz sammelte starke Truppenverbände um sich und am 6. August war Feldmarschall Radetzky ins aufständische Mailand eingezogen. Hofrat Franz Grillparzer veranlasste dieses Ereignis zu dem für das der Dynastie eng verbundene Bürgertum symbolischen Ruf: »In Deinem Lager ist Österreich!«

Am 3. Oktober löste Ferdinand, der Mitte August nach Wien zurückgekehrt war, den Ungarischen Reichstag auf und verhängte den Belagerungszustand. Oberst Jellačić wurde zum Statthalter und Oberbefehlshaber der kaiserlichen Truppen ernannt, worauf seitens der Ungarn die kaiserliche Verordnung als ungültig erklärt wurde. Als daraufhin Wiener Truppen zur Unterstützung abkommandiert werden sollten, verweigerte ein Grenadierbataillon den Befehl. Dies war der Startschuss zur »Oktoberrevolution«, die etwa 2000 Aufständischen das Leben kosten sollte. Nach blutigen Kämpfen rund um den Stephansdom zogen die Revolutionäre zum Kriegsministerium und massakrierten den verhassten Grafen Latour, der an einen Gaskandelaber gehängt wurde. Nach dieser Eskalation pilgerte eine Abordnung gemäßigter Revolutionäre in die Hofburg, um sich beim Kaiser zu entschuldigen, doch die Residenz war bereits geräumt. Die Habsburger waren erneut geflüchtet, diesmal nach Olmütz, das sie am 14. Oktober erreichten. Auch der Reichstag wurde in das etwas weiter südlich gelegene Kremsier verlegt. Von der mährischen Stadt aus rief Ferdinand zum »Kreuzzug« gegen die Revolution auf, womit die finale militärische Auseinandersetzung unausweichlich geworden war. Die Verteidiger Wiens hatten keine Chance. In den letzten Oktobertagen eroberten die kaisertreuen Truppen die Stadt. Die Mehrzahl der Anführer wurde zum Tode verurteilt, andere fanden im Stadtgraben ihr Ende. Am 31. Oktober war die Revolution endgültig niedergeschlagen.

»Kaiser, lauter Kaiser!«

Die Kaiserin, Erzherzogin Sophie, Windischgraetz und dessen Schwager, Fürst Felix Schwarzenberg, der am 21. November zum Ministerpräsidenten ernannt worden war, kamen in diesem Monat zur Überzeugung, dass nun die Zeit für den Thronwechsel reif wäre, »der Nandl« musste weg. Auch war eigentlich klar, dass Franz Karl seinem Bruder nicht würde nachfolgen können, doch zum Entsetzen von Sophie zeigte sich der Erzherzog plötzlich starrköpfig. Er hielt fest, dass er sich keinesfalls am gottgewollten Prinzip der Legitimität und am letzten Willen seines Vaters versündigen wolle. Die Lage schien verzwickt, doch da entschied ein himmlischer Wink das weitere Geschick der Monarchie; der gute Kaiser Franz war seinem Sohn erschienen: »Da war es ihm, als er eines Tages tief ergriffen im Gebet lag, als sähe er den verklärten Vater, wie er segnend seine Hände auf das jugendliche Haupt des Enkels legte, und von diesem Augenblick an war sein Entschluss gefasst.«[52] Noch viele Jahre später, womöglich 1866, schien Franz Karl diesen Entschluss zu bedauern. Genau kann die Jahreszahl nicht angegeben werden, da es sich bei folgender »Begebenheit« vermutlich um eine Anekdote handelt, wenngleich um eine gute: Es soll sich auf der Kurpromenade von Ischl abgespielt haben, als der alte Erzherzog von einem wohlsituierten Handwerksmeister angesprochen wurde. Dieser erkannte nicht, dass er den Vater seines Kaisers vor sich hatte, und so erzählte er von seiner großen Familie. Schließlich fragte er den Unbekannten, ob er auch Söhne habe. »Ja«, antwortete Franz Karl, »vier sogar!« – »Und was ist er denn, Ihr Ältester?«, erkundigte sich der ahnungslose Handwerker. »Mein Ältester, der ist ein Kaiser!«, antwortete der greise Erzherzog gelassen, worauf der etwas beschränkte Sommergast zunächst den Mund vor Erstaunen nicht mehr zubekam. »Und Ihr Zweitältester?«, fragte er dann unverdrossen weiter. »Der ist auch ein Kaiser!« (Maximilian von Mexiko, Anm. C. D.), fügte Franz Karl wahrheitsgemäß hinzu. Bereits etwas aus der Fassung, fragte der Handwerker weiter: »Ja, und was war dann Ihr Herr Vater?« – »Na ja, auch ein Kaiser!« (Franz II./I., Anm. C. D.) Daraufhin gab der brave Mann keine Ruhe mehr: »Und Ihr Großvater?« – »Und der Bruder Ihres Großvaters?« – »Und Ihr eigener Bruder?« – »Kaiser!«, gab der gutmütige Franz Karl zum Besten, »lauter Kaiser!« Ganz verdattert brachte der Kurgast nur noch eine Frage heraus: »Ja, dann sind Sie vielleicht auch ein Kaiser?« Da lächelte der Erzherzog wehmütig: »Nein, ich bin der Einzige, der kein Kaiser ist. Aber beinahe wär ich einer word'n!«

»Sei nur brav, es ist gern geschehen«

Am Sonntag, dem 2. Dezember 1848, verzichtete der 55-jährige Ferdinand zugunsten seines 18-jährigen Neffen Erzherzog Franz auf den Thron. Die Eltern des Erzherzogs hatten sich eigentlich für ihren Sohn den Herrschernamen Franz II. gewünscht, dem vor 13 Jahren verstorbenen Familienpatriarchen sollte die Referenz erwiesen werden. Der zu beträchtlichem Einfluss gekommene Schwarzenberg hingegen, dessen skandalisierte Affäre mit der schönen Lady Ellenborough sein politisches Wirken überstrahlte, gab jedoch zu bedenken, dass durch eine solche Wahl unwillkommene Assoziationen entstehen könnten, weshalb der Name Franz Joseph (in Erinnerung an den Reformkaiser Joseph II.) klüger wäre. Die feierliche Zeremonie fand in der erzbischöflichen Residenz in Olmütz statt, nur verhältnismäßig wenige Gäste nahmen daran teil. »Kein Auge blieb trocken«, notierte der Protokollchef von Hübner über das historische Ereignis, das im Übrigen an einem Kalendertag stattfand, den manche als unheilvolles Omen gesehen haben mögen. An einem 2. Dezember hatte sich der korsische Usurpator die Kaiserkrone aufs Haupt gesetzt, an einem 2. Dezember waren die kaiserlichen Truppen bei Austerlitz, nicht weit von Olmütz entfernt, von Napoleons Armee geschlagen worden. Nur mühsam gelang es dem Kaiser, seine kindliche Unterschrift unter die Abdankungsurkunde zu setzen. »Regieren ist leicht«, hatte der naive Monarch einmal festgehalten, »nur das Unterschreiben ist schwer«. Franz Joseph kniete vor seinem Onkel nieder und küsste ihm die Hand. Dann ersuchte er um Ferdinands Segen. Der hob seinen Nachfolger zu sich hoch und soll die oft zitierten Worte gesprochen haben: »Gott segne dich, sei nur brav, Gott wird dich schützen, es ist gern geschehen.«[53] Daraufhin sagte der »Nandl« »Pfüat' Gott« und zog sich nach Prag auf den Hradschin zurück.

»Des hätt i a noch z'sammbracht!«

Ferdinand lebte noch 27 Jahre. Er starb am 29. Juni 1875 in Prag. Dort verwaltete er mit großem Geschick jene riesigen Güter, die ihm Reichstadt vermacht hatte. Der abgedankte Kaiser häufte im Laufe der Jahre ein gewaltiges Vermögen an. Als er im 83. Lebensjahr verschied, erbte sein Nachfolger Franz Joseph dieses Vermögen und wurde so mit einem Schlag der vielleicht reichste Monarch Europas. Ganz so »deppert« war er dann also doch nicht, »der Trottel als Repräsentant der Krone«. Von der Politik wollte er freilich nichts mehr wissen, er pflegte sich grundsätzlich nicht einzumischen. Allerdings ist ein Bonmot aus dem Jahre 1866 überliefert, als Ferdinand nach der für die Dynastie katastrophal verlaufenen Schlacht von Königgrätz gestammelt haben soll: »Des hätt i a noch z'sammbracht!«

Der »Onkel Reichsvermoderer«: Erzherzog Johann und die steirische Postmeisterstochter Anna Plochl

> »Wie kann man fröhlich sein,
> wenn so viele Tausende bedrängt sind?
> Während hier das Teuerste verfressen und
> versoffen wird, ... weint
> mancher biedertreue Hausvater bei einer
> Milchsuppe und seinem
> schwarzen Brot, oft nicht hinreichend für seine Kinder,
> sie satt zu machen, erschöpft von der Arbeit ...«
>
> *Erzherzog Johann in einem Brief an Metternich*

*Erzherzog Johann mit seiner Gattin
Anna Plochl und seinem Sohn Franz*

Erzherzog Johann[54] wurde als dreizehntes Kind Leopolds I. von Toskana und seiner aus dem Hause Bourbon stammenden Gattin Maria Ludovica in Florenz geboren. Sein Vater, der Großherzog, war der drittgeborene Sohn von Maria Theresia und Franz Stephan von Lothringen. Leopold wäre zu volksverbunden, zu »leutselig«, hatte Maria Theresia schon in dessen Jugend gelästert. Doch für diesen Habsburger blieb die Volksnähe während seiner gesamten Regentschaft eine Maxime, eine Richtschnur seines Denkens. Der reformfreudige Großherzog beließ es aber nicht bei der Theorie, er setzte demonstrativ Zeichen, auch solche, welche die Wiener Verwandtschaft nicht begreifen konnte. Als Taufpate für seinen Sohn Johann bestimmte Leopold einen einfachen, armen Bürger seiner Hauptstadt Florenz. Die Erziehung der Kinder, die vor der Vollendung des sechsten Lebensjahres weder Süßigkeiten noch Fleisch zu essen bekamen, war zwar nicht mit jenem Drill zu vergleichen, der noch am Wiener Hofe geherrscht hatte, doch sie war streng. Nach dem Tod von Joseph II. am 20. Februar 1790 trat Leopold dessen Nachfolge an. Die Familie übersiedelte nach Wien. Der neue Herrscher nahm auch seine Geliebte Livia Raimondi mit, eine rassige Schönheit, mit der er einen Sohn hatte. Doch unmittelbar nach Leopolds frühem Tod wurde die Raimondi samt ihrem Sohn von Kaiser Franz aus Wien entfernt. Livia und Leopolds Gattin hatten sich angeblich sogar recht gut verstanden, was wohl mit dem Naturell Maria Ludovicas zu tun hatte: »Sie hat keinen Willen«, schrieb ihre Schwägerin, »weder den anderen gegenüber, noch weniger gegen ihren Gemahl. Sie ist sanft, zuvorkommend, gefällig für alle Welt.«

Die Reise von Florenz nach Wien führte die allerhöchste Gesellschaft über Tirol, Kärnten und die Steiermark, wodurch der achtjährige Johann zum ersten Mal die Gelegenheit hatte, die von ihm später so geliebte Alpenlandschaft zu genießen. In späteren Jahren machte ihn einer seiner Erzieher, Johannes von Müller, auf die schwierigen Lebensumstände der Alpenbewohner aufmerksam, womit dieser Historiker ein Interesse zu wecken verstand, das vor allem der vom Erzherzog geliebten Steiermark große Vorteile bringen sollte. Doch noch war Johann nicht der geachtete und vom Volk geliebte »steirische Prinz«, als welcher er dereinst in die Geschichtsbücher eingehen sollte, sondern ein vernachlässigtes, ziemlich einsames Kind, das sich am Wiener Hof nicht so richtig zurechtfand. Im Jahre 1792 ereilten Johann zwei harte Schicksalsschläge, unmittelbar hintereinander starben sowohl der Vater als auch die Mutter. Er wurde in kürzester Zeit zur Vollwaise. Die Vormundschaft übernahm ausgerechnet sein um 14 Jahre älterer Bruder Franz, der als Franz II. auch die Nachfolge des Vaters als römisch-deutscher Kaiser antrat.

»Die Lehrer hatten willenlose Menschen zu erziehen …«

Es war nicht nur der große Altersunterschied, der zwischen den Brüdern stand, bei Johann zeigte sich bereits in frühen Jahren, dass die reformatorischen Ideen seines Vaters auf fruchtbaren Boden gefallen waren. Ganz anders hatte sich der Kaiser entwickelt, dessen zutiefst konservatives Wesen von Veränderung und Fortschritt nichts wissen wollte. Im Gegensatz zum konstitutionell gesinnten Leopold war sein ältester Sohn ein Reaktionär reinsten Wassers, ein »hölzener Amtsverwalter und Aktenstudierer«, beschränkt in seinem Geist und seinen Ansichten. Eine Anekdote weiß Folgendes zu berichten: Der Hofarzt Doktor Stifft untersuchte den hüstelnden Kaiser, der an einer Erkältung litt. »Diese Erkältung, Eure Majestät, macht mir keine ernsten Sorgen, obwohl sie recht unangenehm ist«, diagnostizierte der Arzt und ergänzte: »Es geht eben nichts um eine gute Konstitution.« – »Was?«, brüllte Franz den alten Mann an. »Wir kennen einander schon sehr lange, Stifft, aber lassen Sie mich dieses Wort nie wieder hören! Ich habe keine Konstitution und werde nie eine haben!«[55]

Die Brüder glichen sich nur durch ihr Aussehen, beide waren schlank, hatten blondes Haar, blaue Augen und einen nicht eben kleinen Kopf. Hinsichtlich ihrer Persönlichkeit aber waren sie klassische Antipoden. Als Oberhaupt der Familie verlangte Franz von seinen Geschwistern totalen Gehorsam, bei der Auswahl der Erzieher für die jüngeren Prinzen und Prinzessinnen kamen nur erzkonservative Männer in Frage. »Die Lehrer hatten willenlose Menschen zu erziehen, eines blinden Gehorsams, jede Überzeugung gefangen gebend«, schrieb der Erzherzog nach vielen Jahrzehnten. Und weiter: »Jede Äußerung, welche mit den Ansichten, die man als Gesetz annahm, nicht übereinstimmte, wurde gerügt, ja geahndet, und alles angewendet, um den Geist zu drücken und einzuschüchtern.«[56] Gelungen ist dieses Unterfangen, Johann durch infame pädagogische Maßnahmen zu disziplinieren, seinen wachen Geist zu ersticken, jedoch nicht.

Franz II./I., der im kollektiven Gedächtnis leider als gemütlicher Biedermeierfürst haften geblieben ist, war »geradezu der Repräsentant der Mittelmäßigkeit auf dem Thron«[57], der einmal mehr bewies, wie absurd das eherne Festhalten am Gesetz der Primogenitur war. Man könne den Kaiser Franz nicht als Persönlichkeit ansehen, sondern nur als Figur, erklärte einmal der Historiker Alphons Lhotsky. Joseph II. hatte die Unzulänglichkeit seines Neffen Franz immer wieder kritisiert und ihn als faul und unbegabt eingeschätzt. Vielleicht war es auch ein bewusst empfundenes Gefühl der Unterlegenheit gegenüber dem um vieles jüngeren Bruder, das Franz zu kleineren und größeren Schikanen gegenüber Johann bewog. »Mit den Genies kann man nur mit einem Körperteil fertig werden«, soll der Kaiser erklärt haben, »mit dem Sitzfleisch«. Franz war von der Vergänglichkeit alles »genialen Schwindelgeistes« überzeugt.

Im September 1800 trieb es der Kaiser auf die Spitze, indem er dem 18-jährigen Bruder, der vor allem von Metternich der dynastischen Todsünde des Republikanismus verdächtigt wurde, den Oberbefehl über das Heer übergab, formal, müssen wir hinzufügen, da Johann den Anweisungen des Feldmarschalls Franz von Lauer unterworfen war. Abgesehen davon, dass Lauer für dieses Kommando nicht die geeigneten Fähigkeiten mitbrachte, bedarf es noch des Hinweises, dass Österreich sich in diesem Augenblick mitten im so genannten »Zweiten Koalitionskrieg« mit Frankreich befand, dessen Generäle dem unerfahrenen habsburgischen Oberbefehlshaber am 3. Dezember bei Hohenlinden eine vernichtende Niederlage bereiteten. Johann mit diesem Himmelfahrtskommando zu betrauen war ein Akt der Verantwortungslosigkeit und Perfidie. Doch der jugendliche Erzherzog, unfähig, sich seinem kaiserlichen Bruder, den in Wirklichkeit die Verantwortung an der militärischen Katastrophe traf, zu widersetzen, machte sich peinigende Vorwürfe und verfiel in eine schwere Depression. Er gab sich die Schuld am Tod der beinahe tausend Soldaten, die unter seinem Kommando gekämpft hatten. Möglicherweise verspürte der Kaiser schließlich doch so etwas wie Schuld, denn er berief den ungeliebten Bruder wenig später in hohe Funktionen. Da sein neuer Aufgabenbereich auch den Festungsbau umfasste, bereiste er die Alpenländer, darunter natürlich auch Tirol, wo er zum ersten Mal auf Andreas Hofer traf. Während des »Dritten Koalitionskrieges« gegen Frankreich im Jahre 1805 hatte Johann, der bereits im Jahr davor eine Volksmiliz aufgestellt hatte, den Oberbefehl in Tirol inne, doch zu seinem Leidwesen wurde das Land aufgegeben und im Frieden von Preßburg an Bayern abgetreten.

»Mander, 's ischt Zeit!« – Johann und der Tiroler Schützenhauptmann Andreas Hofer

Johann war sich sicher, dass ein Erfolg gegen Napoleon nur dann möglich sei, wenn auf Basis eines neuen – umfassenden – Patriotismus, der über die Treue zur Dynastie hinausgehen müsste, eine Art »bewaffneter Volkskrieg« initiiert werden könnte. »Was Johann vorschwebte«, erklärte ein Historiker, »war der verantwortungsbewusste Bürger in Uniform, nicht der willenlose, der Willkür des Offiziers ausgesetzte, geschundene und ausgeblutete Krieger. Der Soldat, so meinte Johann, solle zur Selbständigkeit des Denkens und Handelns erzogen werden, nicht zu blindem Gehorsam.«[58]
Im Juli 1804, im November 1805 und im Jänner 1809 traf Johann mit dem »Sandwirt« Andreas Hofer zusammen. Der Habsburger schätzte diesen einfachen Bauern, Gastwirt und Weinhändler, der vom Vertrauen seiner Landsleute getragen

wurde und sich an die Spitze des Aufstandes gegen die Fremd-herrschaft zu stellen bereit war. Am 9. April 1809 erklärte Franz I. Frankreich den Krieg. Tirol war nach nur wenigen Tagen wieder in österreichischem Besitz. Legendär wurde der pathetische Aufruf Hofers: »Mander, 's ischt Zeit!« Wenige Tage nach der ersten Schlacht am Bergisel vom 12. April konnte Innsbruck befreit werden. Johann kommandierte die kaiserliche Armee in Oberitalien, wo er zweimal den italienischen Vizekönig besiegen konnte. Doch ausschlaggebend waren die Waffengänge im Norden und dort konnte sich Erzherzog Karl gegen Napoleon, der aus Paris herbeigeeilt war, nicht durchsetzen. Am 13. Mai marschierte der Korse nach 1805 bereits zum zweiten Mal in Wien ein. An seinem Triumph konnte auch jene Niederlage nichts ändern, die Erzherzog Karl ihm am 21. und 22. Mai bei Aspern und Eßling beibrachte, da er die Scharte Anfang Juli bei Deutsch-Wagram wieder ausbessern konnte. Johann, der von Karl zu Hilfe gerufen worden war, traf zu spät auf dem Schlachtfeld ein und war erneut der Sündenbock.

In Tirol liefen die Dinge zunächst ganz nach Wunsch, da die erfolgreiche zweite Bergisel-Schlacht vom 29. Mai dazu führte, dass ganz Tirol befreit werden konnte. Am selben Tag richtete der nach der Schlacht bei Aspern euphorische Kaiser das so genannte »Wolkersdorfer Handbillet« an die Tiroler, in dem es hieß: »... Im Vertrauen auf Gott und Meine gerechte Sache, erkläre ich hiemit Meiner treuen Grafschaft Tyrol, mit Einschluss des Vorarlbergs, dass sie nie mehr von dem Körper des Oesterreichischen Kaiserstaates soll getrennt werden, und dass Ich keinen anderen Frieden unterzeichnen werde – als den, der dieses Land an Meine Monarchie unauflöslich knüpft. So bald möglich wird sich Mein lieber Herr Bruder der Erzherzog Johann nach Tyrol begeben, um so lange der Anführer und Schützer Meiner treuen Tyroler zu seyn, bis alle Gefahren von der Grenze der Grafschaft Tyrol entfernt sind.«[59]

Hofer glaubte an das schriftliche Versprechen des Kaisers, doch der brach es bereits am 12. Juli vor dem Hintergrund des Waffenstillstandes von Znaim. Die zweite Erhebung Tirols beruhte demzufolge auf dem Unglauben Hofers, dass Franz tatsächlich diesen Waffenstillstand geschlossen hatte. Am

13. August schlugen die aufständischen Tiroler Marschall Lefebvre in die Flucht und der einfache Bauer Andreas Hofer wurde Regent von Tirol, eine Regentschaft, die allerdings nur bis zum 14. Oktober währte. Im Frieden von Schönbrunn, dessen Inhalt der Sandwirt von einem Boten Erzherzog Johanns erst zwei Wochen später übermittelt bekam, wurde Tirol erneut preisgegeben. Hofer verstand die Welt nicht mehr, er durchschaute die politischen Zusammenhänge nicht. Noch am 26. Jänner 1810 schrieb er an Johann, dass er in Treue zu Österreich stehe und lediglich um einige Truppen bitte. – Zwei Tage darauf wurde sein Versteck verraten, Hofer wurde auf der Pfandleralm verhaftet und am 20. Februar auf ausdrücklichen Befehl Napoleons erschossen.

Ähnlich wie nach der Schlacht von Hohenlinden verfiel Johann nach der Niederlage bei Deutsch-Wagram in tiefe Depressionen. Man hatte ihm seitens des Hofes die Verantwortung aufgelastet und sparte nicht mit Verleumdungen und Unterstellungen. Auch der letzten Endes missglückte Aufstand der Tiroler ging ihm zutiefst nahe. Zusammen mit einigen anderen wollte Johann Ende 1812 einen neuerlichen Aufstand in Tirol anzetteln, der unter dem Codewort »Alpenbund« das Reißbrett des guten Willens aber nie verlassen sollte. Zuschlagen wollten die »Verschwörer« am 19. April 1813, doch es kam nicht dazu, da der Plan verraten wurde. Dem Erzherzog wurde nun der Vorwurf gemacht, er hätte sich in Tirol sein eigenes »Alpenkönigtum« erkämpfen wollen. Metternich ließ mit der Rückendeckung des erzürnten Kaisers die Beteiligten verhaften und einkerkern, während Johann unter Polizeiaufsicht gestellt wurde. Außerdem wurde ihm seitens des Kaisers jeder weitere Aufenthalt in Tirol verboten, weshalb sich der Erzherzog einem anderen Alpenland zuwandte, der Steiermark.

Der Habsburger zog sich vom höfischen Leben völlig zurück und verbrachte den Großteil seiner Zeit auf dem Lande, für dessen Bewohner und deren Lebensumstände er sich ehrlich interessierte. Dem Bauernstand blieb er bis zu seinem Tod eng verbunden. In der Nähe von Mariazell, am Seebergsattel, kaufte der Erzherzog den so genannten Brandhof und versuchte seine Theorien von einer effektiven Landwirtschaft auch in die

Praxis umzusetzen. Bei der Adaptierung des Hofes, der in Zukunft von der Form her eher einem auf Zweckmäßigkeit bedachten Jagdschloss gleichen sollte, half der Prinz eigenhändig mit, was ihm bei den Arbeitern und Bauern einige Wertschätzung eintrug. Da er sich auch im Bereich der Industrie engagieren wollte, kaufte er in Vordernberg ein »Radwerk«, also eine Hochofenanlage, die das Eisen aus dem steirischen Erzberg verarbeitete. Unermüdlich betrieb er die wirtschaftliche bzw. infrastrukturelle Erschließung der Steiermark. Das Erbe seines Onkels Albert von Sachsen-Teschen hatte Johann zu einem sehr wohlhabenden Mann gemacht. Im Grunde konnte Johann in diesem Land das nachvollziehen und vollenden, was sein Vater Leopold in der Toskana begonnen hatte. Es war ihm ein vordringliches Anliegen, den beschämend niedrigen Lebensstandard der einfachen Menschen zu heben, deren Sorgen und Nöte ihn berührten und beschäftigten. Welch ein Gegensatz zu den anderen, in verschwenderischem Luxus lebenden Erzherzogen, Fürsten und Grafen, deren Lebensweise Johann mittlerweile abgrundtief verachtete. Eine beeindruckende Passage aus seinem Tagebuch erlaubt einen Einblick in die Welt seiner für einen habsburgischen Prinzen ungewöhnlichen Gedanken, etwa wenn er über die Prunksucht seiner Schwägerin reflektiert. [60]

»… in schönster erster jungfräulicher Blüte, sprach ihr Gesicht jeden durch das Gepräge der Unbefangenheit und Gemütlichkeit … an«

Der »steirische Prinz« verbrachte viel Zeit in den Bergen, die er bevorzugt mit Naturforschern und Malern durchwanderte. Er kehrte in Dorfwirtshäuser ein, nächtigte in Almhütten und hörte sich stundenlang die Probleme der Menschen an, die ihn dafür verehrten und liebten. Da er auch häufig örtlichen Tanzveranstaltungen beiwohnte, bemerkte er einmal zufrieden über sich selbst, dass er die einheimischen Tänze schon beinahe so gut beherrsche wie ein steirischer »Bua«. Im Jahre 1819 lernte der 37-jährige Erzherzog in der Nähe des Toplitzsees die erst

15-jährige Anna Plochl kennen, die Tochter des Postmeisters von Aussee.[61] »Schlank gewachsen, über die mittlere Größe, in schönster erster jungfräulicher Blüte, sprach ihr Gesicht jeden durch das Gepräge der Unbefangenheit und Gemütlichkeit an«, schwärmte Johann in seinen Aufzeichnungen, »ein schönes braunes Auge, was wir Gebürgsbewohner mit gamsauget bezeichnen, dessen ruhiger Blick die Bescheidenheit, und jene Anspruchslosigkeit und Aufrichtigkeit, die nicht erlernet werden kann, dabey fromm und brav, von einer trefflichen Mutter für das praktische Leben für die Bestimmung zu einer guten Hausfrau erzogen, von den damals lebenden 8 das liebste Kind des braven Vaters. So war damals das Mädchen; noch hatte nichts ihr Leben getrübet und keine nähere Berührung mit der Welt dem zarten, arglosen, wohlwollenden Gemüthe bittere Gefühle die Menschen betreffend, erwecket.« Über diese ungewöhnliche und dauerhafte Liebesgeschichte verfasste Johann ein Buch, dem er den Titel »Der Brandhofer und seine Hausfrau« gab.[62] Wenige Tage nach ihrer ersten Begegnung soll der um über 20 Jahre ältere Habsburger das hübsche, naive Mädchen gefragt haben, ob sie bereits ihr Herz verschenkt hätte, was diese prompt verneinte. Daraufhin sagte der Erzherzog: »Dann, da niemand Unrecht geschieht – Seyn Sie mir guth!« Mit diesem Wortwechsel hob eine Liebesgeschichte an, die dem Märchenbuch entlehnt sein könnte: Ein Prinz macht Aschenputtel den Hof und wird vom kaiserlichen Bruder an der »unstandesgemäßen« Heirat gehindert. Dass ein Mitglied des Erzhauses ein »Mädchen aus dem Volke« ehelicht, war schlechthin undenkbar, Freiheit in der Partnerwahl existierte nicht. Hätte Johann die blutjunge Postmeisterstochter zu seiner Mätresse gemacht, niemand hätte sich bei Hofe daran gestoßen, doch dazu war der Erzherzog nicht bereit.

»... der Sache durch des Priesters Segen ein Ende zu machen«

Der Preis, den er für seine Konsequenz, seine Liebe, zahlen musste, war ein langjähriger Kampf gegen den Kaiser und die

»Hofkamarilla«. Zwischen der ersten Begegnung mit Anna und der ersten Unterredung Johanns mit dem Kaiser vergingen annähernd vier Jahre. Der Habsburger wusste, dass Metternich ihn und Annas Familie bespitzeln ließ. Auch Jakob Plochl, der Vater des Mädchens, wurde immer ungeduldiger, da die Menschen im Ausseerland allerhand Gerüchte über das Verhältnis des Erzherzogs zu dem Mädchen in die Welt setzten. Anfang Februar 1823 trat Johann den schweren Gang in die Hofburg an, um dem Kaiser seinen »Lebenswunsch« zu erläutern. Franz hörte dem Bruder geduldig zu, stellte Fragen und geizte auch nicht mit Verständnis. Und tatsächlich erteilte er Johann unter der Bedingung, dass weder Anna noch die »dieser Ehe entstehenden Kinder« in Zukunft irgendeinen Anspruch auf den Stand des Erzherzogs oder auf Versorgung durch den Staat erheben dürften, bereits am 4. April die offizielle Heiratserlaubnis. Doch nun unterlief Johann ein folgenschwerer Fehler. Er heiratete nicht sofort, da er Rücksicht auf den Bruder nehmen wollte, dem diese Entscheidung sichtlich schwer gefallen war. Währenddessen mahlten die Mühlen der Intrigen und Verleumdungen bei Hofe auf Hochtouren, einer nach dem anderen der degenerierten, meist ziemlich geistlosen Erzherzoge deponierte, nicht zum Schwager dieses einfachen und ungebildeten Mädchens werden zu wollen, nur wenige nahmen für Johann Partei. Dieser wurde daraufhin erneut beim Kaiser vorstellig, zunächst im Mai, schließlich nochmals im September. Bei dieser letzten Unterredung gab der resignierte Prinz seinem Bruder das Versprechen, »dermalen und auf bestimmte Zeit vom Heirathen nichts zu reden«. Anna Plochl wurde mit der Erlaubnis ihres Vaters, den Johann von seinen »reinen Absichten« überzeugen konnte, als »Hausfrau« auf den Brandhof geholt, wo sie sich um alle wirtschaftlichen Angelegenheiten des Erzherzogs kümmern sollte. Die Angestellten mussten sie mit »Frau Mutter« ansprechen. Unglaubliche sechs Jahre vergingen; in Wien hoffte man noch immer, dass Johann eines schönen Tages der gemeinen »Bauerndirn« überdrüssig werden würde, doch dem war nicht so. Der Habsburger behauptete sogar, dass er seine »Hausfrau« in all den Jahren des Zuwartens nicht ein einziges Mal angerührt habe, was jedoch nicht nur von seinem Privatsekretär bezweifelt wurde, der von einer »Hochzeit des Gemüts und redlicher Worterfüllung vor Gott« wusste.

Am 6. Februar 1829 befahl Kaiser Franz Erzherzog Johann völlig unerwartet zu sich und erklärte, dass es nun an der Zeit wäre, »der Sache durch des Priesters Segen ein Ende zu machen«. Zwar musste die Heirat geheim bleiben, doch das strenge Verbot des Kaisers, Anna auch hochoffiziell als seine Gattin bezeichnen zu dürfen, tangierte Johann nicht wirklich, umgehend schrieb er an die Geliebte, dass sie nun alles für die Hochzeit am Brandhof vorbereiten könne. Wie sehr der Erzherzog die omnipräsente Geheimpolizei des Fürsten Metternich fürchtete, wird darin deutlich, dass er seine Zeilen an Anna mit einer aus Zitronensaft bestehenden »Geheimtinte« verfasste. Die Eheschließung wurde tatsächlich in einem beinahe konspirativen Rahmen vollzogen, knapp vor Mitternacht gaben sich Erzherzog Johann aus dem Hause Habsburg-Lothringen und die Ausseer Postmeisterstochter Anna Plochl das Jawort. Die Hochzeitsnacht verbrachten die beiden in getrennten Schlafzimmern. Erst im Jahre 1833, vier Jahre nach der Hochzeit und vierzehn Jahre nach deren erster Begegnung, erteilte der Kaiser die Erlaubnis, die Ehe zwischen seinem Bruder und der »Brandhoferin« offiziell zu verlautbaren. Am 11. März 1839 wurde dem Paar das einzige Kind geboren, ein Sohn, der auf den Namen Franz Ludwig Johann Baptist getauft wurde. Anna war besonders stolz, dass ihr Sohn die markante Habsburgerlippe geerbt hatte: »Ich bin froh, dass er etwas vom Erzherzog hat«, erklärte sie.[63] Johann, damals bereits 57 Jahre alt, hatte nur einen Wunsch: Sein Kind, der spätere Graf von Meran, sollte »ein Vertreter der Wahrheit« werden, eine »Freude der Menschheit«.

Die polizeiliche Bewachung des politisch ohnehin im Abseits stehenden Erzherzogs wurde auch nach dem Tode seines kaiserlichen Bruders im Jahre 1835 fortgesetzt. Seine Kritik am Herrschaftssystem hielt Johann aufrecht, dessen hoch entwickelte politische Sensibilität erahnen lässt, dass dieser Mann alle Voraussetzungen für einen echten »Volkskaiser« gehabt hätte. »Wir stehen am Vorabend von Ereignissen, die, wenn man den bisherigen Gang beibehält, nicht ausbleiben können«, schrieb er zwei Monate vor Ausbruch der Revolution von 1848. Und weiter: »Und doch will man nicht begreifen, dass es auf dem bisher eingehaltenen Wege ... nicht gehen kann. ... bald wird weder Zeit noch Kraft, noch Vorsicht, noch Einwirken mehr ausreichen, um jenes Gewitter zu entfernen, welches alles zur Entscheidung bringen muss.«[64] Johann sollte Recht behalten.

Am 13. März brachen die Unruhen aus und noch am selben Tag nahm Kaiser Ferdinand das Rücktrittsansuchen Metternichs an. Johann, der an diesem Tag in Wien weilte, mag die Flucht des verhassten Widersachers eine große Genugtuung gewesen sein, zumal er etwas später selbst in den Mittelpunkt der Hoffnungen sowohl des in Panik geratenen Hofes als auch der Revolutionäre rückte. Die Beliebtheit des unkonventionellen Habsburgers beschränkte sich nicht nur auf die Steiermark, wo er in Graz die aufgebrachte Bürgerschaft beruhigen konnte, er war auch für die breite Masse der Untertanen Symbol und Hoffnung, die Verkörperung des »anderen« Hauses Habsburg-Lothringen. Dass Johann in seiner reaktionären Familie als »Volksbeglücker« verspottet wurde, spricht Bände. Weiter oben wurde bereits darauf hingewiesen, dass der Hof nach den revolutionären Ereignissen am 17. Mai 1848 nach Tirol geflohen war. Von Innsbruck aus, wohin man den entscheidungsschwachen Kaiser Ferdinand gebracht hatte, übertrug dieser im Juni seinem 66-jährigen Onkel Johann auf Ansuchen einer Bürgerdelegation die Regierungsvollmacht und für die Dauer seiner Abwesenheit von Wien »die ganze Machtvollkommenheit als konstitutioneller Kaiser von Österreich«. Erzherzogin Sophie und ihr Sohn Franz (Joseph) verurteilten diesen unbotmäßigen Kontakt zwischen Dynastie und »Pöbel«.

»Ich, meine Herren ... bringe keinen anderen Ehrgeiz mit als den, dem gemeinsamen Vaterland in meinem vorgerückten Alter meine letzten Kräfte zu weihen«

Am 18. Mai war in Frankfurt am Main, in der ehrwürdigen Paulskirche, die deutsche Nationalversammlung zusammengetreten.[65] Diesem ersten gesamtdeutschen Parlament gehörten über 100 Universitätsprofessoren an, Ärzte, Bankiers und Rechtsanwälte, vielleicht die bedeutendsten Männer ihrer Epoche, doch kein einziger Arbeiter fand sich unter den Abgeordneten. Der zum Präsidenten gewählte Heinrich von Gagern war es schließlich, der Johann, welcher sich »geschmeichelt« fühlte, zum »Reichsverweser« vorschlug.[66] Folgende Reaktion ist überliefert: »Ich, meine Herren, ich bitte davon überzeugt zu sein, bringe keinen anderen Ehrgeiz mit als den, dem gemeinsamen Vaterland in meinem vorgerückten Alter meine letzten Kräfte zu weihen.«[67] Am 29. Juni 1848 wurde der Habsburger mit großer Mehrheit gewählt, am 12. Juli feierlich vereidigt. Die Funktion des dem Parlament unverantwortlichen »Reichsverwesers« war ein Kompromiss zwischen »Rechten« und »Linken«, zwischen der Einsetzung eines Fürstenkollegiums und der reinen Parlamentsherrschaft. Johann schien der ideale Kandidat zu sein: ein Fürst aus einem uralten Geschlecht, der mit einer Postmeisterstochter verheiratet ist und sich als Gegner Metternichs profiliert hatte. Als die Euphorie verflogen war, wurde aber rasch deutlich, dass die wahre Macht nach wie vor bzw. schon wieder in den Händen der Einzelstaaten lag. »Es ist ein Reich in den Wolken, dem der fürstliche Biedermann vorsteht«, urteilte Golo Mann. Johann, der auch im höheren Alter noch ein Träumer war, erkannte seine Ohnmacht bald und zeigte sich enttäuscht: »Was ist der Reichsverweser?«, fragte er. »Dermalen ein leerer Name, welcher viele Hoffnungen erweckt ...«

Franz Joseph, seit dem endgültigen Sieg der kaiserlichen Truppen im Dezember der neue Kaiser, bezeichnete den Großonkel in einem Brief an die Mutter verächtlich als »Onkel Reichsvermoderer«. Trotzdem bat er Johann, der längst auf verlorenem Posten stand und seinen Rücktritt einreichen wollte, in Frankfurt zu verweilen. Mit dem Triumph der reaktionären Kräfte in Österreich und Preußen war die Idee der parlamentarischen Volksvertretung gestorben, Johann, krank und maßlos enttäuscht, legte aber erst ein Jahr später seine Funktion nieder. Silvester 1850 feierte er aber wieder in »seiner« über alles geliebten grünen Mark. Wenige Monate später wurde der »heimliche König der Steiermark«, mittlerweile 68 Jahre alt, zum Bürgermeister der Gemeinde Stainz gewählt. In den letzten Lebensjahren des Erzherzogs war ihm seine Frau eine große Hilfe. Während er auf der Pirsch war oder in den Bergen weilte, kümmerte sich die zur Gräfin Erhobene um soziale Belange, so wurde etwa auf ihr Betreiben hin das St. Anna-Kinderspital begründet. In der Steiermark war dieser in vielen Belangen ungewöhnliche Habsburger schon zu Lebzeiten eine Legende und er ist es bis heute geblieben. Am 11. Mai 1859 starb der »steirische Prinz« nach kurzer Krankheit, seine Frau überlebte ihn um 26 Jahre.

Wenn die Steirer noch lange nach Johanns Tod »den Erzherzog-Johann-Jodler sangen«, schrieb der Journalist und Publizist Hellmut Andics, »dachten sie weniger an den fortschrittlichen Volkswirt und Musterviehzüchter Johann, auch nicht an den Gründer des Grazer Joanneums, an den Stifter zahlreicher neuer Lehrkanzeln an der Universität, an den Reichsverweser des Revolutionsjahres 1848 …, sondern vorwiegend an den hohen Herrn, der die einfache Postmeisterstochter zu seinem fürstlichen Stand hochgehoben hatte. … Anna wäre, hätte sie hundertfünfzig Jahre später gelebt, aller Illustriertenleserinnen liebstes Kind geworden.«[68]

»War die Figur er oder nur das Bild?«[69] – Kaiser Franz Joseph Der Mann und der Mythos

»Der Mann wurde schon in der Kindheit durch seine Mutter und die Erziehung vernichtet, hat dann 68 Jahre regiert, hat in dieser überlangen Zeit keine einzige konstruktive Idee gehabt, keine einzige. … Mit der zwangsneurotischen Pedanterie einer Maschine ist er am Schreibtisch gesessen, hat Akten studiert und unterschrieben, als personifiziertes Pflichtgefühl (wo blieben die anderen Gefühle?).«

Der Psychiater Erwin Ringel über den Kaiser[70]

Kaiser Franz Joseph in selten getragener Zivilkleidung

Hans Weigel schrieb einmal: »Gott hat Kärnten sonnig geschaffen, auf dass es die Menschen aus allen Richtungen anziehe, aber das Salzkammergut hat er regnerisch werden lassen, um nicht alle anderen Landstriche zu entvölkern.« Gerade aber der häufige Regen in dieser faszinierenden Landschaft war es, der manche Künstler wie magisch anzog. Vor allem Ischl, eine kleine, beschauliche Ortschaft im Salzkammergut, wurde in der ersten Hälfte des 19. Jahrhunderts durch den beinahe nicht mehr erhofften Kindersegen zweier Kurgäste weltberühmt. Dem allerhöchsten Ehepaar Erzherzog Franz Karl und Erzherzogin Sophie wurde infolge eines Kuraufenthaltes am 18. August 1830 endlich der aus dynastischen Gründen heiß ersehnte Nachwuchs beschert, was damals allgemein der Heilkraft der Ischler Bäder zugerechnet wurde. Der erste von vier »Salzprinzen« wurde von der Familie schlicht »Franzi« gerufen: Später allerdings bestand er darauf, als »Seine Apostolische Majestät, unser allergnädigster Kaiser und Herr« apostrophiert zu werden. Dazwischen lagen freilich ereignisreiche Jahre. Dass der »Franzi«, noch dürfen wir ihn so nennen, mit nur 18 Jahren als Franz Joseph I.[71] den bereits knarrenden Thron der alten Donaumonarchie besteigen und sich fast sieben Jahrzehnte mit der ihm eigenen Verbissenheit daran festhalten sollte, konnte damals nicht einmal die ehrgeizige »Mama« vorausahnen.

»Franz Joseph I. ... stand als Symbol für vieles, ja für mehr, als er leistete«

Zu jung wäre er gewesen, als er den Thron bestieg, und viel zu alt, als er ihn verlassen musste. Ein Bürgerkrieg stand am Beginn seiner Herrschaft, ein Weltkrieg stand an ihrem Ende. So lautet ein viel zitiertes Urteil über den Kaiser. Welche Richtung hätte die alte Donaumonarchie wohl eingeschlagen, einen früheren Tod Franz Josephs vorausgesetzt, wäre es dem tatendurstigen Erzherzog-Thronfolger Franz Ferdinand gelungen, das Ruder in die Hand zu nehmen? Der scharfe Beobachter seiner Zeit, Josef Redlich, hing zum Beispiel der Auffassung an, dass ein Kaiser Franz Ferdinand mehr Schaden angerichtet hätte, als sein Tod nach sich ziehen würde.[72] Welche Schritte hätte ein Republikaner namens Kaiser Rudolf unternommen, um das Hineinstolpern in die »Fröhliche Apokalypse« zu verhindern? Man könne eines Menschen Denken und Wollen nicht ganz erkennen, »eh' er in Staat und Ämtern sich erprobte«, heißt es in Sophokles' *Antigone*. Die beiden ungleichen Kandidaten hätten Reformen eingeleitet, gewiss: Doch welche, in welcher Intensität, in welcher Geschwindigkeit? Wäre es besser oder vielleicht noch schlechter geworden? Diese anregenden Fragen bleiben für immer offen. »Es ist eine seltsame Fügung«, meinte der Historiker Heinrich Benedikt, »dass die drei Kronprinzen des Hauses Österreich, von denen ein gefährliches Abgehen von der unerschütterlich festgehaltenen Tradition erwartet wurde, Don Carlos, Rudolf und Franz Ferdinand, eines gewaltsamen Todes starben.«[73]

Die 68 Jahre, in welchen Franz Joseph I. über das Reich seiner Ahnen herrschte, länger als jeder andere Potentat der neueren Zeit, markierten eine Periode des Zerfalls. Hatte sein Vorfahre Karl V. noch ein Imperium regiert, in dem die Sonne nicht unterging, beherrschte Franz Joseph eine Monarchie im Abendrot ihrer Geschichte. Von Kindesbeinen an war der »Franzi« zum Kaiser erzogen worden, sein übertriebenes Gottesgnadentum wurde ihm schon von Kindesbeinen an eingeimpft. Würden wir nicht über den einen oder anderen Hinweis in der Familienchronik verfügen, in der z. B. zu lesen ist, dass der kleine Prinz während eines Besuches des Großherzogs von Hessen seinen Nachttopf hervorgeholt und im selben Raum sein durchlauchtigstes Geschäft verrichtet habe,[74] man könnte vermuten, dieser Mann, dessen hinlänglich bekannter Ausspruch vom »letzten Monarchen der alten Schule«[75] Programm war, wäre niemals Kind gewesen. Erwin Ringel war der Auffassung, Franz Joseph wäre schon in seiner Kindheit durch die repressive Erziehung und die alles beherrschende Mutter zerstört worden. Kein anderer Monarch war von seiner »Würde« als Herrscher so durchdrungen wie Franz Joseph, die Jahrzehnte seiner Regierung erstarrten im alles zudeckenden Prinzip eherner Pflichterfüllung, hinter dem das

Individuum schließlich entschwand. Nicht ohne Grund wurde er als »kaiserlicher Hofrat«, »erster Hofrat der Monarchie« oder – wenngleich nicht offen – als der »alte Prohaska« bezeichnet. Die Nachtruhe setzte er bereits um 8 Uhr an, länger als 23 Uhr blieb er prinzipiell nicht auf. Jeden Tag stand er pünktlich um 4 (Sommer) bzw. 5 Uhr (Winter) morgens auf, jeden Tag wusste er sich 8 bis 10 Stunden mit Akten oder Audienzen zu beschäftigen. »Und so spielte sich das eigentliche Leben des Monarchen nur in seinem Arbeitszimmer und am Schreibtisch ab«, bemerkte selbst sein ergebener Kammerdiener. Das Prinzip »Pflichterfüllung« praktizierte Franz Joseph fantasielos als permanente Wiederholung der immer gleichen Rituale. Zudem werden des Kaisers intellektuelle Mittelmäßigkeit[76] und ein kaum mehr zu überbietender aristokratischer Standesdünkel in der Retrospektive[77] auch heute noch oftmals von der Mär der »guten alten Zeit« zugedeckt. Es ist dem Historiker William M. Johnston zuzustimmen, wenn er kurz und bündig festhält: »Franz Joseph I. ... stand als Symbol für vieles, ja für mehr, als er leistete.«[78]

»Österreich hat nur mehr einen Herrn!«

Nach der Niederschlagung der Revolution von 1848 und der Machtergreifung Franz Josephs setzte eine etwa zehnjährige Periode der Restauration ein, eine Periode, in der absolutistisch regiert wurde. »Ein großer Schritt weiter ist geschehen, wir haben das Konstitutionelle über Bord geworfen und Österreich hat nur mehr einen Herrn. Jetzt muss aber noch fleißig gearbeitet werden«, schrieb Franz Joseph 1851 an seine Mutter, die an den Rand des Briefes ein inbrünstiges »Gott sei gelobt« kritzelte.[79] Als im April 1852 völlig überraschend der Ministerpräsident Felix Fürst Schwarzenberg starb, ein Politiker, der zunächst großen Einfluss auf den jungen Kaiser hatte, übernahm dessen Nachfolger ein schweres Erbe. Die logische Neutralität der Monarchie im Krimkrieg (1853–1856) legte den Grundstein für die erbitterte Feindschaft mit dem Zarenreich der Romanows. Unmittelbar nach dem Tode Schwarzenbergs erklärte Franz Joseph: »Ich werde jetzt noch mehr selbst machen müssen, da ich mich auf niemand so verlassen kann, wie es bei Schwarzenberg möglich war. ... Allein auch das hat sein Gutes.«[80]

Im Februar 1853 wurde auf den jungen Kaiser ein Mordanschlag verübt, den er mit viel Glück und einem dicken Uniformkragen, der die Wucht des Dolchstoßes milderte, überlebte. Der Attentäter, ein 21-jähriger Schneidergeselle namens Janos Libenyi, wurde ohne Begnadigung zum Tode verurteilt und auf der Simmeringer Haide gehenkt. Seiner Mutter aber – und dies mag als charakteristisch für Franz Joseph gelten – gewährte er eine bescheidene Pension.[81] Dieser Anschlag, dessen Folgen den Kaiser für eine Weile ans Bett fesselten, hatte aber auch zur Konsequenz, dass seine Popularität bei der Bevölkerung zunahm. Franz Joseph war seit seiner Thronbesteigung nur mäßig beliebt gewesen, die Sympathie der Menschen gehörte vielmehr Erzherzog Maximilian, dem jüngeren und begabteren Bruder des Monarchen. Als dieser vom Attentat erfahren hatte, war er sofort nach Wien geeilt. Franz Joseph »lag mit hohem Fieber im Bett, aber das plötzliche Auftauchen Maximilians, der ihm im Fall des Falles auf den Thron folgen sollte, erzürnte ihn so sehr, dass er ihn abkanzelte, weil er sich unerlaubt von seinem Posten entfernt hatte«.[82]

»Nein, wie süß Sisi ist, sie ist frisch wie eine aufspringende Mandel und welch herrliche Haarkrone umrahmt ihr Gesicht!«

Im darauf folgenden Jahr, am 24. April, vier Tage nachdem in Österreich die Prügelstrafe eingeführt worden war, heiratete der Kaiser seine Cousine Elisabeth, Herzogin in Bayern. Wäre es nach den Plänen seiner Mutter gegangen, die zusammen mit ihrer Schwester Ludovika, Sisis Mutter, die entgegen den primitivsten Gesetzen erbbiologischer Vernunft eine neuerliche Verbindung der Familien Habsburg und Wittelsbach auszuhandeln wussten, hätte Franz Joseph eigentlich Sisis ältere Schwester Helene, genannt Néné, ehelichen sollen. Doch der

23-jährige Kaiser hatte sich Hals über Kopf in die blutjunge Elisabeth verliebt. »Nein, wie süß Sisi ist«, fasste Franz Joseph, ansonsten schon in jungen Jahren ein Musterbeispiel an Nüchternheit, seine plötzlich entflammte Leidenschaft in kitschige Worte, »sie ist frisch wie eine aufspringende Mandel und welch herrliche Haarkrone umrahmt ihr Gesicht! Was hat sie für liebe, sanfte Augen und Lippen wie Erdbeeren«. Sophie war die Vorliebe ihres Sohnes für die unreife Nichte ein Dorn im Auge, zunächst wollte sie die Beharrlichkeit ihres »Franzi«, der bis dato immer so »funktioniert« hatte, wie sie das wollte, gar nicht glauben. Auf die Bemerkung ihres Sohnes Karl Ludwig, wonach Franz Joseph viel eher Sisi wählen werde als Helene, erwiderte sie noch: »Aber wo denkst du hin, diesen Fratz!«[83]

Einen Höhepunkt des Neoabsolutismus bildete der Abschluss des Konkordats mit dem so genannten »Heiligen Stuhl«, welches der katholischen Kirche weitgehende Rechte in verschiedenen Bereichen einräumte. Franz Joseph unterzeichnete diesen umstrittenen Vertrag am Tage seines 25. Geburtstages. Ende Dezember 1857 gab der Kaiser in einem »Allerhöchsten Handschreiben« an seinen Innenminister den Auftrag, die alten Wiener Befestigungsanlagen zu schleifen, um Platz für den Bau der Ringstraße zu schaffen, deren Fertigstellung alles in allem beinahe vier Jahrzehnte in Anspruch nehmen sollte. (Der Bau der Cheops-Pyramide bei Giseh dauerte übrigens nur halb so lange.)

Der ersehnte Thronerbe, den man nach dem ersten Habsburger-Herrscher auf den Namen Rudolf taufte, wurde am 21. August 1858 geboren, zu einem Zeitpunkt, an dem die Monarchie den Höhepunkt ihrer Macht im 19. Jahrhundert erreicht hatte. Doch so als ob die Mauern eines potemkinschen Dorfes niedergerissen worden wären, illuminierten bereits die Ereignisse des Jahres 1859, wie brüchig diese Macht war. Die Niederlagen der kaiserlichen Armeen gegen die verbündete Macht von Frankreich und Sizilien bei Magenta und Solferino, wo ganze fünf der sieben Korps von Angehörigen des Hochadels kommandiert wurden, zogen den Verlust der Lombardei nach sich. Das »Oktoberdiplom« von 1860 und das »Februarpatent« von 1861 waren erste Schritte weg vom Absolutismus. Im Windschatten der militärischen Niederlage regten sich erste Ansätze der innen- bzw. verfassungspolitischen Reform. Wenige Jahre später wiederholte sich dieses Szenario, wenngleich die Konsequenzen der militärischen Niederlage gegen Preußen bei Königgrätz am 3. Juli 1866 von ungleich größerer Bedeutung waren.[84] Die Reaktionen in ganz Europa waren enorm, »die Welt bricht zusammen«, urteilte beispielsweise der Papst. Es wurde ein Ausgleich mit Ungarn erzwungen, das 1867 zur völlig gleichberechtigten Reichshälfte aufstieg. 1867 war auch die Geburtsstunde des österreichischen (Halb-)Parlamentarismus. Diese »Dezemberverfassung« setzte dem nie aufgegebenen Anspruch Franz Josephs als absoluter Herrscher rechtliche Grenzen. Und der antidemokratisch und parlamentsfeindlich gesinnte Kaiser hielt sich an die Konstitution, da er sich durch Eid gebunden fühlte. Doch bis zu seinem Tode war er »von Gottes Gnaden« Kaiser von Österreich, was durch seine verfassungsmäßige Rechtsstellung zusätzlich unterstrichen wurde: »Der Kaiser ist geheiligt, unverletzlich und unverantwortlich.«[85]

»Er ... soll heimgesucht werden in den Personen derer, die er liebt!«

Königgrätz wird oftmals als Chiffre für ein ungeheures Unglück betrachtet, das die Monarchie um die Vormachtstellung in Deutschland brachte und das ungeliebte Preußen an die Spitze. Tatsache ist jedoch, dass diese Schlacht neben den Angehörigen der 5658 Gefallenen und über 7000 Vermissten lediglich für den dynastischen Ehrgeiz der Habsburger eine »Katastrophe« darstellte, sicher nicht für die ungefähr 50 Millionen Menschen dieses Vielvölkerreiches. Der Hof war dann noch so feige und unwürdig, den alten Feldzeugmeister Benedek, der den Oberbefehl gar nicht hatte haben wollen, als alleinigen Sündenbock abzustempeln. Der protestantische General musste eine entwürdigende, zweimonatige Untersuchung über sich ergehen lassen und schwören, niemals ein

Wort über den Feldzug zu reden oder zu schreiben. In der »Wiener Zeitung« wurde daraufhin als Gipfel der Unverschämtheit noch ein Statement abgedruckt, das erklären sollte, warum der Kaiser den alten Benedek nicht vor Gericht stellte: »Es gibt kein Gesetzbuch, das den Mangel höchster geistiger Begabung straffällig erklärt ...« Ja, ist man geneigt hinzuzufügen, hätte es dieses Gesetzbuch gegeben, Hunderte Habsburger wären im Verlauf der Geschichte straffällig geworden und der geistig keineswegs besonders rege Franz Joseph aufgrund seiner langen Regentschaft häufiger als alle anderen. Für den 37-jährigen Habsburger war das Jahr 1867 jedenfalls ein Fanal für eine ganze Reihe persönlicher Schicksalsschläge, die ihn bis zu seinem Tode immer wieder ereilten. »Ich bin ein Pechvogel«, stellte er im Jahre 1870 fest.[86]

Nach Königgrätz verlangten kleinere Gruppen von Demonstranten in Wien die Abdankung Franz Josephs, der ihrer Meinung nach seinem Bruder Maximilian Platz machen sollte. Der 1832 geborene Ferdinand Maximilian war Franz Joseph und erst recht den beiden anderen Brüdern Karl Ludwig und Ludwig Viktor intellektuell weit überlegen.[87] Beträchtlicher Ehrgeiz und habsburgisches Sendungsbewusstsein trugen 1864 dazu bei, dass Maximilian das Angebot des französischen Kaisers Napoleon III. annahm, Kaiser von Mexiko zu werden. Er merkte nicht, dass seine hohen Ambitionen von der französischen Großmachtpolitik missbraucht wurden, denn obwohl sein mexikanisches »Kaiserreich« von den europäischen Mächten anerkannt wurde, durfte er auf dem amerikanischen Kontinent auf keine Unterstützung hoffen. In Mexiko regierte seit 1861 der gewählte Präsident Benito Juárez, der die Unterstützung der Bevölkerung hatte, die zu einem großen Teil noch nie etwas von dem glorreichen »Haus Habsburg« gehört hatte. Maximilians Träume, deren Verwirklichung ausschließlich von Frankreich abhängig war, zerschlugen sich in dem Augenblick, in dem sich Napoleon III. nach US-amerikanischen Interventionen aus Amerika zurückziehen musste. Der zutiefst deprimierte Maximilian spielte bereits mit dem Gedanken der Rückkehr in die Heimat, doch seine Gattin Charlotte, eine Tochter des Königs von Belgien, die in ihrem dynastischen Fanatismus der letzten Kaiserin, Zita, ähnelte, vermochte ihn umzustimmen. Die »Kaiserin« kehrte alleine nach Europa zurück und versuchte militärische wie ideelle Unterstützung für ihren Gemahl und die gemeinsame Sache zu finden. Umsonst. Charlotte verlor nach einem Gespräch mit Papst Pius IX. den Verstand, sie wurde verrückt. Man steckte die Unglückliche in eine Zwangsjacke und schickte sie über Umwege nach Belgien zurück. Charlotte lebte in geistiger Umnachtung noch bis 1927. Maximilian wurde Mitte Mai 1867 gefangen genommen und einen Monat später hingerichtet. »Mein lieber, guter Sohn! Erschossen wie ein Verbrecher«[88], trauerte Sophie um ihren Lieblingssohn.

1872 verstarb die Erzherzogin überraschend im 68. Lebensjahr an einer Lungenentzündung, die sie sich unter unglücklichen Umständen zugezogen hatte. Nach einem Besuch im Burgtheater war sie in ihrem Abendkleid auf einem Balkon der Hofburg eingeschlafen und erst am nächsten Morgen wieder erwacht. Die Ärzte konnten für die einst so mächtige Kaiserinmutter nichts mehr tun.

Auf die Schicksalsschläge Franz Josephs bezog sich auch sein berühmter Satz, wonach ihm »doch nichts erspart« bleibe.[89] Am 30. Jänner 1889 beging Kronprinz Rudolf, der einzige Sohn des Kaisers, unter mysteriösen Umständen Selbstmord, am 10. September 1898 wurde Kaiserin Elisabeth in Genf ermordet und am 28. Juni 1914 löste das Attentat auf den Erzherzog-Thronfolger Franz Ferdinand den Ersten Weltkrieg aus. Diese Schicksalsschläge nährten Vermutungen, wonach ein Fluch auf Franz Josephs Familie lasten würde, ein Fluch, den die verzweifelte Gräfin Batthyany ausgestoßen haben soll, nachdem ihr Gatte Ludwig 1849 auf Befehl des jungen Kaisers hingerichtet worden war: »Himmel und Hölle sollen sein Glück vernichten, sein Geschlecht soll vom Erdboden verschwinden und er selbst soll heimgesucht werden in den Personen derer, die er liebt! Sein Leben sei der Zerstörung geweiht und seine Kinder sollen elend zugrunde gehen!«[90]

»Kürzlich hat der Erzherzog einige hundert Stück abgeschossen, unbegreiflich, das sind doch Haustiere, finden sie so etwas waidmännisch?« – Die Passion der Jagd

Dass die von Franz Joseph so innig geliebte »Kaiservilla« in Bad Ischl neben 1365 Gämsen, 53 Hirschen, 22 Rehböcken, fünf Wildschweinen und einem Adler auch eine »weiße Gams« schmückte, wurde von manchen Zeitgenossen als ein schlechtes Omen bewertet. Weiße Gämsen verheißen Unglück! – Die Giebelfelder an der Außenfront der Villa, die zahllosen Trophäen, wiesen den Kaiser als passionierten Waidmann aus. Allein in den ersten 13 Jahren seiner Herrschaft, zwischen Dezember 1848 und Juli 1861, hatte er 28 876 Stück Wild erle(di)gt. Kurz vor seinem 70. Geburtstag schrieb die Freundin des Kaisers, die Burgschauspielerin Katharina Schratt, an Franz Joseph, dass ihm eine Pariser Ausstellung eine lebensgroße Fotografie gewidmet habe. Die aktuelle Anzahl seiner Abschüsse wurde bei dieser Gelegenheit mit 48345 Stück Wild angegeben. Graf Kielmansegg, der Statthalter von Niederösterreich, schrieb in seinen Aufzeichnungen, dass sich der Kaiser oftmals »in starken Worten« über die »Massenschießerei« des Erzherzog-Thronfolgers, »die ihm ein Dorn im Auge war«, auszulassen pflegte. »Kürzlich hat der Erzherzog im Lainzer Tiergarten einige hundert Stück abgeschossen«, echauffierte sich der Kaiser, »unbegreiflich, das sind doch Haustiere, finden sie so etwas waidmännisch?«[91]
Franz Joseph war ein leidenschaftlicher Waidmann und die Vermutung liegt nahe, dass dieses blutige »Handwerk« auch die einzige Leidenschaft dieses Mannes blieb. Mit jenem Handwerk, das der Kaiser ursprünglich erlernt hatte, verband ihn später gar nichts mehr. Da jeder Habsburger zumindest symbolisch ein Handwerk erlernen musste, stand auch Franz Joseph in seiner Jugend vor dieser Entscheidung und wählte eine Ausbildung als Buchbinder. Außer Akten und einigen Zeitungen pflegte er freilich nichts zu lesen, Majestät stand nicht der Sinn nach Büchern. Stefan Zweig artikulierte spöttisch die Vermutung, dass Franz Joseph außer dem Militärschematismus kein einziges Buch gelesen hätte, eine Ignoranz,

der – ohne Schaden zu nehmen – auch gewichtige Politiker unserer Tage frönen.

Wenn der Kaiser auf die Pirsch ging, musste seine Kleidung von spartanischer Einfachheit sein. Franz Joseph legte großen Wert darauf, dass seine kurze Lederhose möglichst abgetragen war. Die Knie mussten unter allen Umständen nackt bleiben. Alle durften ihn nach der Jagd ansprechen, was als Konversation »über Tisch« bezeichnet wurde. In Wien war dies unmöglich. Am dortigen »Längstisch« durfte dies nur der rechts vom Kaiser sitzende Tischnachbar, wobei es sich prinzipiell um den ranghöchsten Gast handelte. »Zum Sport des tausendjährigen Adels Alteuropas gehörte untrennbar mit der Jagd der Krieg«, schrieb der stets illuminierende Historiker und Kulturkritiker Friedrich Heer einmal. »Diese Identifikation erleichterte für den österreichischen, deutschen und englischen Adel das ahnungslose Hineinscheitern in den Ersten Weltkrieg.«[92]

»Sie waren Offizier und wissen, was es heißt, wenn der Kaiser sagt, Ich befehle!« – Die Uniform und das Militär

Die Gräfin Larisch, Kaiserin Elisabeths skandalumwitterte Nichte, schrieb in ihren Erinnerungen voll des Spotts, dass der Kaiser nur deshalb ständig Uniform trug, weil Elisabeth einmal gesagt habe, er sehe in Zivil »wie ein Schuhmacher im Sonntagsstaat« aus. In Wirklichkeit soll Franz Joseph Uniformen gehasst haben. Diese Nichte Elisabeths behauptete so manch Skurriles über die Habsburger, auch über Franz Joseph, der nach einer ihrer ohne Zweifel humorvollen Schilderungen eines Abends eine brave Köchin so sehr erschreckt haben soll, dass diese auf die Knie fiel und die Kaiserhymne »Gott erhalte« sang. Unbestritten ist, dass der Kaiser bei jeder sich bietenden Gelegenheit seine Vorliebe für alles Militärische demonstrierte. Die Armee hatte 1848 seinen Thron gerettet, sie war neben der Bürokratie und der katholischen Kirche die wichtigste Stütze der Dynastie, ein Band zwischen ihm selbst und dem Volk, ein Band, das nach Ansicht des Kaisers nicht zerreißen konnte. Joseph Roths berühmter Roman »Radetzkymarsch« legt davon Zeugnis ab. Franz Josephs farbenprächtige Armee, in welcher so groteske Ränge wie »k. u. k. Einjährigfreiwilligenkorporaltitularzugsführerkadettoffiziersstellvertreter« existierten, war multiethnisch, von 100 Soldaten waren 29 Deutsche, 19 Ungarn, 15 Tschechen, 9 Polen, 8 Ruthenen, 7 Serbokroaten, 5 Rumänen, 5 Slowaken, 3 Slowenen und 1 Italiener. Natürlich herrschte ein babylonisches Sprachengewirr, doch über allem und allen thronte eine »schwarz-gelbe« Identität. Die gemeinsame Kommandosprache war Deutsch. Offiziere waren wie der Adel prinzipiell miteinander per Du und »hoffähig«.

Der Oberbefehlshaber und oberste Kriegsherr duldete keinen Widerspruch. Zu einem Minister, der eines Tages einen Hauch davon anklingen ließ, erklärte Franz Joseph hoch aufgerichtet: »Sie waren Offizier und wissen, was es heißt, wenn der Kaiser sagt, Ich befehle!« Dieser Würdenträger war während eines Manövers auch Ohrenzeuge, »wie der Monarch einen Artilleriehauptmann, in dessen Batterie er irgendeinen geringfügigen Fehler entdeckt hatte, vor der versammelten Generalität und dem gesamten Gefolge derart anfuhr und herunterputzte, dass es kein Wunder gewesen wäre, wenn man bald vom Selbstmord dieses Offiziers gehört hätte«.[93] Auf Festen des Hofes mussten alle Offiziere streng vorschriftsmäßig gekleidet sein. Wenn dem Kaiser ein zu hoher Kragen ins Auge stach, gab er den Befehl, dass der Betreffende das Fest sofort zu verlassen habe. Tauchten Kavalleristen in Lackstiefeln auf, wurden sie umgehend hinauskomplimentiert, denn nur hohe Reitstiefel waren gestattet. Jedes große Hoffest verströmte aus diesem Grunde die Aura von Stiefelwichse, die Kleider der Damen waren ständig geschwärzt.

»Sagen Sie mir zunächst, wieso diese Angelegenheit Sie angeht?« – Minister, Adjutanten und andere Würdenträger

Häufig präsidierte der Kaiser dem Ministerrat selbst. Die einschlägigen Protokolle gingen niemals in das Büro der häufig wechselnden Ministerpräsidenten zurück, ohne dass Franz Joseph einschlägige Korrekturen angebracht hätte. Er kümmerte sich sogar um stilistische Änderungen. Die Reinschriften der Protokolle versah er mit Bleistift-Marginalien wie z. B. »sehr richtig«, »oho« oder »unglaublich«. Der Kabinettsdirektor, sämtliche Minister und die diversen Hofchargen, die regelmäßig beim Kaiser zum »Vortrag« zu erscheinen hatten, mussten ihren Frack und eine schwarze Krawatte anlegen, ansonsten hätte Franz Joseph sie wieder weggeschickt. Wenn z. B. der Ministerpräsident direkt aus dem Parlament zum Kaiser befohlen wurde, musste er zuerst nach Hause fahren und sich umkleiden, ganz egal wie dringend die betreffende Angelegenheit auch war. Alle Würdenträger hatten ihren Vortrag zwingend im Stehen zu halten, der Kaiser pflegte einen Minister nur in jenen Ausnahmefällen einzuladen, Platz zu nehmen, welche dies aus arbeitstechnischen Gründen zweckmäßig erscheinen ließen. Die Vereidigung und die Verabschiedung ausgenommen, reichte er niemals einem Minister die Hand. Alles in allem muss gesagt werden, dass der Kaiser seine Minister, denen es streng verboten war, Memoiren zu schreiben, arrogant und herablassend behandelte, gerade so, als wäre der Dienst unter seiner Herrschaft das größte aller denkbaren Gnadenbeweise. Die Ministerpräsidenten Graf Taaffe und Koloman Tisza waren die großen Ausnahmen. Außerdem fehlte es dem Habsburger an der Größe und dem Weitblick, wirklich fähige Minister um sich zu scharen. Sein Bündnispartner, der notorisch an Selbstüberschätzung laborierende Wilhelm II., welcher, anders als Franz Joseph, »mit ruhigem Gewissen den Weg, den die Pflicht mir weist« in den Ersten Weltkrieg stolperte, am Tage der Mobilmachung zu seinen Generälen sagte: »Meine Herren, Sie werden eines Tages noch bereuen, dass Sie mich dies haben tun lassen«, zeigte sich in der Auswahl seiner engsten Umgebung von wesentlich größerem Geschick.

Franz Joseph war es bis ins hohe Alter ein spezielles Anliegen, alle Auszeichnungsanträge mit akribischer Aufmerksamkeit zu studieren. Wenn ihm der Dienstrang der betreffenden Persönlichkeit nicht angemessen erschien, der Kandidat zu jung war oder ein Minister zu oft vorstellig wurde, sagte er monoton: »Ich finde auf diesen Antrag nicht einzugehen.« Damit war die Sache aus der Welt. Es war bei Hofe ehernes Gesetz, dass ohne ausdrückliche Aufforderung ausnahmslos niemand zu einer Thematik Stellung beziehen durfte, die nicht zu seinem engeren Aufgabenbereich zählte. Der Kaiser fragte prinzipiell nie jemanden etwas, was nicht zu dessen Kompetenzbereich gehörte, und er wollte keine einzige die jeweilige Kompetenz überschreitende Bemerkung hören. Würdenträger, die dem zuwiderhandelten, bekamen seinen Unmut zu spüren. In solchen Fällen brach er das Gespräch brüsk ab und drehte auf dem Absatz um. Prinz Rudolf Liechtenstein, der im Rufe stand, beim Kaiser sehr gut angeschrieben zu sein, hatte diesen nur ein einziges Mal darauf aufmerksam gemacht, dass eine bestimmte Person eine allerhöchste Auszeichnung erwarte, worauf Franz Joseph mit schneidender Stimme erwiderte: »Sagen Sie mir zunächst, wieso diese Angelegenheit Sie angeht?« Liechtenstein richtete niemals wieder eine derartige Frage an seinen Monarchen.

»Gestern war ich mit Sisi im Sommernachtstraum von Shakespeare ... Es war ziemlich langweilig und dumm.« – Kunst, Kultur und Technik

Die Entwicklung von Kunst und Wissenschaft, speziell die richtungweisenden Innovationen des Wiener »Fin de Siècle« gingen an Franz Joseph vorbei. Er trat weder als Förderer noch als Verhinderer auf. Kultur, Kunst und Wissenschaft atmeten die angebrochene Moderne[94], doch der alte Kaiser röchelte ebenso wie sein morscher Reichskörper dem Ende zu. Unter den Schwingen des altersschwachen Doppeladlers erblühte eine geistige Landschaft von Weltformat, von deren Glanz wir heute noch zehren. 1897 gründeten neunzehn Architekten, Bildhauer und Maler die »Secession«, was so viel wie Absonderung oder Loslösung bedeutet. Das Portal des im Jugendstil gehaltenen Ausstellungsgebäudes zieren die berühmten Worte: »Der Zeit ihre Kunst – der Kunst ihre Freiheit.« Speziell Franz Ferdinand, der reaktionäre Erzherzog-Thronfolger, war in diesen Belangen gänzlich anderer Meinung. Ein Beispiel: Unmittelbar nachdem der Habsburger ein Bild Oskar Kokoschkas angesehen hatte, geiferte er: »Dem Kerl sollte man alle Knochen im Leibe brechen!« Solch ein Satz wäre Franz Joseph gewiss nicht über die Lippen gekommen. Zwar erwies er sich in künstlerischen Fragen als genauso ahnungslos wie sein Neffe, dessen Geschmack inferior war, zwar hatte er von Literatur oder bildender Kunst keine Ahnung, doch er zeigte sich zumindest toleranter. Seine legendäre Floskel »Es war sehr schön, es hat mich sehr gefreut« verdichtete die habituelle Gleichgültigkeit des Kaisers recht anschaulich. Als signifikant für das Kunstverständnis des Kaisers muss folgender Dialog mit einem Maler gelten. Franz Joseph betrachtete lange eine Waldlandschaft, die ganz in Blautönen gehalten war. Nachdem der naturverbundene Kaiser bislang nur grüne Wiesen gesehen hatte, fragte er den Künstler: »Soll das vor dem Jagdhaus ein See sein?« – »Nein, Majestät«, antwortete dieser, »das ist eine Waldwiese.« – »Aber die ist ja blau«, wunderte sich der Kaiser, worauf ihm der Maler antwortete: »Ich sehe die Wiese so, Majestät!« Darauf Franz Joseph, schon im Gehen begriffen: »Dann hätt' er aber net Maler werden sollen!«

In der Begegnung des Kaisers mit Kulturschaffenden trafen höchst unterschiedliche Welten aufeinander, die nicht kompatibel waren. Beide Seiten dürften sich nicht sonderlich wohl gefühlt haben, wenngleich der alte Habsburger einige Maler und Bildhauer durchaus schätzte und förderte. Eine Anekdote weiß davon zu berichten, dass eines Tages der Kaiser, Katharina Schratt und der als begnadeter Unterhalter bekannte Schauspieler Alexander Girardi gemeinsam speisten. Girardi soll zunächst kein einziges Wort gesprochen haben. Nach einer Weile sagte Franz Joseph: »Mein lieber Herr Girardi, ich habe gehört, wie amüsant Sie zu plaudern verstehen, jetzt merk ich aber nix davon!« Darauf soll Girardi gesagt haben: »Majestät, jausnen Sie amal mit an Kaiser!«

Franz Joseph, es wurde erwähnt, zeigte keinerlei Interesse am Lesen von Büchern. Zu seiner Lieblingslektüre soll »Danzers Armeezeitung« gehört haben. Es stimmt jedoch nicht, dass er

»lediglich zubereitete Bruchstücke« der Presse erhalten habe, Morgen- und Abendzeitungen mussten ihm unzensiert vorgelegt werden und zu seiner Lektüre gehörte selbst die sozialdemokratische »Arbeiter-Zeitung«.[95] Auch die Theaterleidenschaft des Kaisers hielt sich in Grenzen: »Gestern war ich mit Sisi im Sommernachtstraum von Shakespeare im Burgtheater. Max kam auch hin. Es war ziemlich langweilig und dumm.«[96] Das Interesse des Souveräns am Theater war jedoch nicht ganz so beschränkt, so eindimensional, wie manche Autoren insinuieren. Nachdem Katharina Schratt im Jahre 1900 das Burgtheater verlassen hatte, setzte der Kaiser allerdings keinen Schritt mehr in dieses Haus.

Von technischen Neuerungen wollte Franz Joseph überhaupt nichts wissen, gegen Aufzüge oder das 1881 installierte Telefon hegte er eine regelrechte Aversion, elektrisches Licht störte angeblich seine Augen. Interesse zeigte er höchstens für ein frühes Modell des Edisonschen Fonografen, auf dem er gerne den Radetzkymarsch hörte. Andere Erfindungen betrachtete der Kaiser geradezu als Provokation. So warnte er die Schratt eindringlich vor dem Ballonfliegen und im April 1897 geißelte er die »wahre Epidemie des Bicyclefahrens«.[97] Über einen langen Zeitraum hindurch hatte Franz Joseph nicht einmal eine Schreibmaschine in seiner Nähe geduldet. Ähnlich verhielt es sich mit dem Automobil, der Kaiser fuhr nur ein einziges Mal damit, und zwar im Jahre 1908, als ihn der in Ischl zu Besuch weilende König von England dazu überreden konnte. Der Kommentar des greisen Monarchen war charakteristisch: »G'stunken hat's und g'sehn hat man nix!«

»Seine Majestät bestieg gestern in bester Verfassung die Hohe Schratt.« – Franz Joseph und die »gnädige Frau«[98]

Katharina Schratt war seit November 1883 am Burgtheater tätig, wo sie vor allem im Lustspiel »Die Feenhände« die Aufmerksamkeit des Kaisers erregte. Während ein Kritiker der Schratt nur wenig schauspielerisches Talent attestierte und über das Fehlen weiblicher Anmut klagte, war Franz Joseph von der Neuen begeistert. Wenig später empfing er sie wegen einer Geldangelegenheit in Privataudienz. Die Schauspielerin war nervös, und als ihr der Monarch gegenüberstand, wusste sie nicht, was sie sagen sollte. »Jetzt hat's mir die Red' verschlagen, Exzellenz!«

Kaiserin Elisabeth, die beinahe immer auf Reisen war, blieb die Vorliebe ihres einsamen Gatten für die Schratt nicht verborgen, und da sie Schuldgefühle verspürte, arrangierte sie einen Kontakt zwischen den beiden, indem sie für den

Franz Josephs »gnädige Frau«, die Burgschauspielerin Katharina Schratt

Kaiser ein Bild der Burgschauspielerin anfertigen ließ. Im Mai 1886 trafen der damals 56-Jährige und die Schratt im Atelier des Hofmalers Heinrich Angeli zusammen, eine Begegnung, aus der eine Lebensfreundschaft erwuchs, über die viel gerätselt wurde. Franz Joseph zeigte sich von dieser um 25 Jahre jüngeren Frau begeistert, am 23. Mai richtete er den ersten von insgesamt über 500 Briefen an sie: »Ich bitte Sie, beifolgendes Andenken als Zeichen meines innigsten Dankes dafür anzunehmen, dass Sie sich der Mühe unterzogen haben, zum Angelischen Bilde zu sitzen ... Ihr ergebener Bewunderer.«

Mit dem »Andenken« meinte der Kaiser einen wertvollen Smaragdring, zu dem in den nächsten dreißig Jahre noch ungezählte Schmuckstücke hinzukamen. Er beglich während dieser Dezennien auch anstandslos die hohen Schulden der Schratt, die außerdem über eine jährliche Apanage verfügen konnte. Wenige Wochen nach dem Tod des Kronprinzen fügte der Kaiser seinem Testament einen Zusatz hinzu und bedachte die Freundin mit einer halben Million Gulden. Als der Habsburger diese Freundschaft aufzunehmen begann, hatte er noch ein Verhältnis mit Anna Nahowski, die er bereits 1875 als erst 15-jähriges Mädchen kennen gelernt hatte. Deren Wohnung in Hietzing lag pikanterweise nur vier Häuser von der Schratt-Villa entfernt. Nahowski, die im Frühjahr 1889 mit 200 000 Gulden abgefertigt wurde, schrieb zwar Tagebuch, doch nach intimen Details sucht man in ihren Aufzeichnungen vergeblich.[99] Nur kleine Andeutungen lassen darauf schließen, dass sie etwa vierzehn Jahre lang die Geliebte des Kaisers war, von dem sie schrieb, dass man gleich sehen würde, »dass er den Frauen sehr gefährlich werden kann«. Als Anna, die mit einem Eisenbahner verheiratet war, nach mehreren Fehlgeburten ihre Tochter Helene zur Welt brachte, wurde vermutet, dass es sich bei diesem Mädchen, das später den Komponisten Alban Berg heiratete, um die Tochter Franz Josephs handle. Es wurde ferner gemutmaßt, der Kaiser habe um 1870 eine Weißnäherin namens Rosa Moskowitz geschwängert und der Schriftsteller Lernet-Holenia versicherte, er habe in Ischl mehrere Männer gesehen, die dem alten Monarchen verblüffend ähnlich gesehen hätten.

In der Zwischenkriegszeit wurde der Schratt für die Niederschrift ihrer Memoiren ein kleines Vermögen geboten, doch noch Jahrzehnte nach dem Tode des Kaisers schwieg die »gnädige Frau« beharrlich über die Art ihres Verhältnisses zu Franz Joseph. Zwar schrieb dieser einmal von »den wundervollen Dingen, die mir widerfahren sind«, doch hat die Geschichtswissenschaft bis heute keinen eindeutigen Beweis in der Hand, dass es sich um ein intimes Verhältnis handelte. Eine grobe sprachliche Ungeschicklichkeit, die zu einschlägigen Gedankenspielen reizt, unterlief einmal dem Ischler Wochenblatt, das nach einer Wanderung des Kaisers auf die Hohe Schrott schrieb: »Seine Majestät bestieg gestern in bester Verfassung die Hohe Schratt!« Hinsichtlich der Frage, ob dieses illustre Paar nun Geschlechtsverkehr hatte oder nicht, existiert jedoch eine hochinteressante Korrespondenz, die sich auf einen »Gedankenbrief« der Schratt an Franz Joseph bezieht. In diesem Schreiben machte die Schauspielerin dem Habsburger offensichtlich das Angebot, seine Geliebte zu werden. Eugen

Ketterl, der treue Kammerdiener, berichtete, dass Franz Joseph der Besuche Schratts immer schon gespannt entgegen gefiebert hätte: »Ein ums andere Mal sprang er von seinem Sessel auf, um ins Schlafzimmer zu gehen, sein Haar zu bürsten oder seinen Bart zu kämmen.« Wie sehr der unnahbare Kaiser der Schratt nahestand, beweist ein Brief aus dem Jahre 1903, in dem ein müder Franz Joseph nach langwierigen Verhandlungen in Ofen lapidar einbekannte: »Ich habe hauptsächlich das Gefühl: Aussi möchte i!«[100]

Der besoffene Badewaschler

»Leg mich zu Füßen Eurer Majestät, guten Morgen.«[101] So lautete die immer gleiche Floskel des Kammerdieners, wenn er seinen Herrn weckte. Noch vor dem allmorgendlichen Gebet pflegte der Kaiser zu baden, wobei er die Hilfe eines Badedieners in Anspruch nahm, des sogenannten Badewaschlers. Franz Joseph, einer der reichsten Monarchen Europas, verfügte weder in Schloss Schönbrunn noch in der Hofburg über ein Badezimmer. Selbst Toiletten waren erst Mitte des 19. Jahrhunderts installiert worden. Zuvor wurden die allerhöchsten Nachttöpfe von der Dienerschaft durch die Fluren der Hofburg transportiert. Wenn der Badewaschler früh morgens beim Kaiser seinen Dienst antrat – er musste schon um 3 Uhr aufstehen –, bestand seine Aufgabe zunächst darin, eine faltbare Gummibadewanne aufzustellen. Zum Leidwesen dieses braven Mannes, der in der Hierarchie der dienstbaren Geister hoch oben stand und dem Herrscher näher kam als jeder andere, war Franz Joseph ein notorischer Frühaufsteher. Um sich nicht Tag für Tag mitten in der Nacht erheben zu müssen, zog es der Badewaschler vor, erst gar nicht zu Bett zu gehen, sondern die Nächte in einem der Hofburg nahe gelegenen Wirtshaus zuzubringen. Um die Zeit totzuschlagen, trank der nicht mehr ganz junge Diener große Mengen Wein, an den er sich immer mehr gewöhnte, worauf er, wie des Kaisers Kammerdiener berichtete, »einige Mal in aller Früh in nicht gerade audienzfähigem Zustand«[102], erschien. Franz Joseph amüsierte sich anfangs und meinte, dass der Mann eben »nix vertrage«. Als dieser eines frühen Morgens aber so betrunken war, dass er beinahe zu seinem Herrscher in den Zuber gefallen wäre, wobei er den alten Herrn auch noch kräftig in den Arm zwickte, waren seine Tage als Badewaschler gezählt.

»Ich habe alles geprüft und erwogen. Mit ruhigem Gewissen betrete ich den Weg, den die Pflicht mir weist«

In Bad Ischl ist der alte Doppeladler noch heute an Fassaden, Geschäften und wenig geschmackvollen Bierkrügen omnipräsent. Hier bedarf es keiner Rückkehr zur Monarchie, hier wird die Monarchie Sommer für Sommer zelebriert. Für die Besuchermassen schimmert des Kaisers Bart noch heute als valutengetränktes Wasserzeichen durch die Postkartenidylle dieser malerischen Kleinstadt, die in der »guten alten Zeit« für wenige Wochen gesellschaftliche Metropole eines 50-Millionen-Reiches sein durfte. Die heiße Augustsonne brennt nun zwar nicht mehr auf die noble Gesellschaft aus allen Teilen der Monarchie, auf die schmucken Uniformen der Leutnants, die ihren starken Arm nur zu gerne den unter breitkrempigen Hüten promenierenden Damen liehen und den Dunstkreis ihres obersten Kriegsherrn atmeten, doch Bad Ischl entwickelte sich in den kaiserlosen Jahrzehnten zum Tummelplatz für Franz-Joseph-Schlachtenbummler aus aller Welt. Hier hatte der Kaiser die meisten seiner 86 Sommer zugebracht. Illustre Gäste wie der siamesische König Chulalongkorn oder der amerikanische Präsident Ulysses Grant wurden hier empfangen. Noch 1908 hatte Eduard VII. in Ischl vergeblich versucht, den alten Kaiser von seiner Nibelungentreue zum Deutschen Reich abzubringen. Entrüstet soll der Habsburger damals erklärt haben: »Ich bin ein deutscher Fürst!«

Am 28. Juli 1914 unterzeichnete der deutsche Fürst Franz Joseph die Kriegserklärung an Serbien – in Ischl. In dem Handschreiben »An meine Völker« hieß es: »In dieser ernsten Stunde bin ich mir der ganzen Tragweite meines Entschlusses und meiner Verantwortung vor dem Allmächtigen bewusst. Ich habe alles geprüft und erwogen. Mit ruhigem Gewissen betrete ich den Weg, den die Pflicht mir weist.«

Nun, er hatte nicht alles geprüft und erwogen, die ganze Tragweite seines allerhöchsten Entschlusses war ihm nicht bewusst. Franz Joseph, der das geliebte Bad Ischl am 30. Juli verließ, sollte nie mehr hierher zurückkehren. Am 21. November 1916 starb der alte Kaiser, dessen der rauen Wirklichkeit längst schon entrückte Autorität die in allen Fugen krachende Donaumonarchie bis zuletzt zusammengehalten hatte. Bei der Begräbnisfeier neun Tage später flüsterte ein greiser General, der seine Tränen nur mühsam unterdrücken konnte: »Das ist die größte Niederlage, die wir im gegenwärtigen Kriege davontragen konnten!«

»Was ist denn mit mir geschehen?« – Kaiserin Elisabeth. Die Frau und der Mythos

»Die Ehe ist eine widersinnige Einrichtung. Als fünfzehnjähriges Kind wird man verkauft und tut einen Schwur, den man nicht versteht und dann 30 Jahre oder länger bereut und nicht mehr lösen kann.«

Elisabeth zu ihrer Tochter Marie Valerie

Elisabeth, die »Kaiserin wider Willen«

Auch du, mein Sohn Brutus?« Diese Worte soll Gaius Julius Cäsar einem seiner Mörder zugeraunt haben, bevor der Diktator mit dem Mantel sein Haupt bedeckte und ein erstaunliches Leben aushauchte. – »Es ist gut«, waren die letzten Worte von Immanuel Kant, dem »Alleszermalmer« (Egon Friedell). Und Sokrates erklärte, den Giftbecher vor Augen: »Nun ist es Zeit, wegzugehen: für mich, um zu sterben, für euch, um zu leben. Wer von uns dem besseren Zustand entgegengeht, ist jedem verborgen, außer dem Gott.«

So genannte »letzte Worte« berühmter Menschen bleiben als mumifizierter Bildungsschatz im kollektiven Gedächtnis der Nachwelt hängen, unabhängig davon, ob deren Authentizität verbürgt ist oder nicht. »Letzte Worte« taugen aber nur selten dazu, von der theatralischen Neigung oder auch Einfallslosigkeit mancher Autoren einmal abgesehen, einer biografischen Skizze vorangestellt zu werden. Was nun aber die »seltsame Frau« betrifft, wie Elisabeth von ihrem Biografen Egon Cäsar Corti genannt wurde, verhält es sich etwa anders.[103]

»Es wurden ihr nur wenige Tränen nachgeweint!«

Bevor die von Mörderhand niedergestreckte Kaiserin von Österreich ihre Augen für immer schloss, hauchte sie ihrer entsetzten Begleiterin den beziehungsvollen Satz zu: »Was ist denn (jetzt) mit mir geschehen?«[104]

Dieser leise Aufruf türmt sich gleich einem düsteren Fragezeichen hinter der Biografie der vorletzten Kaiserin von Österreich auf, die tief in ihrem Herzen eigentlich nie zu einer Kaiserin und erst recht zu keiner Habsburgerin geworden ist. Sie hatte sich schon vor langer Zeit dem Hof, ihrer Familie und der Bevölkerung entzogen und war ziel- und ruhelos in der Welt umhergezogen, immer auf der Suche, immer auf der Flucht. »Eine Möwe bin ich von keinem Land ...«, lautete einer ihrer wehmütigen Verse, »mich bindet nicht Ort und nicht Stelle, ich fliege von Welle zu Welle.« Am 10. September 1898 brachte der 25-jährige Anarchist Luigi Lucheni Elisabeth in Genf mit einer zugeschliffenen Feile den schon lange herbeigesehnten Tod.[105] »Nun ist es gekommen, wie sie es immer wünschte, rasch, schmerzlos, ohne ärztliche Beratungen, ohne lange, bange Sorgentage für die Ihren«, notierte Tochter Marie Valerie in ihrem Tagebuch.

Das Attentat auf die Kaiserin erweckte nur wenig Trauer, die menschenverachtende Möwe Elisabeth war zu lange hoch über den Häuptern der Normalsterblichen geschwebt. »Es wurden ihr nur wenige Tränen nachgeweint«, schrieb Graf Kielmansegg nüchtern. Obzwar der Kaiser nach Erhalt der Todesnachricht gestammelt haben soll: »Niemand weiß, was diese Frau mir gewesen ist«, passen die Beobachtungen des späteren Flügeladjutanten Albert Margutti recht gut zu Kielmanseggs Einschätzung: »Als ich ... in jene eng umschriebene Welt gelangte, der Kaiserin Elisabeth angehörte, sprach am Hof kaum noch jemand über sie; am allerwenigsten der Kaiser selbst, von welchem ich überhaupt, auch in der Folge, niemals ein Wort über seine dahingeschiedene Gattin vernommen ... Der Öffentlichkeit Missstimmung fand schließlich in der ... Behauptung Ausdruck, dass Kaiserin Elisabeth geistig nicht normal gewesen sei ...; damit wich man am bequemsten dem Bekenntnisse aus, dass man sie nicht kannte, von ihr so gut wie gar nichts wusste ...«[106]

Der Selbstmord ihres Sohnes hatte die ohnehin depressive Kaiserin völlig aus der Bahn geworfen, »sie neidet Rudolf den Tod und ersehnt ihn Tag und Nacht«, schrieb ihre Lieblingstochter Valerie an anderer Stelle. Was war also wirklich mit der blutjungen, reizenden Sisi aus dem bayerischen Possenhofen geschehen, deren gegen Ende ihres Lebens ohne Zweifel pathologische Züge tragendes Verhalten, deren Melancholie und Verfolgungswahn, ausufernde Exzentrik und Hang zum Spiritismus, den eigenen Bruder dazu veranlasste, im Familienkreis ganz offen darüber zu sprechen, dass die gute Elisabeth »einen Sporn«, einen Vogel, habe? Sollte der österreichische Konsul auf Korfu Recht gehabt haben, als er 1885 über die alternde Kaiserin sagte: »Sie säuselte mich an, knapp, nicht unartig, ich fand sie hässlich, alt, spindeldürr aussehend, schlecht angezogen und hatte den Eindruck, nicht eine Närrin, sondern eine Wahnsinnige vor mir zu haben«?

»Wann wir nit Prinzen wär'n, wär'n mir Kunstreiter wor'n!« – Herzog Max Joseph, das bayerische »Urvieh«

Elisabeths Vater, Herzog Maximilian Joseph in Bayern, war ein außergewöhnlich unkonventioneller Zeitgenosse, dem Verantwortung und Pflicht, Konvention und Tradition überhaupt nichts bedeuteten. Seine Gattin Ludovika war die jüngste der sieben Töchter von König Maximilian Joseph. Außer ihr hatten alle anderen Schwestern in ein so genanntes »regierendes Haus« eingeheiratet, weshalb sie sich lange Zeit zurückgesetzt fühlte. Dieser Umstand soll die Prinzessin in der Hochzeitsnacht dazu bewogen haben, ihren Ehemann in einen Schrank einzusperren.[107] Herzog Max, »das bayerische Urvieh«, gab freimütig zu, nicht seine Gattin zu lieben, sondern eine Bürgerliche, die er aufgrund des »Standesunterschiedes« leider nicht hatte heiraten dürfen. Der Wittelsbacher interessierte sich nicht für Politik und war froh, nicht regieren zu müssen, er spielte Zither, schrieb unter dem Pseudonym »Phantasus« mittelmäßige Gedichte, führte allerlei Kunststücke auf und war ein ausgezeichneter Reiter. »Wann wir nit Prinzen wär'n, wär'n mir Kunstreiter wor'n«, meinte er eines Tages zu Elisabeth, die dem Vater trotz seiner häufigen Abwesenheit sehr nahe stand. Seine Volkstümlichkeit gefiel den Menschen, seine harmlosen Extravaganzen gaben Anlass zu Klatsch und Amüsement. Die Nachricht, dass Max zusammen mit seinen Saufkumpanen eine »Tafelrunde« von 14 Rittern gegründet hatte, der er selbst in der Verkleidung des Königs Artus vorstand, mag es den trinkfreudigen Münchnern besonders angetan haben.

»Ich bin erwacht in einem Kerker – Und Fesseln sind an meiner Hand«

Elisabeth war noch keine 17 Jahre alt, als sie die Frau des Kaisers von Österreich wurde. »Ich habe den Kaiser schon lieb«, hatte sie im Sommer 1853 gegenüber einer Gouvernante einbekannt, »wenn er nur kein Kaiser wäre!« Und viel später bemerkte die zur Republikanerin gereifte »Kaiserin wider Willen«, wie Brigitte Hamann sie bezeichnete: »Kaiser sein ist sowieso eine Sache, die eigentlich abgeschafft gehört!«

Die Ehe, die wie ein romantisches Märchen begonnen hatte, schlitterte bereits nach kurzer Zeit in eine Katastrophe. Vom ersten Tag an fühlte sich Sisi in Wien höchst unwohl, das pedantisch gehandhabte Zeremoniell, gehütet von ihrer Schwiegermutter Erzherzogin Sophie, schnürte der jungen Prinzessin von Beginn an die Kehle zu. Man hatte es im Vorfeld der Eheschließung verabsäumt, der Wittelsbacherin auseinander zu setzen, worauf sie sich mit dieser Heirat einlassen würde, doch einem Kaiser gibt man eben keinen Korb. Sophie bestand ausdrücklich darauf, von ihrer 17-jährigen Nichte und Schwiegertochter mit Sie angesprochen zu werden, eine förmliche und unter Familienmitgliedern groteske Anrede, der sich freilich auch Franz Joseph zu befleißigen hatte. Alle Familienmitglieder mussten auf Geheiß der Erzherzogin pünktlich zum Frühstück erscheinen, größten Wert legte sie auf den regelmäßigen Besuch der Messe. Selbstverständlich wurde vom frisch vermählten Ehepaar selbst am Morgen nach der Hochzeitsnacht erwartet, dass beide rechtzeitig zum Familienfrühstück auftauchten. Viele Jahre später gestand Elisabeth einer Vertrauten, dass sie weinend vom Tisch davongelaufen sei, weil sie den prüfenden Blick und die anzüglichen Fragen Sophies nicht mehr hatte ertragen können.«[108] Für die Erzherzogin war Sisi, die völlig unvorbereitet in eine ihr fremde Welt hineingestoßen worden war, ein »Fratz«, ein dummes, ungelenkes, wohl aber beeinflussbares Mädchen, aus dem sie, Sophie, eine Kaiserin formen musste. Dabei ging »die böse Frau«, wie Elisabeth hinter vorgehaltener Hand die Schwiegermutter nannte, hart, streng und unnachgiebig vor, doch bei all dem erreichte sie nur das genaue Gegenteil dessen, was sie angestrebt hatte. Franz Joseph war zu schwach, zu sehr Muttersöhnchen, als dass er es konsequent gewagt hätte, sich auf die Seite seiner Frau zu schlagen.

Elisabeth lebte in völliger Isolation von der Außenwelt, die Spielregeln des Zeremoniells gerieten zu den Grenzen ihrer Welt. Alles, was sie tat, was sie sagte, wurde seitens des Hofes mit Argusaugen beobachtet und kritisiert. Zum Ärger der Kaiserinmutter beschäftigte sich Sisi lieber mit ihren aus Bayern mitgebrachten Tieren, mit Papageien und riesigen Hunden, als Repräsentationsverpflichtungen wahrzunehmen. »Sie lebt nur ihren Hunden«, schrieb eine Hofdame nach Bayern, »sie hat stets welche auf dem Schoß, neben sich oder unterm Arm, sie knackt Flöhe selbst bei Tisch und auf den Esstellern.«

Am 5. März 1855 bekam die junge Kaiserin ihr erstes Kind, ein Mädchen, das auf den Namen Sophie getauft wurde. Nachdem die junge Kaiserin knapp ein Jahr später erneut ein Kind zur Welt brachte und es sich dabei wieder um ein Mädchen handelte (Gisela), waren alle enttäuscht. Beide Kinder wurden der de facto entmündigten Mutter unmittelbar nach der Geburt weggenommen. Alles Wehklagen der Kaiserin nützte nichts, sie kam gegen die Dominanz der Schwiegermutter nicht an und es dauerte lange, bis sie sich durchzusetzen lernte. Im Mai 1857 erkämpfte sie gegen den Widerstand der Erzherzogin die Erlaubnis Franz Josephs, die Kinder auf eine Reise mitnehmen zu dürfen. Während des Aufenthaltes in Budapest ereilte das Kaiserpaar ein harter Schicksalsschlag, die erst zweijährige Sophie bekam starkes Fieber und starb. Elisabeth schien am Tod ihres Kindes beinahe zu zerbrechen, gepeinigt von Selbstvorwürfen sperrte sie sich in ihre Räume ein, aß beinahe nichts und weinte tagelang. Ab diesem Zeitpunkt überließ sie Gisela voll und ganz der Schwiegermutter, auch der im Sommer 1858 geborene Rudolf wurde in Sophies Obhut gegeben, deren ganzer Ehrgeiz es nun war, aus dem kleinen Thronfolger einen würdigen Kaiser zu machen, einen Kaiser, der das Erbe der Dynastie in die nächste Generation tragen sollte. Elisabeth hatte den Kampf um die Erziehung ihrer Kinder aufgegeben, womöglich meinte sie nun selbst, dass sie dazu nicht in der Lage sei. Ihr Gemütszustand griff auch ihre Gesundheit an, sie litt ständig an Unpässlichkeiten und hatte oft hohes Fieber. Nur wenn Besuch aus dem heimatlichen Possenhofen angesagt war, besserte sich die Befindlichkeit der Kaiserin augenblicklich.

»Nein, nein, ich will weg aus dem Lande, weit weg!«

Als der 29-jährige Kaiser im Mai 1859 nach Kriegsausbruch mit Frankreich und Sardinien-Piemont zum Kriegsschauplatz eilte, um nach ersten Fehlschlägen selbst den Oberbefehl zu übernehmen, reagierte Elisabeth hysterisch. Sie weinte ununterbrochen, begann zu rauchen und unterzog sich aufwendigen Gymnastikübungen. Franz Joseph schrieb ihr bittersüße Briefe. »Meine liebste Engels-Sisi, die ersten Augenblicke nach dem Aufstehen benütze ich, um ... dir wieder zu sagen, wie sehr ich dich liebe und wie ich mich nach dir und den lieben Kindern sehne ...«[109]

Zerstreuung fand die Kaiserin in erster Linie bei stundenlangen Ausritten, bei denen sie manchmal ein Stallmeister begleitete. Sophie und ihre Umgebung waren empört, dass Sisi mit diesem Mann über Stunden alleine war, und berichtete dem Kaiser darüber, der seinerseits die unglückliche Gattin tadelte: »Mit Holmes alleine kann ich dich nicht reiten lassen, das schickt sich nicht.«

Die verlorene Schlacht bei Solferino entschied den Krieg, die blühende Lombardei ging für die Monarchie verloren. Franz Josephs Popularität war am Tiefpunkt angelangt. »Löwen« wären die Österreicher gewesen, hieß es im preußischen Armeehauptquartier, »angeführt von Eseln«. Dieser Krieg könnte auch als eine Art politisches Erweckungserlebnis für Elisabeth bezeichnet werden, da sie erstmals in Opposition zur absolutistischen Politik ihres Mannes ging. Als schließlich Gerüchte auftauchten, wonach Franz Joseph sie mit einer anderen Frau betrogen hätte, verlor Elisabeth die Fassung.[110] Sie provozierte nun den Hof, wo immer sie konnte. Sie gab rauschende Feste und entfaltete für kurze Zeit rege gesellschaftliche Aktivitäten. Der Kaiser freilich wurde aus dem Schlafzimmer ausgesperrt, was der jungen Frau, die den Freuden der körperlichen Liebe ohnehin nie mit Begeisterung zuzusprechen wusste, nicht schwer gefallen sein dürfte. Ihre ablehnende Haltung gegenüber der Sexualität machen folgende zwei Zeilen aus der Feder Sisis deutlich: »Für mich keine Liebe, für mich keinen Wein/- Die eine macht übel, der andere macht spei'n!«

Im Juli 1860 flüchtete die Kaiserin nach Possenhofen und kehrte erst zum Geburtstag Franz Josephs am 18. August zurück. Während das Verhältnis zum Kaiser kühl blieb, flammten die Streitigkeiten mit Sophie wegen der Erziehung der Kinder erneut auf. Elisabeth erkrankte, sie hüstelte und litt an Depressionen. Sie wollte weg von den Zwängen des Hofes, weg von der Etikette. Offiziell wurde bekannt gegeben, dass die junge Kaiserin an Lungenschwindsucht leide, was einen längeren Aufenthalt auf Madeira erforderlich mache. Dass der behandelnde Facharzt Dr. Skoda akute Lebensgefahr befürchtete, war ebenso übertrieben wie die Entscheidung, das ferne Madeira als Erholungsort zu wählen. Auf österreichischem Boden hätte es eine Reihe von Kurorten gegeben, die alle Anforderungen erfüllt hätten, doch die Kaiserin wünschte sich jeder repräsentativen Verpflichtung zu entledigen. »Nein, nein, ich will weg aus dem Lande, weit weg«, entgegnete sie den Einwänden des Kaisers, der Meran oder einen Ort an der Adria vorgeschlagen hatte.[111] Für die Reise stellte Königin Viktoria von England ihre Privatjacht zur Verfügung. Hofdamen, Lakaien, »Ehrenkavaliere«, ein Arzt, ein Priester, Köche und ihre Obersthofmeisterin begleiteten Elisabeth, die sich nun intensiv mit Literatur befasste und Lektionen in Ungarisch nahm. Zwar sehnte sie sich nach ihren Kindern, doch die Kaiserin erschrak bei dem Gedanken, dass sie nach ihrer Rückkehr auch die Schwiegermutter wieder sehen würde. Als sie im März 1861 nach ungefähr sechsmonatiger Abwesenheit zurückkehrte, schien sie ein anderer Mensch zu sein. »Zur vollen Schönheit aufgeblüht, war ihr schon auf Madeira das Herz eines ihrer ›Ehrenkavaliere‹ ... zugeflogen. Elisabeth, die sich nun ihrer persönlichen Ausstrahlung und ihrer hohen Stellung bewusst geworden war, verströmte Selbstsicherheit. Sie hatte zu sich selbst gefunden.«[112]

Aber das Hofleben verfehlte seine Wirkung auf die Verfassung der sensiblen Kaiserin nicht, erneut traten die alten Symptome auf und Skoda empfahl wieder einen Kuraufenthalt. Diesmal war die griechische Insel Korfu das Ziel und Elisabeths Genesung ließ nicht lange auf sich warten. Obwohl sie zumeist mit Langeweile zu kämpfen hatte, die schwere Last derer, die aller materiellen Sorgen ledig sind, blieb sie lange und zeigte auch keine Anstalten, eine baldige Rückkehr nach Wien in Erwägung zu ziehen. Auf der griechischen Insel ließ sich die Kaiserin auf der linken Schulter tätowieren, was für den Kaiser nach den Worten seiner Tochter »eine furchtbare Überraschung« gewesen sein soll. Endlich riss Franz Joseph der Geduldsfaden und er reiste persönlich nach Korfu, um seine Frau heimzuholen, doch Elisabeth bestand auf einem längeren Aufenthalt in Venedig. Die vernachlässigten Kinder wurden nachgeholt. Franz Joseph hielt den Kontakt durch eine umfangreiche Korrespondenz aufrecht. Die legendäre Gefühlskälte des Kaisers verdeutlicht der Inhalt zweier Briefe an den eben erst vierjährigen Rudolf: »Ihr habt ja die Soldaten von deinem Regiment tanzen gesehen«, schrieb der Vater, »das muss sehr hübsch gewesen sein, nur höre ich, dass du dich gefürchtet hast, was eine Schande ist.« Zwei Wochen später hieß es: »Gisela schrieb mir, dass du schlimm warst, das tut mir sehr Leid und wird hoffentlich nicht mehr geschehen.«[113] Im Mai 1862 verließ Elisabeth Venedig und reiste über Umwegen ins bayerische Bad Kissingen, wo sie einmal mehr einen Kuraufenthalt absolvierte. Nach einer Zwischenstation in Possenhofen kehrte sie im August nach Wien zurück, wo sie von der Bevölkerung mit großem Jubel empfangen wurde.

»Die Schönheit ist die Ursache und der Zweck aller Dinge«

Am Eheleben des Kaiserpaares hatte sich indes nicht viel geändert, beide gingen ihrer Wege. Gegenüber ihrer Tochter Marie Valerie sagte Elisabeth Jahre später: »Die Ehe ist eine widersinnige Einrichtung. Als fünfzehnjähriges Kind wird man verkauft und tut einen Schwur, den man nicht versteht und dann 30 Jahre oder länger bereut und nicht mehr lösen kann.«
Franz Joseph verbrachte seine Tage am Schreibtisch, Elisabeth huldigte der Pflege ihres durch Gymnastik, eiskalte Bäder und regelmäßige Massagen gestählten Körpers. Die junge Kaiserin begann einen Kult aufzubauen, dessen Gegenstand sie selbst

war. Die Wittelsbacherin war mit 1,72 Meter relativ groß, während sie nur etwa 50 Kilogramm wog, ein »Idealgewicht«, dessen sie sich mehrmals täglich versicherte. Ihre eingeschnürte Taille maß exakt 50 Zentimeter. Sie richtete sich in ihren Räumen einen »Turnsaal« ein, wo sie an verschiedenen Geräten ihren Körper ertüchtigte. Während Franz Joseph der Auffassung zuneigte, seine Frau sei nur mehr »Haut und Knochen«, bezeichnete sie sich selbst als »rund wie eine Tonne«. Um ihr Gewicht zu halten, wickelte sie vor der Nachtruhe kalte Tücher oberhalb der Hüften um ihren Körper, außerdem trank sie eine für jede(n) andere(n) ungenießbare Mixtur von Eiweiß mit Salz. Längere Zeit schwor sie auf eine Diät aus Bouillon und Fruchteis und an manchen Tagen ernährte sie sich ausschließlich vom Saft von 6 Kilogramm ausgepresstem Ochsenfleisch, außerdem unternahm die Monarchin regelmäßig anstrengende Gewaltmärsche. Es darf also nicht verwundern, dass Dr. Eisenmenger in den 1890er Jahren ein Hungerödem an der Kaiserin entdeckte.

Gurken, Erdbeeren, Milch, Olivenöl und rohes Kalbfleisch dienten der Pflege ihrer Haut. Alle Dimensionen hingegen sprengte der Aufwand, den Elisabeth im Zusammenhang mit ihrem bis an die Fersen reichenden Haar betrieb. Die tägliche Haarpflege nahm zwei bis drei Stunden in Anspruch, alle drei Wochen dauerte die rituelle Haarwäsche sogar einen ganzen Tag. Neben Eidotter wurden 20 Flaschen vom besten Franzbranntwein in ihre kastanienbraune Mähne einmassiert, die später noch nachgedunkelt wurde. Aufgrund der prächtigen Fülle des Haars hatte die Kaiserin oft Kopfschmerzen, weshalb die schweren Strähnen von Fall zu Fall an die Zimmerdecke gebunden wurden, um ihren Kopf zu entlasten. Wenn sie bemerkte, dass ihr von einer Kammerzofe ein Haar ausgerissen wurde, rastete sie regelrecht aus. Angeblich mussten an mehrere Zofen Schmerzensgelder bezahlt werden, da Elisabeth diesen Frauen in ihrem Zorn den Handspiegel ins Gesicht geschlagen haben soll.

Die maßlos eitle Elisabeth schämte sich ihrer schlechten Zähne, weshalb sie beim Reden den Mund halb geschlossen hielt und sich ständig ein Taschentuch vorhielt. Ihre Artikulation soll deshalb sehr undeutlich gewesen sein. »Die Schönheit ist die Ursache und der Zweck aller Dinge«, fasste sie gegenüber ihrem Griechischlehrer ihr Credo zusammen. Diese Frau verfügte nicht über die Souveränität, um in Würde altern zu können, sie begann sich zu verstecken und erlaubte – angeblich bereits ab 1869 – keinem Fotografen, in ihre Nähe zu kommen. Sie ließ sich auch nicht mehr porträtieren. In späteren Jahren ging sie ohne Fächer oder Schirm gar nicht mehr außer Haus.

»Du, die den Liebesmittler für meine Mutter gespielt hast … Du wagst es … von Moral zu sprechen, du, die ohne Skrupel dabeigestanden hat, wenn Mama meinen Vater betrog?«

Das Selbstbewusstsein und die Durchsetzungskraft Elisabeths, aber auch ihre Attraktivität waren in den 1860er Jahren auf einem Höhepunkt angelangt. Franz Joseph konnte seiner vergötterten Frau nichts mehr abschlagen. Interessant ist ein Brief der Kronprinzessin von Preußen an Königin Viktoria, in dem sie der Mutter ihre Einschätzung des österreichischen Herrscherpaares mitteilte: »Sehr scheu und schüchtern, spricht sie wenig. Es ist wirklich schwierig, ein Gespräch mit ihr in Fluss zu erhalten, denn sie scheint … geringe Interessen zu haben. Die Kaiserin … redet kaum über ihre Kinder … Der Kaiser scheint in sie vernarrt zu sein, aber ich habe nicht den Eindruck, dass sie es in ihn wäre.« Doch zu Ostern 1865 konnte der Kaiser seiner Mutter die Mitteilung machen, dass er sich nunmehr vollständig mit seiner Frau versöhnt hätte. »Gott sei tausendmal gepriesen«, schrieb Sophie in ihr Tagebuch.[114] Nach der vernichtenden Niederlage bei Königgrätz schien es so, als hätte sich Elisabeth auch ihrer Verpflichtungen als Kaiserin besonnen, sie unterstützte ihren Mann, wo immer es ihr möglich war, doch dieser Gesinnungswandel war nur von kurzer Dauer. 1866/67 plädierte Elisabeth, »die Zuneigung ihres Mannes skrupellos ausnützend«, für die Bevorzugung der stark nationalistischen Magyaren im Ausgleich mit Ungarn.

Eine Ursache für ihre politischen Ambitionen (welche nach 1867 allerdings versandeten, da der Kaiser keine Einmischung mehr duldete), für ihr magyarophiles Engagement war ihre schwärmerische Sympathie für den ungarischen Grafen Gyula Andrássy. Der 42-jährige Adrássy, ein groß gewachsener Mann, gehörte zu den Revolutionären des Jahres 1848 und wurde nach dem Ausgleich ungarischer Ministerpräsident, später k. u. k. Außenminister.

Angesichts Elisabeths Attraktivität konnte es nicht ausbleiben, dass sich Spekulationen hinsichtlich geheimer Liebschaften einstellten, die Wissenschaft konnte jedoch bis zum heutigen Tage keinen eindeutigen Beweis für die Untreue der Kaiserin finden. Andrássy wurde jedenfalls in diesem Zusammenhang ebenso genannt wie Sisis Griechischlehrer Constantin Christomanos. Im Fasching des Jahres 1874, als sich Franz Joseph gerade in Russland befand, leistete sich die 36-jährige Elisabeth während des Faschings in der Maske eines Dominos einen harmlosen Flirt mit dem jungen Beamten Fritz Pacher, dem sie vor ihrem Verschwinden ein Rendezvous versprochen hatte, das sie allerdings nicht einhielt. Im Nachlass Pachers fanden sich aber einige Briefe der Kaiserin, die sich bei dieser Gelegenheit »Gabriele« nannte. Die Frage, ob Elisabeth ihrem Mann stets treu war, wurde speziell durch eine Passage in den Erinnerungen der Gräfin Larisch aufgeworfen, die mit Kronprinz Rudolf kurz vor dessen Tod folgenden Dialog geführt haben will. »Darf ich mir die Frage erlauben, Marie«, erregte sich Rudolf, »seit wann du dir die Rolle einer Heiligen anmaßest? Du bist gerade die Richtige, die von ... Ehrbarkeit reden darf. Du, die den Liebesmittler für meine Mutter gespielt hast, seit du ein Kind warst. Du wagst es, mir gegenüber von Moral zu sprechen, du, die ohne Skrupel dabeigestanden hat, wenn Mama meinen Vater betrog?« Darauf erwiderte die Larisch zornig: »Das ist eine verruchte Lüge! Ich werde das nicht mit anhören! Ich dulde es nicht, dass du deine Mutter verleumdest!«

Am 22. April 1868, zehn Monate nach der von Elisabeth hartnäckig angestrebten Krönung des Kaisers zum König von Ungarn, eine Feierlichkeit, die an diesem Junitag ein großer per-

sönlicher Triumph für die Monarchin war, gebar sie ihr viertes Kind, das wieder ein Mädchen war. Marie Valerie, das »ungarische Kind«, galt als ein Geschenk an diese stolze Nation, die den Namen der Kaiserin Elisabeth noch heute in Ehren hält. Nach dieser Geburt änderte Sisi ihr Verhalten radikal. Dieses Kind wurde zum umsorgten Mittelpunkt ihres Lebens, in der gleichen Intensität, mit welcher sie Rudolf und Gisela vernachlässigt hatte, klammerte sie sich jetzt geradezu hysterisch an die jüngste Tochter. Die älteren Kinder schienen ihr gleichgültig zu sein, ein Verhalten, das vor allem den sensiblen, einsamen Kronprinzen schmerzte, der seine fast immer abwesende Mutter vergötterte. Über die kleine Schwester wurde dem Kronprinzen am 28. April 1868 von seinem Vater in einem Wortlaut berichtet, der es verdient, wiedergegeben zu werden: »Sie schläft in deinem Schlafzimmer und wird in deinem Salon gewaschen. Wenn das in der Früh fertig ist, wird sie zur Mama getragen, wo sie bis 7 Uhr abends bleibt und sehr oft und mit großer Passion von der Amme trinkt ... Sie ist recht hübsch, hat große, dunkelblaue Augen, eine noch etwas zu dicke Nase, sehr kleinen Mund, ungeheuer dicke Backen und so dichte Haare, dass man sie schon jetzt frisieren könnte ... Sie kaniert öfter und dann stinkt sie meistens ein wenig, was bei kleinen Kindern nicht anders möglich ist.«
Bemerkenswert ist, dass das »ungarische Kind« als Erwachsene einen tiefen Abscheu gegenüber allem hegte, was mit Ungarn zu tun hatte. »Vor allem sind wir Deutsche, dann Österreicher und erst in 3. Linie Habsburger«, sagte sie einmal.

Die »Feenkönigin Titania«

In den 1870er Jahren widmete sich Elisabeth beinahe ausschließlich dem Reitsport, ihr wenig wohlgesonnene Hofkreise verbreiteten das Gerücht, die spleenige Kaiserin würde mit ihren Pferden sogar durch Reifen springen. Sie kaufte die besten und teuersten Pferde, die zu erwerben waren, nahm u. a. in England an hochkarätig besetzten Wettkämpfen teil und trainierte verbissen. Mit ihrer fanatischen Entschlossenheit brachte sie es zur vielleicht besten Parforcereiterin der Welt. Die Kaiserin von Österreich war eine Spitzensportlerin, die keine Rücksicht auf ihren ausgezehrten, ausgehungerten Körper nahm. Als sie es mit einem schmerzhaften Gichtleiden zu tun bekam, musste sie das Reiten aufgeben, was quasi über Nacht geschah. Ihre allerhöchste Leidenschaft übertrug sich scheinbar über Nacht vom Reiten auf die Dichtkunst, der sie sich ungeachtet der Qualität ihrer Verse mit erstaunlicher Produktivität zu widmen wusste. Elisabeth, die ihr Talent allerdings gewaltig überschätzte, wähnte sich in der poetischen Nachfolge des schon von ihrem Vater verehrten Heinrich Heine, in dessen Œuvre sie sich mit beispielloser Akribie vertiefte. Die manisch veranlagte Sisi sammelte zudem alle möglichen und unmöglichen Gegenstände, die in irgendeiner Weise mit ihrem Lieblingsdichter, mit dem sie in spiritistischer Verbindung zu stehen glaubte, zu tun hatten. »Es schluchzt meine Seele, sie jauchzt und sie weint, sie war heute Nacht mit der deinen vereint«, dichtete die Kaiserin, die sich in ihren dilettantischen Versen als »Feenkönigin Titania« gefiel, erotisch-assoziativ.

Sisi behauptete aber auch, dass ihr der verstorbene Bayernkönig Ludwig II. und der hingerichtete Kaiser von Mexiko erschienen wären. »Mir gewährt es eine große Befriedigung ..., dass ich mit jenseitigen Geistern in Verbindung treten kann«, versicherte sie. Das literarische Interesse der »seltsamen Frau« ging freilich weit über ihren Meister Heine hinaus, Werke der Weltliteratur übersetzte sie ins Griechische, eine Sprache, die sie mit großem Fleiß erlernt hatte, Lord Byron, *den* Dichter des Weltschmerzes schlechthin, der bekanntlich ein überzeugter Philhellene war, übersetzte sie ins Deutsche. Ihrem Vater folgte Elisabeth auch in ihrer überschwänglichen Begeisterung für Griechenland, für alles Griechische, für die homerischen Mythen und deren Helden, für die Literatur, die wunderschöne Landschaft. Während einer stürmischen Überfahrt nach Algier ließ sich die Kaiserin einmal wie der homerische Held Odysseus an den Mastbaum binden.

Sisis Extravaganzen, ihre bemühten Verse, ja die ganze Summe ihres Verhaltens war auch Ausdruck dafür, wie sehr sie die monarchische Staatsform, in der sie nur mehr eine »Ruine« erblickte, mittlerweile verachtete. Die Gedichte der Kaiserin wurden von der Historikerin Brigitte Hamann in der Schweizerischen Eidgenossenschaft aufgefunden, wo Elisabeth nicht nur ihren literarischen Nachlass, von dem sie tatsächlich glaubte, er würde künstlerischen Bestand haben, sondern – ohne Wissen des Kaisers – auch einen Teil ihres Vermögens deponiert hatte. »Übrigens glaubt Mama, dass sich Österreich ... nicht mehr halten wird, wenn Papa nicht mehr ist«, schrieb Marie Valerie. In einem ihrer Gedichte brachte Elisabeth klar und deutlich zum Ausdruck, was sie über die Monarchie dachte: »Wer weiß! Gäb's keine Fürsten/Gäb es auch keinen Krieg/Aus wär' das teure Dürsten/Nach Schlachten und nach Sieg .../Und sollten sie entscheiden/Die Republik muss sein/So willige mit Freuden/In ihren Wunsch ich ein.«

Wenn bezüglich des extremen Individualismus der Kaiserin, ihres Dranges zur Selbstverwirklichung, wie wir heute sagen würden, zumeist von »Weltflucht« gesprochen wird, so ist dieser Einschätzung natürlich nicht zu widersprechen. Dass Elisabeth eine Gegnerin des Zeremoniells war, eine heimliche Verfechterin einer moderneren Staatsform, dass sie der imperialen Prunkentfaltung des Hofes nichts abgewinnen konnte, dies alles mag ihr vor dem oberflächlich prüfenden Auge der Nachwelt ein sympathisches Antlitz schenken, doch könnte dabei nur zu leicht etwas übersehen werden. Denn verhielt es sich nicht so, dass die Kaiserin zwar die Möglichkeiten, die sie ihrer hohen Stellung verdankte, bis zur Neige auskostete, die Großzügigkeit des Kaisers, den märchenhaften Reichtum, die ungezählten Privilegien, andererseits aber keinen Funken Verantwortung zu übernehmen bereit war, keine Verpflichtungen, keine Aufgaben? Wenn sie nicht repräsentieren wollte – Elisabeth sprach in diesem Kontext von »Ins Geschirrnehmen« – und dies wollte sie eigentlich nie, schob sie eben Unpässlichkeit vor, ja die Kaiserin von Österreich scheute dann auch nicht davor zurück, öffentlich Menstruationsprobleme vorzutäuschen. Sie hatte es nie nötig, auch nur einen Finger krumm zu machen, ja sie war genau genommen sogar regelrecht faul. Das Schicksal der Menschen, der arbeitenden, rechtlosen Massen, interessierte sie weniger als das nervöse Schwanzwedeln eines ihrer zahlreichen Hunde.

Die Apotheose der seltsamen Frau

»Wie sie wirklich war und was an ihr so anziehend und bezaubernd wirkte, das kann kein Meißel und kein Pinsel wiedergeben, das war nur ihr eigen«, schrieb eine Hofdame. »Sie wird in der Legende fortleben, nicht in der Geschichte.«[115] Die zwischen 1955 und 1957 entstandene »Sissi«-Trilogie mit der blutjungen, bezaubernden Romy Schneider in der Hauptrolle trug wesentlich dazu bei, dass sich ein kontrafaktisches Bild der Kaiserin verfestigen konnte. Als sich 1998 ihr Todestag zum einhundertsten Mal jährte, wurde der Markt mit einer wahren Flut von zumeist aufwendig gestalteten »Sis(s)i«-Büchern überschwemmt, die nicht zufällig zumeist von Frauen geschrieben worden waren. Elisabeth von Österreich als mythifizierte Frauengestalt, deren Apotheose durch einen frühen, überraschenden Tod herbeigeführt wurde, nahm hinsichtlich der undifferenzierten Wahrnehmung ihrer Person jene frivole und geschmacklose Hysterie in Grundzügen vorweg, die sich ein gutes Jahrhundert später anlässlich des von den kühnsten Spekulationen begleiteten Todes der Prinzessin von Wales noch potenzierte. Nach Elisabeths Tod wurde über sie gedichtet und geschrieben, sie wurde gemalt und schließlich zum Gegenstand zahlreicher Denkmäler. Einzelne Gedenkblätter in Wien illustrierten die Aufnahme Elisabeths in den Himmel, wo sie bereits von ihrem Sohn Rudolf erwartet wird.

Kronprinz Rudolf oder: Wie stirbt eigentlich ein Schneider?

»Der Kronprinz hat gegen den Kaiser gehandelt.
Die Verschwörung, in die er sich verstrickt, hat
ihn zum Letzten getrieben. Mary Vetsera?
Wer war die Vetsera? Eine von vielen. Die Nacht,
bevor er nach Mayerling fuhr, hat er mit der
Grande Cocotte von Wien, Mitzi Kaspar, zugebracht.«

Kronprinzessin Stephanie[116]

Kronprinz Rudolf

Als Erzherzogin Sophie ein Telegramm mit dem Inhalt »Ihre Majestät die Kaiserin geht zum Kinde« bekam, eilte sie umgehend ins Schloss Laxenburg und ließ das »Allerheiligste« aussetzen. Jeder, der gerade abkömmlich war, wurde zum Gebet verpflichtet. Es war eine schwere Geburt, und als sich abends die Wehen Elisabeths dramatisch steigerten, fiel Sophie auf die Knie und begann laut zu beten. Am 21. August 1858, um 22 Uhr 15, erblickte der ersehnte Thronfolger das Licht der Welt.[117] Drei Dinge waren es, die man dem Kronprinzen Rudolf Franz Karl Joseph in die Wiege legte: die Oberst-Inhaberschaft des Infanterieregiments Nr. 19, den erhabenen Orden vom Goldenen Vlies sowie die Erbschaft eines in seiner Macht und Ausdehnung gewaltigen Reiches. Auch gegenüber der Kaiserin zeigte sich Franz Joseph nicht knausrig, schließlich hatte sie ihre Pflicht erfüllt: Eine überaus kostbare, dreireihige Perlenkette im Wert von 75 000 Gulden war der Dank.

»10 bis 11 Uhr: zu den Majestäten«

»Der Kleine ist schon etwas hübscher geworden«, schrieb Franz Joseph zwei Wochen nach dem freudigen Ereignis an seine Eltern.[118] Doch dieser Umstand interessierte den Kaiser in Wirklichkeit herzlich wenig. Sein Sohn musste sich in erster Linie zu einem guten Soldaten entwickeln – und zu einem guten Jäger natürlich auch. So darf es nicht verwundern, dass für den kleinen Rudolf die Uniform von Kindesbeinen an ein ganz »normales«, selbstverständlich zu tragendes Kleidungsstück war. Als anlässlich der Inspektion einer Militärakademie, an welcher der Vierjährige auf ausdrücklichen Wunsch des Vaters teilzunehmen hatte, die Kadetten ihre Kappen abnahmen und ihrem Oberbefehlshaber mit lauten Hurrarufen zujubelten, tat Rudolf, angetan von dem Spektakel, es ihnen gleich. Franz Joseph war daraufhin so gerührt, dass ihm »Tränen in die Augen traten und ihm einige Minuten lang die Stimme versagte.«[119] Derartige Gefühlsausbrüche gehörten freilich nicht zu den hervorstechenden Wesensmerkmalen des Kaisers. Disziplin und Härte, Entsagung und Pflichterfüllung, dies waren die fundamentalen Säulen des verkrüppelten Gefühlskosmos Franz Josephs, der dem siebenjährigen Rudolf einen Erzieher beistellen ließ, dessen Rücksichtslosigkeit und Brutalität unvorstellbar waren: Graf Leopold Gondrecourt, ein hoch in der Gunst der Kaiserinmutter stehender Junggeselle, mehr Zuchtmeister als Pädagoge, der den ohnehin hochsensiblen Knaben nicht selten mitten in der Nacht mit Pistolenschüssen zu wecken pflegte. Es kam auch vor, dass Rudolf in der Nacht zum Exerzieren abkommandiert wurde, im Schnee! Ein andermal sperrte Gondrecourt den Prinzen im Lainzer Tiergarten hinter ein Gehege und eröffnete dem verschreckten Kind, dass gleich ein hungriges Wildschwein kommen würde.[120] Dass angesichts solcher Methoden, die vom Kaiser gebilligt wurden, psychische Schäden nicht ausbleiben konnten, ist unschwer zu erraten. Rudolf wurde schwerer Bettnässer und blieb es über einen langen Zeitraum.

Intellekt und Physis entfalteten sich beim Kronprinzen in einem höchst unterschiedlichen Tempo, geistig war der Knabe extrem frühreif, doch seine körperliche Entwicklung hinkte nach. Der Kaiser, welcher ihn abfällig als »mein Krepierl« bezeichnete, kümmerte sich ebenso wie Elisabeth nicht im Geringsten um den Thronfolger. Des Kronprinzen »Familienleben«, das diese Bezeichnung eigentlich gar nicht verdiente, weil es ein solches de facto nicht gab, definierte sich exklusiv über einen Stundenplan und hatte eher den Charakter eines Rapports. So hieß es etwa: »10 bis 11 Uhr: zu den Majestäten.« Warm ums kaiserliche Herz wurde es Franz Joseph nur, wenn ihm von den Jagderfolgen seines Sohnes berichtet wurde. Als der neunjährige Rudolf am 22. August 1867 im Salzkammergut seinen ersten Hirschen erlegt hatte, telegrafierte der stolze Vater: »Waidmannsheil. Ich gratuliere zum Hirsch. Habe eine ungeheure Freude.« Weniger Freude bereiteten dem Kaiser die intellektuellen Interessen des geistig hochbegabten Thronfolgers, diese waren ihm grundsätzlich suspekt. Auch der später geäußerte Wunsch Rudolfs, ein Studium der Naturwissenschaft aufzunehmen, wurde von Franz Joseph kategorisch abgelehnt. Ein entscheidender Einschnitt in der Entwicklung des Prinzen ergab sich durch die Ablöse Gondrecourts. Der Kaiserin waren die unerhörte Begebenheit im Lainzer Tiergarten sowie andere »Erziehungsmaßnahmen« des Grafen zugetragen worden, der auch schon einmal eine Kanone neben dem Kind abschießen ließ, um ihn »an den Schlachtenlärm« zu gewöhnen. Dies war der Kaiserin dann doch zu viel. Sie vermochte bei ihrem Gemahl den Wechsel von Gondrecourt zu Joseph Latour von Thurmburg durchzusetzen, der für Rudolf zu einer Art Vaterfigur wurde. »Entweder Gondrecourt oder ich«, erklärte Sisi gegenüber Franz Joseph mit neu entdecktem Selbstbewusstsein. Dann stellte sie ihm ein schriftliches Ultimatum und der Kaiser kapitulierte.[121]

Die Faszination des Liberalismus

Rudolf wurde am 24. Juli 1877 für mündig erklärt, womit seine Erziehung offiziell für abgeschlossen betrachtet wurde. Latour hatte die Lehrer des Thronfolgers sorgfältig ausgesucht. Auf Wunsch der Kaiserin kamen die Pädagogen, allesamt führende Köpfe, aus dem liberal und bürgerlich gesinnten Bereich und Rudolf reifte unter deren Einfluss zu einem tatsächlich modern gebildeten Hocharistokraten, der bereits als 19-Jähriger mit seinen trägen und selbstzufriedenen Standesgenossen hart ins Gericht ging. Die erste politische Schrift Rudolfs, die selbstverständlich nicht namentlich gezeichnet war und unter größter Geheimhaltung publiziert wurde, trug den Titel »Der österreichische Adel und sein constitutioneller Beruf. Mahnruf an die aristokratische Jugend. Von einem Österreicher«.[122] Der Frühreife opponierte in dieser Schrift, die unter dem Einfluss seines Erziehers Carl Menger, des Begründers der österreichischen Schule der Nationalökonomie, der Rudolf auch mit dem einflussreichen Journalisten Moritz Szeps bekannt gemacht hatte, entstanden war, u. a. für den Verfassungsstaat, den Parlamentarismus und die liberalen Schulgesetze. Nicht auszudenken, hätte Franz Joseph davon Wind bekommen. Diskutiert wurde in der kaiserlichen Familie prinzipiell nicht. Rudolf hätte gar keine Möglichkeit gehabt, mit dem autoritären Patriarchen ins Gespräch zu kommen, der bis zum tragischen Finale kein Hehl daraus machte, dass er an Rudolfs Ansichten nicht interessiert sei. Eine einfache und ehrliche Frage an den Vater zu richten, so wie dies jedem schlichten Schneidergesellen selbstverständlich war, durfte der Kronprinz nicht.

Apropos Schneidergeselle: Nachdem man dem Kaiser an jenem schicksalhaften Tag im Jahre 1889 die Nachricht überbracht hatte, dass sein Sohn sich erschossen hätte, soll Franz Joseph abfällig bemerkt haben, Rudolf sei »wie ein Schneider« gestorben. Es ging nicht nur darum, *dass* er aus dem Leben geschieden war, es ging auch und besonders darum, *wie* es geschah. Für den Kaiser ist es bezeichnend, dass ihm, dem passionierten Waidmann, zum Tod seines einzigen Sohnes dieser verächtliche Vergleich einfiel. Das Wort »Schneider« bezieht sich nicht auf das ehrsame Handwerk, der aus der Jägersprache stammende Ausdruck benennt vielmehr einen Hirschen, der einem stärkeren feige ausweicht,[123] bzw. ein nicht lebensfähiges Stück Wild.

Im Jahr von Rudolfs Geburt war die Habsburgermonarchie am Zenit ihrer Macht angelangt. Franz Joseph hatte, wie er an seine Mutter schrieb, »das Konstitutionelle über Bord geworfen« und regierte als absoluter Herrscher von Gottes Gnaden. Die Revolutionen waren blutig niedergeschlagen worden und dem greisen Metternich konnte eine triumphale Heimkehr ermöglicht werden. 1855 wurde das Konkordat mit der katholischen Kirche unterzeichnet, auf allen Ebenen hatte die Reaktion den Sieg davongetragen. Doch die Machtfülle und der Glanz des Jahres 1858 erwiesen sich bereits ein Jahr später als berauschender Traum. In Oberitalien erlebten die kaiserlichen Armeen schwere Niederlagen, bei Königgrätz eine militärische Katastrophe. Ein potemkinsches Dorf krachte lautstark in sich zusammen. Franz Joseph war gezwungen, eine Verfassung zu gewähren. Noch dringlicher war aber der »Ausgleich« mit Ungarn, der auch rasch herbeigeführt werden konnte, und in beiden Reichshälften kamen nun die Liberalen an die Macht: »Das Habsburgerreich wurde zum liberalsten Staat des Kontinents ... Der liberale Adel und das liberale Bürgertum, die josephinische Beamtenschaft und die freisinnigen Professoren beherrschten den Staat.«[124] Speziell die von den Liberalen erzwungene Auflösung des Konkordats erlangte hohe Symbolkraft. Es war die Zeit des Fortschrittsglaubens, die bis 1879 fortdauernde Ära des Liberalismus, in der Rudolf zum Mann reifte. Bei Antritt der stockkonservativen, klerikalen Regierung von Eduard Graf Taaffe, dem »Fortwurstlerkabinett« (Taaffe selbst sprach von »durchfretten«), waren die Ansichten und Positionen des Thronerben bereits gefestigt. In seiner Abneigung gegen den trägen und geistlosen Adel sowie gegen den Klerus scheint Rudolf seinem verehrten Vorfahren Joseph II. nicht ganz unähnlich gewesen zu sein. Dieser schrieb einmal: »Die guten Herren glauben, alles erreicht und einen großen Staatsmann herangebildet zu haben, wenn ihr Sohn in der Messe ministriert, seinen Rosenkranz betet, alle vierzehn Tage beichtet und nichts anderes liest, als was der beschränkte Geist des Beichtvaters gestattet!« Maria Theresia war über solche Gedanken ihres Sohnes entsetzt, den sie immer wieder und meist in unpassender Form zu belehren wusste. Ihre Briefe hatten eine gewisse Ähnlichkeit mit den ermüdenden schriftlichen Zurechtweisungen Erzherzog Albrechts, mit welchen dieser nicht nur Rudolf, sondern nach dessen Ableben auch der neue Thronfolger Franz Ferdinand bedacht wurde. Albrecht war es auch, der nach 1877 dafür sorgte, dass der Thronfolger mit dem lebenslustigen Grafen »Charly« Bombelles ein Obersthofmeister zur Seite gestellt wurde, der den verdächtig nachdenklichen Kronprinzen in die »angenehmen Seiten des Lebens« initiieren sollte. Bombelles schien für diese Aufgabe wahrlich der geeignete Mann zu sein, ein »Bonvivant reinsten Wassers«,[125] der Rudolf mit allen Verlockungen und Vergnügungen, die Wien zu bieten hatte, vertraut machte. Die dahinter stehende Absicht war klar: Der neugierige und rebellische Thronerbe sollte abgelenkt werden, seine intellektuellen Interessen und sein alles in Frage stellendes Wesen sollten durch schöne und willige Frauen, Feste und Jagdveranstaltungen domestiziert werden. Und Rudolf verstand die neue Freiheit plötzlich voll auszukosten, er suchte immer öfter die Bekanntschaft von »leichten Mädchen«, er zechte mit seinem Gefolge in anrüchigen Vorstadtlokalen und brach mit der Zeit alle gesellschaftlichen Konventionen, während er bei Tage als ehrgeiziger und disziplinierter Offizier auftrat.

Das »hässliche Trampeltier«

Am 10. Mai 1881 heiratete Rudolf die belgische Königstochter Stephanie, die ebenso bigott wie reizlos war.[126] Dass dieses unscheinbare Mädchen bei dem im Umgang mit schönen Frauen bestens vertrauten Kronprinzen Anklang fand, ist nur sehr schwer verständlich. Trotzdem entwickelte sich die junge Ehe zunächst recht positiv, Rudolf scheint seine Gemahlin zum Beginn tatsächlich geliebt zu haben. »Ich bin sehr verliebt«, schrieb er sechs Monate nach der Hochzeit, »und sie ist die Einzige, die mich zu vielem verleiten könnte.« Bei der Brautschau in Brüssel war sich Rudolf seiner Sache allerdings noch nicht so sicher gewesen, für alle Fälle hatte er sich eine einschlägig bekannte Dame vom Theater mitgenommen. Fast scheint es vor dem Hintergrund der bisherigen Ausführungen überflüssig, wenn ich hinzufüge, dass Stephanie nicht gefragt worden war, ob sie mit der Vermählung einverstanden sei. Das Mädchen hatte das Beispiel ihrer unglücklichen Schwester Louise vor Augen, die von ihrem brutalen, um 14 Jahre älteren Gemahl Philipp von Coburg in der Hochzeitsnacht derart misshandelt wurde, dass sie vor lauter Entsetzen in den Garten flüchtete. Sie revanchierte sich später mit einer »Liaison« mit einem Ulanenoberst, was zu einem Skandal führte. Eine ähnliche Erfahrung wie der Schwester blieb aber auch Stephanie, die eigentlich noch ein Kind war, unerfahren und unaufgeklärt, nicht erspart. An die Hochzeitsnacht dachte Stephanie deshalb noch ein halbes Jahrhundert später mit Entsetzen zurück: »Welche Nacht! Welche Qual, welcher Abscheu! Ich hatte nichts gewusst, man hatte mich als ahnungsloses Kind zum Altar geführt. Meine Illusionen, meine jugendlichen Träumereien waren vernichtet. Ich glaubte an meiner Enttäuschung sterben zu müssen.«
Doch diese Enttäuschung legte sich rasch. »Rudi ist wirklich ein Mustergatte«, schrieb die Kronprinzessin im Mai 1882 an

ihre Schwester. Der Kaiser begegnete seiner langweiligen Schwiegertochter mit gleichgültiger Höflichkeit, während die schöne, egomanische Kaiserin von Beginn an leidenschaftliche Abneigung gegenüber dem »belgischen Trampel« hegte, dem »hässlichen Trampeltier«, wie sie das neue Familienmitglied wenig charmant aburteilte. Etwas freundlicher wurde Elisabeth erst, als feststand, dass Stephanie schwanger war. Am 2. September 1883 wurde sie von einem Mädchen entbunden, dem der Name Elisabeth Marie gegeben wurde. »Erzsi« – so die Abkürzung der ungarischen Form von Elisabeth – blieb das einzige Kind des Kronprinzenpaares, da Rudolf seine Frau mit einer Geschlechtskrankheit angesteckt hatte, die eine weitere Schwangerschaft unmöglich machte. Sehr viel später tauchte ein »Sohn« aus einer kolportierten Geheimehe zwischen Rudolf und dessen entfernter Verwandten Erzherzogin Maria Antonia, einer Tochter des letzten Großherzogs der Toskana, auf. Kaiser Franz Joseph soll bei der Bank von England für den »direkten Nachkommen« ein Millionenvermögen angelegt haben, welches Herr Pachmann, so hieß der »Geheimsohn«, niemals zu Gesicht bekam.

Das Eheglück des österreichischen Thronfolgerpaares währte nicht lange, zu verschieden waren Interessen und Ansichten, Naturell und Gesinnung. Stephanie missbilligte die politischen Ambitionen Rudolfs, seinen Antiklerikalismus und die permanente Kritik an der Aristokratie, außerdem den ungezwungenen Umgang ihres Gemahls mit Heurigensängern, Kutschern und anderen so genannten »einfachen Menschen«, zu denen die belgische Königstochter keinen Zugang finden konnte und wollte. Nachdem Rudolf sie einmal zum Heurigen mitgenommen hatte, schrieb sie voll Abscheu: »Ich zog mich wie ein Mädchen des Mittelstandes an ... Die Luft war zum Ersticken. Es stank nach Knoblauch, verbranntem Fett, Wein und Tabak. Die Leute tanzten, Mädchen sprangen auf Tische und Bänke und sangen wieder dieselben banalen Schmachtfetzen.«[127] Und natürlich missbilligte sie Rudolfs Frauenbekanntschaften, die dieser nach ziemlich kurzer Zeit wieder aufgenommen hatte. In den Monaten vor seinem Tod war es vor allem die Prostituierte Mizzi Kaspar, die in den Rang einer engen Vertrauten aufrückte. Selbst Erzherzog Franz Ferdinand, der spätere Thronfolger, »verkehrte« einmal mit dieser Dame. 1883 hatte Mizzis Kupplerin dem Kaisersohn auch eine Gespielin für den späteren deutschen Kaiser Wilhelm vermittelt. In einer etwas deftigeren Diktion ließe sich anmerken, dass der österreichische Kronprinz dem deutschen Kronprinzen eine Hure beschafft hatte, was den stolzen Preis von 3000 Gulden gekostet habe. Der amüsante Aspekt dieser Episode definiert sich eigentlich über die Schadenfreude Franz Josephs, der von seinen Spitzeln von dem recht teuren Abenteuer erfahren haben soll. Natürlich wurde der Thronfolger polizeilich überwacht, zu seinem eigenen Schutze – hieß es.

Obwohl Rudolf noch zehn Monate vor seinem Tod den einen oder anderen Brief in einer geradezu liebevollen Sprache an seine Frau schrieb, in welchen er z. B. meinte, dass es »recht hübsch« wäre, »wieder einmal im Bett zusammen herumzunutscherln«, dachte er bereits seit längerer Zeit an Scheidung. Der Habsburger führte ein Doppelleben, eine zweifache Existenz, die dem ohnehin zu Depressionen und zur Melancholie – das Erbe seiner Mutter – neigenden Prinzen hart zusetzte.[128] Bei Tage gab er die Rolle des hochrangigen Militärs und Diplomaten, der im Ausland die Donaumonarchie charmant zu repräsentieren vermochte, durchdrungen von hochfahrenden Plänen, die ihn gar vom Thron des virtuellen Kaiserreiches Byzanz träumen ließen, des Nachts zechte er mit revolutionär gesinnten Freidenkern und radikalen Journalisten, die allesamt gegen die Politik seines Vaters opponierten, um sich spätnachts in den Armen eines kleinen Freudenmädchens zu verlieren. Der Kronprinz war nicht nur physisch, sondern auch psychisch krank, er war süchtig nach Morphium, seine Potenz soll nur dann gewährleistet gewesen sein, wenn er eine Mischung aus Champagner und Cognac zu sich genommen hatte. Zuletzt trank der Habsburger große Mengen Alkohol, er betäubte sich förmlich damit. Die Geschlechtskrankheit, die ihm seit 1886 zu schaffen machte, löste Depressionen aus, man weiß auch nicht, ob sie geheilt werden konnte. Wahrscheinlich aus diesem Jahr stammt auch die berühmte Fotoaufnahme Rudolfs, das Bild mit dem »irren Blick«, welches mehr als deutlich auf das aus der Balance geratene Gemütsleben des Prinzen schließen lässt. Er stand mit den reaktionären Kräften bei Hofe ebenso auf Kriegsfuß wie mit dem Hochadel, den Deutschnationalen, Klerikalen und Antisemiten, von politischen Entscheidungen und der Gedankenwelt seines übermächtigen Vaters, der Rudolf für einen »Plauscher« hielt, war der Thronfolger absolut isoliert. »Ich bin zum Müßiggang verdammt«, schrieb er einmal. Eine durch und durch unglücklich Ehe, erotische Übersättigung und die sich verfestigende Überzeugung, dass er als künftiger Monarch bei der Bevölkerung des Vielvölkerreiches keinen Rückhalt finden würde, trugen zu seinem jämmerlichen Zustand bei.

»Ich weiß sehr gut, dass ich nicht würdig war, sein Sohn zu sein«

Der Kronprinzessin blieb der rapide körperliche Verfall Rudolfs natürlich nicht verborgen. Unangemeldet eilte sie kurz vor Weihnachten 1888 zum Kaiser, ein Vorgehen, das Franz Joseph normalerweise selbst bei Familienmitgliedern nicht akzeptierte, und machte den Vorschlag, Rudolf »durch eine längere Weltreise seinem aufreibenden jetzigen Leben zu entziehen«. Unabhängig davon, dass die eifersüchtige Stephanie nicht das Wohlergehen Rudolfs im Sinne hatte, dass nicht Sorge oder Mitgefühl sie leitete, sondern blanker Hass gegenüber der neuen Rivalin Mary Vetsera, negierte der Kaiser trotzdem das Offensichtliche: Er schickte die Schwiegertochter weg und widmete sich wieder seinen Akten. Bei Hofe war man der Ansicht, dass die Labilität des Kronprinzen lediglich auf den von der Mutter geerbten »bayerischen Zwickel« zurückzuführen sei. Rudolf teilte zwar nicht die politischen Anschauungen des Vaters, doch er verehrte Franz Joseph, er erblickte in ihm geradezu »den Inbegriff der Vollkommenheit«.[129] In seinem Abschiedsbrief an die unnahbare Mutter schrieb er: »Ich weiß sehr gut, dass ich nicht würdig war, sein Sohn zu sein.«[130] – »Die Kronprinzentragödie ... ist archetypisch«, urteilte ein Zeitkritiker trefflich. »Sie wurzelt im ewigen Gegensatz der

Generationen. Und sie ist ... ebenso sehr eine Tragödie der Väter wie der Söhne ... In Rudolf von Österreich hat sich, wie sonst kaum in einem Fürstenschicksal der neueren Zeit, die Kronprinzentragik, das ewige Thronfolgerproblem inkarniert und individualisiert.«[131]

In fast allen Büchern über Rudolf wird einer lautstarken Auseinandersetzung zwischen dem Kaiser und seinem Erben, die am 26. oder am 28. Jänner stattgefunden haben soll, besondere Aufmerksamkeit gewidmet. Dabei kam es angeblich zu dem berühmten Satz Franz Josephs: »Du bist nicht würdig, mein Nachfolger zu sein!« Jahrzehntelang wurde auch behauptet, der Kronprinz hätte einen Brief an Papst Leo XIII. geschrieben, in welchem er diesen gebeten habe, seine Scheidungspläne zu unterstützen. Der Papst soll diesen Brief daraufhin mit der Bemerkung an den Kaiser geschickt haben, dass an eine Trennung seines Sohnes von Stephanie nicht zu denken sei. Franz Joseph habe dieses Ansinnen geradezu als Anschlag auf das Gefüge seines Reiches betrachtet und Rudolf zu einer Unterredung befohlen, wo es zu dem oben erwähnten Schreiduell gekommen sei. Bei einem Empfang soll der Kaiser seinen Sohn schließlich vor der versammelten Gesellschaft schwer brüskiert haben, selbst den Gruß habe er dem Sohn verweigert, welcher daraufhin aus dem Saal gestürmt sein soll. Am Abend soll Rudolf zu seinem Vertrauten Szeps gesagt haben: »Der Kaiser hat mich öffentlich beleidigt. Von jetzt an sind alle Bande zwischen uns zerrissen. Von jetzt an bin ich frei!«[132] Der Mayerling-Experte Fritz Judtmann verwies diese von Berta Zuckerkandl-Szeps verbreitete Geschichte hinsichtlich dieser »Brüskierung« jedoch ins Reich der Fabel. Eine andere Interpretation rund um diesen Jännertag geht davon aus, dass der Kaiser Rudolf befohlen habe, das Verhältnis mit Mary zu beenden und sich mit Stephanie zu versöhnen. Und schließlich wurde spekuliert, der Kaiser habe von Rudolfs Kontakten zur ungarischen Opposition erfahren und den Sohn deswegen zur Rede gestellt. Auch wenn der Grund dieser Audienz nicht mehr zu rekonstruieren ist, so nimmt die Kronprinz-Rudolf-Forschung doch an, dass sie tatsächlich stattgefunden hat, wahrscheinlich schon am 26. d. M.

Die erst 17 Jahre alte, noch minderjährige Mary Vetsera, die ebenso wie ihre Mutter Helene für den Kronprinzen schwärmte, war nicht Rudolfs erste Wahl für den Tod. Bereits 1888 hatte der von Todessehnsucht erfüllte Prinz seiner Langzeitgeliebten Mizzi Kaspar den Vorschlag gemacht, im Mödlinger Husarentempel gemeinsam einen alle Voraussetzungen des klassischen Dramas erfüllenden Doppelselbstmord zu begehen. Doch diese lebenslustige Frau wollte nicht in den Tod gehen und suchte Baron Krauss auf, den Polizeipräsidenten, um über besagtes Ansinnen zu berichten. Die offiziellen Stellen waren also über die Befindlichkeit des Kronprinzen informiert. Anders als das Strichmädchen ließ sich die hoffnungslos in den Habsburger verliebte Vetsera

Kaiserin Elisabeths intrigante Nichte, die Gräfin Larisch

überreden. Es war die Gräfin Larisch, die das gut behütete Mädchen am 28. Jänner von ihrem Elternhaus unter einem Vorwand weggelotst hatte. Die Ereignisse der nächsten Stunden wurden von der Mayerling-Forschung akribisch zu erforschen versucht, viele Details kamen ans Licht, andere werden vielleicht nie mehr in Erfahrung gebracht werden können. »Vor jedem Versuch, die letzten Stunden in Mayerling zu rekonstruieren«, schrieb Hamann, »muss das Eingeständnis des Historikers stehen, dass das ›Geheimnis von Mayerling‹ nach derzeitiger Quellenlage nicht zweifellos aufzuklären ist.« Als so gut wie sicher gilt jedenfalls, dass Rudolf in der Nacht vom 29. zum 30. Jänner zuerst die Vetsera und dann sich selbst erschossen hat. Wahrscheinlich handelte es sich um Mord und Selbstmord eines Mannes, der »aus Überdruss sein verpfuschtes Leben wegwarf«[133]. Da am nächsten Morgen auch nach heftigem Klopfen die Tür des Schlafzimmers nicht geöffnet wurde, brach man sie auf. Es bot sich ein grausiges Bild: Das 17-jährige Mädchen lag nackt und blutüberströmt auf dem Bett, der Sohn des Kaisers war in sich zusammengesunken, neben ihm lag der Revolver.

»Weil, so schließt er messerscharf, nicht sein kann, was nicht sein darf«

Über die »Tragödie von Mayerling« gibt es beinahe so viele Gerüchte, wie es Menschen gibt, die sich mit dem Thema zu beschäftigen wussten bzw. irgendeinen persönlichen oder politischen Grund hatten, eine der zahlreichen Varianten zu forcieren. Der Hof in Wien tat alles, um die Ereignisse zu verschleiern, es wurde dementiert, interveniert, manipuliert und vor allem gelogen. Dass trotz der akribisch erarbeiteten Erkenntnisse der Geschichtswissenschaft das »Rätsel von Mayerling«[134] bis heute in Nebelschwaden von zum Teil irrwitzigen Spekulationen gehüllt ist, hat vor allem damit zu tun. Ein anderer Grund liegt aber auch darin, dass viele Menschen die nackten Tatsachen oftmals einfach nicht zur Kenntnis nehmen wollen, denn, so mag die Überlegung aussehen, kann ein so schillerndes Leben wirklich ein solches Ende nehmen? Stets dann, wenn anlässlich eines prominenten Todesfalles widersprüchliche Zeugenaussagen und andere Unstimmigkeiten in der kriminaltechnischen bzw. wissenschaftlichen Aufarbeitung der Ereignisse zu keinen absolut sicheren und für jedermann nachvollziehbaren Schlussfolgerungen führen, beginnt die Fantasie sich blühend zu entfalten. So wurde gemutmaßt, dass Napoleon in kleinen Dosen vergiftet worden wäre, während man seinem Sohn absichtlich eine nur unzureichende Behandlung angedeihen lassen haben soll, was schließlich zu dessen Tod geführt habe. Andere Gerüchte ließen auch ihn durch Gift sterben. – Ist Friedrich II. der Stauffer wieder auferstanden? –

Wartet Barbarossa noch immer im Berg? – Hat Hitler im Bunker der Reichskanzlei tatsächlich Selbstmord verübt? Oder war es nicht vielmehr so, dass der »Führer« noch Jahrzehnte in Südamerika lebte? Und Martin Bormann, sein treuester Paladin, leistete er ihm Gesellschaft? – Starb der Fischer aus Galiläa tatsächlich am Kreuz oder wanderte er, nachdem er diesen barbarischen Akt überlebt hatte, nach Indien aus, wo man bis heute sein Grab besichtigen kann? – Wurde einer seiner vielen Nachfolger in den Schuhen des Fischers, der »33-Tage-Papst« Johannes Paul I. ermordet, weil er den wahrhaft Mächtigen im Vatikan im Wege war?

Diese Reihe ließe sich beliebig fortsetzen. Tatsache ist, dass die »Tragödie von Mayerling« seitens der seriösen Forschung schon längst entmythifiziert wurde. Rudolf von Habsburg, der durchlauchtigste Spross der ältesten christlichen und angeblich von der »Vorsehung« privilegierten Dynastie, die seit Jahrhunderten über ein riesiges Reich herrschte, der Thronfolger der Donaumonarchie und zukünftige Kaiser von Gottes Gnaden sowie Apostolische König von Ungarn hatte einen Mord und anschließend Selbstmord begangen! Doch die Tatsachen waren nicht akzeptabel. Schließlich musste ein Habsburger um jeden Preis – auch um jenen der unverschämtesten Lüge – ein ordentliches katholisches Begräbnis bekommen. Das, was einfach nicht sein durfte, das Undenkbare, konnte auch nicht passiert sein. So ähnlich formulierte dies schon der Dichter Christian Morgenstern: »Weil, so schließt er messerscharf, nicht sein kann, was nicht sein darf.«

Obwohl die »Neue Freie Presse« bereits um halb zwei Uhr nachmittags berichtet hatte, dass der Kronprinz an einer Schussverletzung gestorben sei, insistierte der Hof anfangs, dass Rudolf an einem Schlaganfall verstorben sei, kurz darauf war dann von einem Herzschlag die Rede, jene Version, die am 31. Jänner im amtlichen Kommuniqué verbreitet wurde, aber auch über einen tödlichen Jagdunfall oder über einen verhängnisvollen Sturz vom Pferd wurde gerüchteweise spekuliert. Ab diesem Zeitpunkt begannen die Mutmaßungen und Spekulationen, die vom ungeschickten – heute würden wir sagen – Krisenmanagement des Hofes zu verantworten waren.

Je fantasievoller die Zeitungen spekulierten, desto rigoroser gestaltete sich die Vorgangsweise der Zensurpolizei, welche die Zeitungen massenhaft konfiszierte. Manche Wiener Fiaker witterten ein gutes Geschäft und verliehen für jeweils zehn Minuten eine verbotene Zeitung, die sie unter ihrem Sitz versteckt hatten. 40 Kreuzer verlangten sie dafür. Was für den Fiaker sein Kutschbock war, war für die Wirte der Kaffeehäuser ihr Schanktisch. Für den Preis von umgerechnet einem Viertel Wein konnten die Besucher einen verbotenen Blick in die verbotenen Druckwerke werfen.[135] Welche Blüten die Suche nach der Wahrheit treiben kann, exemplifiziert folgende Episode. Um seine Neugierde zu befriedigen, verschaffte sich kein Geringerer als der päpstliche Nuntius unter dem Vorwand, dort ein Gebet sprechen zu wollen, illegal Zugang zum Jagdschloss und durchsuchte das Gebäude von oben bis unten. Gefunden hat er freilich nichts.[136]

Es sind relativ viele Aussagen prominenter Persönlichkeiten überliefert, die hinter den Ereignissen dieses Jännertages ein dunkles, schreckliches Geheimnis erahnen lassen, was zweifellos die Fantasie anregte. »Alles ist besser als die Wahrheit«, soll der Kaiser gegenüber dem belgischen König bemerkt haben. Und Franz Josephs Bruder Ludwig Viktor meinte: »Die ganze Wahrheit ist so schrecklich, dass man sie nie gestehen kann!« Aufklärung über die Tragödie hätten vielleich die nachgelassenen Papiere des Ministerpräsidenten Taaffe geben können, dem diese vom Kaiser persönlich übergeben worden waren. Taaffe, ein Jugendfreund des Habsburgers, der es sich zugute hielt, die verschiedenen Völker der Monarchie in »gleichmäßig wohltemperierter Unzufriedenheit« gehalten zu haben, war einer der ganz wenigen, die Franz Joseph duzen durften. Die Nachkommen dieses Politikers hatten versprechen müssen, »jede Frage über den Kronprinzen oder alles, was damit zu tun hat, unbeantwortet zu lassen.« Taaffe selbst hatte mehrfach betont, dass die Umstände »viel grauenhafter waren, als man sich vorstellte«. Sollte demnach an jenem Ausspruch, den Franz Joseph im Kloster Mayerling tat, wirklich etwas dran sein? Ist »die Wahrheit« möglicherweise wirklich »viel ärger als alle Versionen«?

Des Rätsels Lösung? – Gerüchte von Zita bis Mussolini

• Unter den verschiedenen Mordversionen ist zunächst einmal jene anzusprechen, die von Exkaiserin Zita vertreten wurde. Die alte Dame wollte nicht wahrhaben, dass ein katholischer Prinz aus dem Hause Habsburg Hand an sich und eine Geliebte gelegt hatte. Wohl aus diesem Grunde erzählte sie der »Kronen-Zeitung« von einer Verschwörung ausländischer Mächte, die Rudolf für einen Putsch gegen seinen Vater gewinnen wollten. Als dieser das Ansinnen zurückwies, ließ man ihn ermorden. Die Serie in der »Kronen-Zeitung« vom März 1983 (»Zita: Es war Mord!«) wurde vom Historiker Adam Wandruszka als Unsinn bezeichnet. Kein namhafter Wissenschafter vertritt diese These.

• Nahrung erhielt die Mordversion vor allem durch die Erzählungen des Tischlers Friedrich Wolf, der ins Jagdschloss geholt wurde, um den Fußboden zu bürsten. Im Sterbezimmer will er zerstörtes Mobiliar, zerbrochene Fensterscheiben und mehrere Kugeleinschüsse entdeckt haben: »Der Zustand des Schlafzimmers verriet deutlich, dass sich in der Nacht der Tragödie in diesem Raum ein Kampf abgespielt hatte. Ich hatte den Auftrag, den Fußboden zu reinigen, und ich musste ein Abzieheisen benutzen, um die Blutspuren auf dem Fußboden zu entfernen.«

• Es existierten Gerüchte, wonach einer der Onkel der Vetsera nach Mayerling gekommen sei, um die Nichte aus den Händen des Kronprinzen zu befreien. Als dieser sie nicht gehen lassen wollte, wäre er mit einer Champagnerflasche erschlagen worden. Noch Jahrzehnte später suchte ein Mann, einen Fetzen Tapete in der Hand, in Zeitungsredaktionen nach einem Abnehmer für sein zerschlissenes Fragment, dessen Flecken angeblich von der Gehirnmasse des ermordeten Kronprinzen herrührten.

• Nicht weniger schaurig liest sich jene Version, welche die konservative Hofpartei für den Tod des Kronprinzen verantwortlich macht. Rudolf hätte demnach Franz Joseph stürzen wollen, was die Erzherzoge Albrecht, Karl Ludwig und Wilhelm dazu veranlasst hätte, zwei Offiziere nach Mayerling zu entsenden. Beim anschließenden Kampf sei Mary durch einen Querschläger umgekommen, Rudolf hingegen sei erschlagen worden, da keine Munition mehr vorhanden gewesen sei. Gesichert ist, dass Rudolf von ungarischer Seite mehrmals die Stephanskrone angetragen worden war, während Erzherzog Johann Salvator in Österreich die Regentschaft übernehmen hätte sollen.[137] Die Kronprinzessin soll in einer Unterredung gesagt haben: »Der Kronprinz hat gegen den Kaiser gehandelt. Die Verschwörung, in die er sich verstrickt, hat ihn zum Letzten getrieben.«[138] Schließlich tauchten noch Gerüchte auf, die den Kaiser selbst in den Mittelpunkt rückten. Er soll Mörder gedungen haben, den verbrecherischen Umtrieben ein Ende zu bereiten.

- Es wurde außerdem behauptet, dass Graf Hoyos den Kronprinzen im Duell getötet habe. Hoyos, einer der zahlreichen Aristokraten schlichten Gemüts, war allerdings der wichtigste Zeuge der Vorgänge in Mayerling, da er den Abend vor der Tragödie alleine mit Rudolf zugebracht und am nächsten Morgen zusammen mit dem Prinzen von Coburg und dem Kammerdiener Loschek die Leichen aufgefunden hatte. Coburg soll seiner Frau gegenüber bemerkt haben: »Es ist furchtbar, furchtbar, ich kann dir nichts darüber sagen!« Über seine Beobachtungen verfasste er eine Schrift, der seitens der Forschung große Beachtung geschenkt wurde.[139] Zu Erzherzog Johann bemerkte er einmal: »Das ist alles, was ich sagen kann. Fragen Sie mich nicht um Details. Es ist zu schrecklich. Ich gab dem Kaiser mein Wort, dass ich über das, was ich sah, nicht ein Wort sagen werde!«

- Als hartnäckig erwies sich die Annahme, Mary habe Rudolf und anschließend sich selbst vergiftet. Diese Variante wurde ursprünglich auch von der Kaiserin vertreten.

- Es wurde aber auch das Motiv der »Blutschande« bemüht. Mary sei in Wirklichkeit eine illegitime Tochter des Kaisers und somit die Halbschwester Rudolfs gewesen.

- Zu einiger Bekanntheit brachte es die so genannte »Försterversion«. Rudolf wäre demnach von einem Förster namens Bauer mit dessen Ehefrau in einer eindeutigen Situation »erwischt« worden, worauf dieser geschossen und sich anschließend erhängt habe. Als man den im Sterben liegenden Rudolf nach Mayerling gebracht habe, hätte Mary Selbstmord begangen.[140] Auch Eugen Ketterl, der Kammerdiener des Kaisers, verbreitete die »Försterversion«. Demnach soll Bauer zum Kronprinzen gesagt haben: »Kaiserliche Hoheit, lassen Sie meine Frau in Ruhe, sonst gibt es ein Unglück.«[141]

- Eine besonders lächerliche Variation der Mayerling-Tragödie macht Erzherzog Johann zum Mörder. Er soll Rudolf im Streit erschlagen haben. In Wirklichkeit befand sich der Toskaner an diesem Jännertag in Fiume (Rijeka). Ernster zu nehmen ist die These, wonach Johann und der Kronprinz 1888 Umsturzpläne geschmiedet hätten. Am Sarg Rudolfs soll der Erzherzog gesagt haben: »Hier liegt ein großer Mann, ich möchte ihm nachfolgen, wenn ich nicht zu feige wäre.«[142] Gräfin Larisch-Wallersee berichtete von einer »bleischweren« Kassette, die ihr der Kronprinz kurz vor seinem Tod ausgehändigt hätte. Rudolf habe ihr den Auftrag gegeben, diese Kassette nur jener Person zu übergeben, welche die Worte R. I. O. U. nennen würden. Die meisten Autoren wollen in diesen Buchstaben eine Abkürzung der verräterischen Worte »Rudolf Imperator Ungarn Oesterreich« sehen.[143] Bei Nacht und Nebel, so die Larisch, hätte sie sich mit einer vermummten Person getroffen, die ihr die Codeworte zugeflüstert habe. Dabei soll es sich um Erzherzog Johann Salvator gehandelt haben. Dieser habe sich bitter über den toten Kronprinzen beklagt: »Es ist ein Jammer, dass er so schwach war. Er hat mir sein Wort gebrochen und ich habe ihm vertraut! – Hätte der Kaiser diese Papiere gefunden, so hätten die Dinge viel schlimmer für ihn gestanden. Der Kronprinz hat Selbstmord begangen; aber hätte der Kaiser alles gewusst, so hätte er ihn vor ein Kriegsgericht stellen und als Hochverräter erschießen lassen müssen.« Gestützt wird diese Überlieferung durch eine Aussage von Marie Zwirner, der Schwester von Johann Salvators Freundin Milli Stubel: »Ob jene viel genannte Stahlkassette wirklich, wie vielfach behauptet wurde, die Pläne Rudolfs und Genaues enthielt, den Kaiser zur Abdankung zu zwingen, weiß ich

nicht. Was ich mit Bestimmtheit weiß, ist, ... dass diese Stahlkassette scheinbar wirklich existiert und in Giannis Besitz
sich gefunden hat ... Ihr Inhalt bestand aus chiffrierten
Schriftstücken; ... Milli wusste, was die Kassette enthielt,
sonst hätte sie ja nicht öfters geschluchzt: ›Diese Kassette!
Diese Kassette!‹«[144]

- Schließlich wurde noch gemutmaßt, Rudolf habe die Prinzessin Aglaia Auersperg geschwängert, worauf es mit deren
Bruder zu einem so genannten amerikanischen Duell gekommen sei. Der Thronfolger habe die schwarze Kugel gezogen und war deshalb verpflichtet, sich innerhalb eines halben Jahres das Leben zu nehmen. Da er nicht allein in den
Tod gehen wollte, überredete er Mary Vetsera zum gemeinsamen Freitod.

- Eine andere Schwangerschafts-Hypothese betrifft die Vetsera. Gerd Holler vertritt – ziemlich einsam – die Auffassung, dass die Baronesse an einem missglückten Eingriff gestorben sei. Rudolfs Leibfiaker Bratfisch hätte sie noch nach
Mayerling gefahren, wo sie dann verblutet sei. Rudolf, den
der Arzt Holler als völlig gesund einstuft, hätte sich daraufhin erschossen.[145] Auch Hamann scheint sich sicher zu sein,
dass Mary »im vierten bis fünften Monat« schwanger war.
Nach Wandruszka habe sich Mary eine Schwangerschaft
hingegen nur »eingebildet, was für den ohnehin mit Selbst-
mordgedanken spielenden und von Schuldgefühlen gepeinigten Kronprinzen der ausschlaggebende Grund für die Tat
gewesen sei«.[146]

- Hofpfarrer Dr. Mayer war sich sicher, dass die Vetsera Rudolf ermordet hätte, worauf sie von dessen Zechkumpanen
im Affekt »hingerichtet« worden wäre.

- Der Faschistenführer Mussolini, der vor seinem unglückseli-
gen politischen Engagement als Journalist gearbeitet hatte,
schrieb einmal, dass die Vetsera Rudolf den Penis abge-
schnitten hätte, worauf dieser zuerst Mary und darauf sich
selbst erschossen habe. Seitens anderer Autoren wurde ebenfalls über unglückliche Sexualunfälle fabuliert.

- Wenige Wochen nach dem Ableben des Kronprinzen erklärte ein Italiener unter seinem vollen Namen in verschiedenen

Zeitungen, er habe Rudolf in Florenz mit einem schönen Mädchen gesehen. Nicht er, sondern ein anonymer Toter, dem man mit Wachs die Züge des Habsburgers gegeben hatte, sei in der Kapuzinergruft beerdigt worden.

- Die Transformation der Tragödie von Mayerling in eine Komödie oder – wenn man so will – in ein Märchen, das für gewöhnlich ein gutes Ende zu finden pflegt, begegnet uns in folgender Version: Rudolf und Mary hätten ihren »Tod« von langer Hand geplant und inszeniert. In Wirklichkeit wären sie geflohen: Mary nach England und Rudolf ins entfernte China. Später wären sie wieder zusammengetroffen, hätten mehrere Kinder gezeugt, und wenn sie nicht gestorben sind ... etc. etc.

»Ja, ... der 30. Jänner!«

Wie tief und dauerhaft sich der mysteriöse Tod des Kronprinzen an jenem düsteren Tag im Jänner 1889, die mit so vielen Assoziationen behaftete »Tragödie von Mayerling«, in die Köpfe der Menschen eingebrannt hatte, soll abschließend eine wahre Begebenheit deutlich machen, die sich etwa ein halbes Jahr nach jenem Weltenbrand, den ein keine drei Monate nach dem Tod des Kaisersohnes geborener Oberösterreicher in verbrecherischer Obsession zu entzünden wusste, ereignete. Man schrieb den 30. Jänner 1946. Drei verwundete Kriegsgefangene saßen frierend in einer zugigen Baracke. Der Blick des Emil Franzel fiel auf eine kleine schwarze Tafel, auf welche die Gefangenen Tag für Tag mit einem Stück Kreide das Datum kritzelten. Seine Mithäftlinge waren Norddeutsche, nur ein alter, drahtiger Offizier stammte aus Österreich. Er war gerade nicht in der einfachen Unterkunft und Franzel wagte ein Experiment: »Meine Herren«, sagte er, »wenn jetzt der Major B. hereinkommt, werde ich ihn fragen, was für einen Gedenktag wir heute haben; ich weiß genau, was er antworten wird, aber keiner von Ihnen wird es erraten!« »Der 30. Jänner«, meinten die Norddeutschen nach einem schnellen Blick auf die Tafel mit dem Datum, »der Tag von Hitlers Machtergreifung!«

Franzel winkte ab: »Keine Spur, das hat er längst vergessen, das interessiert ihn auch nicht. Er wird ein ganz anderes Ereignis nennen.« Als der alte Major bei der Tür hereinkam, bemerkte Franzel, auf die Tafel deutend: »Ein denkwürdiger Tag!« – Und der Major erwiderte ohne jedes Zögern: »Ja, der 30. Jänner. Mayerling! Kronprinz Rudolf ...!«

Die Aussteiger aus dem Kaiserhaus

Herr Johann »Schani« Orth: Ein Nonkonformist erleidet Schiffbruch

»Ich verfluche die Stunde, in der ich als Erzherzog geboren wurde, und beneide jeden, der bürgerlicher Abstammung ist.«

Johann Orth

Erzherzog Johann Salvator, der spätere Johann Orth

Am 2. August 1864 schrieb Kaiser Franz Joseph einen Brief an seine Mutter Erzherzogin Sophie, dessen Inhalt aufschlussreich ist: »Gestern ist auch der kleine Johann von Toskana von Venedig eingetroffen, um jetzt ganz hier zu bleiben und zu einem nützlichen Staatsbürger herangebildet zu werden, was keine leichte Aufgabe sein wird ...« Das widerspenstige Naturell des Prinzen dürfte also bereits damals erkennbar gewesen sein.

Erzherzog Johann Nepomuk Salvator wurde am 25. November 1852 als zehntes und letztes Kind des Großherzogs Leopold II. und der Maria Antonia in Florenz geboren. Bald schon erkannte seine Umgebung das eigenwillige Naturell des Knaben, der »Gianni« gerufen wurde, seinen Hang zu Eigenständigkeit und Individualität. Der Grund, warum Johann ab 1. August 1864 am Wiener Hof erzogen wurde, lag darin begründet, dass die Familie im Zuge der italienischen Einigungsbestrebungen in einer unblutigen Revolution am 27. April 1859 aus dem Lande vertrieben worden war. Der Prinz verbrachte, so kann wohl resümiert werden, eine unbeschwerte Kindheit. Franz Joseph nahm an der Erziehung des frühreifen, hochintelligenten Knaben regen Anteil und förderte ihn nach Kräften. Einen besonderen Stellenwert maßen der Kaiser und Johanns geliebte Mutter Maria Antonia der religiösen Erziehung des Erzherzogs bei, der in dieser Beziehung aber nur selten den hohen Anforderungen gerecht werden konnte, da ihm römisch-katholische Konventionen ebenso zuwider waren wie das höfische Zeremoniell. Hinsichtlich seiner vielseitigen Interessen und Begabungen drängt sich der Vergleich mit dem um sechs Jahre jüngeren Kronprinzen Rudolf auf. Beide waren – bis etwa Mitte der 1880er Jahre auch mehr oder weniger befreundet – gebildet, fantasievoll und von wachem Intellekt – welch ein Unterschied also zu der erdrückenden Mehrzahl der durch und durch geistesarmen kaiserlichen Prinzen. Johann und Rudolf waren tolerant und von liberaler Gesinnung, antiaristokratisch und antiklerikal. Später wurden Rudolf und Johann zu Intimfeinden, erst im Laufe des Jahres 1888 erfolgte wieder eine Annäherung.

Ein allerhöchstes Gespenst um Mitternacht

Im Dezember 1872 wurde Johann von der Vormundschaft entlassen, die nach dem überraschenden Tod seines Vaters ausgerechnet der stockkonservative Erzherzog Albrecht übernommen hatte. Damals sprach Johann noch vom »vorzüglichen Albrecht, der nach dem Willen meines seligen Vaters mein Vormund ist«, doch dieser positive Eindruck sollte sich alsbald ändern. Albrecht war es schließlich auch, der sich besonders über einen harmlosen Streich des Prinzen ärgerte, der im Hochsommer 1872 beinahe zu einer Krise geführt hätte.[147] Der Erzherzog war damals fast schon großjährig und sein Streich schien weder mit seinem Alter noch mit seinem Intellekt zusammenzupassen.

Um es kurz zu machen: Johann Salvator hatte sich als Gespenst verkleidet, um sowohl die abergläubischen Hofdamen als auch die wackeren Burggendarmen gehörig zu erschrecken. Dreimal hintereinander trat er pünktlich um Mitternacht auf den Plan, in lange, weiße Leintücher gehüllt geisterte er durch die weit verzweigten, finsteren Gänge der Hofburg. Zwei Burggendarmen, die sich verpflichtet fühlten, den ungewöhnlichen Vorgang beim Burghauptmann zu melden, bekamen Stubenarrest, weil sie das vermeintliche »Gespenst«, die »Ahnfrau«, wie gesagt wurde, nicht gestellt hatten. Der zornige Hauptmann nahm daraufhin den stärksten und größten Gendarmen der Hofburg in die Verantwortung und versprach ihm fünf Flaschen guten Wein, wenn er das Gespenst stellen könne. Als sich die unheimliche Erscheinung tatsächlich wieder einstellte, gleich nachdem die Burguhr zum zwölften Mal geschlagen hatte, stürmte der unerschrockene Posten nach einer Schrecksekunde mit seinem Bajonett auf das Gespenst los, vermutlich die verlockende Belohnung vor Augen, und stieß zu. Die unheimliche Erscheinung unterdrückte einen leisen Schrei und verschwand blitzschnell hinter einer schweren Türe, vor der sich eine dünne Blutspur verlor.

Zwar tauchte das Gespenst ab diesem Zeitpunkt nie mehr wieder auf, doch die Presse bekam von den Ereignissen in der Hofburg Wind und brachte Aufsehen erregende Berichte.

Schließlich forderten sogar einige Parlamentarier von der Regierung Aufklärung, was nun eigentlich in der allerhöchsten Umgebung geschehen sei. Regierung und Hof hüllten sich in hartnäckiges Schweigen, die peinlichen Fragen blieben unbeantwortet. In der Öffentlichkeit wurde am Ende gemutmaßt, dass es sich bei der vermeintlichen »Ahnfrau« nur um irgendeinen erfinderischen Erzherzog gehandelt haben kann, der diese Verkleidung als Tarnung für ein amouröses Abenteuer verwendete. Nur ganz wenige wussten es besser. Vom Kaiser und vor allem von Erzherzog Albrecht wurde der zerknirschte Johann, schon damals das »schwarze Schaf« der Familie, schwer getadelt, der 20-Jährige bekam eine Woche Hausarrest.

Die Balletttänzerin Hildegard Ludmilla Stubel

Bereits zu diesem Zeitpunkt war eine Frau in Johann Salvators Leben getreten, die ihn bis zu seinem nie ganz aufgeklärten Tod begleiten sollte. Der Erzherzog hatte die Balletttänzerin Hildegard Ludmilla Stubel, genannt Milli, in der Hofoper kennen gelernt. Milli Stubel war ungefähr im gleichen Alter wie der Habsburger, nur einige Monate älter, sie hatte langes blondes Haar und blaue Augen. Wirklich schön war sie freilich nicht. Da es auch mit ihren geistigen Gaben nicht zum Besten bestellt war, kümmerte sich der toskanische Prinz von Beginn ihrer Beziehung an konsequent um die (Aus-)Bildung seiner Lebensgefährtin, er machte sie sozusagen »gesellschaftsfähig«. Johann wurde von der Stubel »Gianni«, »Alterl«, »Schani« oder »Bübchen« gerufen, er nannte die Geliebte »Miltschi«. Das Besondere an diesem Verhältnis aber war, dass es sich nicht um *irgendein* Verhältnis zwischen einem angebeteten habsburgischen Erzherzog und einem »süßen Mädel« aus dem Volk handelte, von denen gab es schließlich genügend, es handelte sich vielmehr um eine völlig atypische Lebenspartnerschaft zwischen zwei völlig unterschiedlichen Menschen, die alle Höhen und Tiefen im Leben des rebellischen Prinzen überdauerte.

Der Kaiser, dem diese Beziehung nicht lange verborgen blieb, gab zunächst überhaupt keinen Kommentar ab, schließlich waren derartige Affären für Mitglieder der kaiserlichen Familie durchaus normal. Als er jedoch einsehen musste, dass es dem Erzherzog mit dieser jungen Frau aus dem Volk ernst war, drängte er Johann Salvator, wenngleich ohne Erfolg, mit der Stubel zu brechen. Obwohl die unbedarfte junge Frau starke Minderwertigkeitskomplexe hatte und sehr unter dem permanenten Versteckspiel sowie der häufigen Abwesenheit des Prinzen, welcher der »Miltschi« auch nicht immer treu war, zu leiden hatte, hielt sie ihm bis zuletzt die Treue. Dass der Erzherzog ein kurzes Verhältnis mit ihrer viel energischeren Schwester »Lory« hatte, die den kaiserlichen Prinzen als »mein süßes Hanserl« anzureden pflegte, musste sie widerwillig akzeptieren. Zwei Monate bevor Johann seinen militärischen Dienst als Major im weit entfernten Lemberg antreten sollte, in jener unbeliebten galizischen Garnison, die dem aufsässigen Erzherzog nicht ohne Grund zugewiesen worden war, bat er Franz Joseph bis Ende Juli um Aufschub, damit er zuvor noch die Gelegenheit zu einer ausgedehnten Mittelmeerkreuzfahrt wahrnehmen könne. Der Kaiser willigte ein. Über das düstere Lemberg schrieb er seiner Mutter: »Es ist ein bisschen weit weg; 24 Stunden von Wien, und da es keinen unmittelbaren Anschluss gibt, 36 Stunden von Gmunden.«

Die am 22. Februar 1872 angetretene Reise führte den Erzherzog, der unter dem Decknamen Johann von Traunwart unterwegs war, nach Ägypten, Konstantinopel, Griechenland und auch nach Rom. Dort angekommen leistete er sich eine aus der Sicht des Kaisers unverzeihliche diplomatische Fehlleistung. Franz Joseph ordnete an, dass der junge Erzherzog noch im Juni nach Lemberg abzureisen habe. Es sollte nicht lange dauern und Johann Salvator hatte sich in der galizisch-lodomerischen Hauptstadt mit seinen Vorgesetzten überworfen. Im Herbst 1873 wurde er aufgrund einer nicht näher bekannten Tat für acht Tage unter Hausarrest gestellt, was für ein Mitglied des Kaiserhauses eine ganz ungewöhnliche Bestrafung darstellte. Und wieder reagierte der Kaiser prompt und versetzte den aufmüpfigen Verwandten nach Temesvár im heutigen Rumänien. Doch auch in diesem eher traurigen Nest sollte der 1874 zum Oberstleutnant Beförderte nicht lange bleiben und nach einem Posten in Krakau, den Johann 1875 anzutreten verpflichtet war, schickte ihn Franz Joseph nach Komorn in Ungarn. Dass der Erzherzog seine Geliebte Milli Stubel als »Beschließerin« in die alte polnische Krönungsstadt mitgenommen hatte, wurde ihm seitens des Hofes sehr verübelt. Johann wurde immer mehr zum Ärgernis.

»Meine politischen Ansichten gingen dahin, dass die Republik die vollendetste Staatsform wäre, indem in derselben jeder Bürger gleiche Pflichten und gleiche Rechte habe«

Einen erstaunlichen Einblick in die Gedankenwelt dieses Habsburgers erlauben uns zahlreiche Notizen aus seinem Nachlass, die sich der erst 24-Jährige für eine in der Folge nie verfasste Autobiografie gemacht hatte. Die Offenheit, mit welcher der Prinz seine Stärken und Schwächen zu analysieren verstand, sowie die Schonungslosigkeit sich selbst und seiner Umgebung gegenüber, finden sich in den meisten Memoiren nur selten in ähnlicher Intensität. Johann schrieb seitenweise über seinen »Unbestand«, seine Launenhaftigkeit, die ihn stets dazu verleitete, »blendenden Utopien« nachzulaufen, bösartig wäre er gewesen, bösartig und eitel. Freilich mischten sich in die Selbstkritik auch immer wieder andere Töne ein. So drängt sich angesichts des Satzes »Ich konnte gediegene Urteile fällen und hatte einen treffenden satyrischen Witz« der Eindruck auf, dass hier ein älterer Mensch eine keineswegs unzufriedene Bilanz seines Lebens zieht. Bemerkenswert lesen sich vor allem seine Ansichten über Religion und Politik. Dazu hielt Johann Salvator u. a. Folgendes fest: »Meine politischen Ansichten gingen dahin, dass die Republik die vollendetste Staatsform wäre, indem in derselben jeder Bürger gleiche Pflichten und gleiche Rechte habe, unter dem Schutz der Freiheit Handel und Gewerbefleiß blühen und jede männliche Tugend geübt und gelohnt wird.« Und weiter: »Was speziell Österreich anlangt, begrüße ich mit Freuden alle jene reformatorischen Neuerungen, welche 1868 vor sich gingen als ein Riss durchs schwarze Banner des Absolutismus und des Klerikalismus als erstem Schritt auf einer freiheitlichen Bahn ... Ich sagte deshalb, der Absolutismus in Österreich gleiche einem tödlichen Übel im Kopfe; will man den Kranken heilen, so muss man den Kopf amputieren und der Kranke stirbt schneller als mit dem Übel. Ich drückte oft aus, dass ich dieses Bewusstsein äußerst lähmend fand, für einen Staat zu wirken und zu kämpfen, der keine Zukunft, keine Lebensfähigkeit hat, für einen Leichnam.« Noch deutlicher fiel sein weltanschauliches Bekenntnis aus: »Das Bekenntnis meiner religiösen ästhetischen, ethischen und politischen Ansichten lautet: Materialist, Klassiker, Utilist, Republikaner.« Johann war ein erklärter Gegner aller theistischen Religionen. »Die Kunst«, meinte er, »ist der einzige Weg eines wahren Fortschrittes und macht den Teil aus, den der Mensch ins Jenseits mitführen würde, gäbe es ein Jenseits.«[148]

Wohin der Kaiser, den vermutlich der Schlag getroffen hätte, wenn er von den Gedanken seines Verwandten in Kenntnis gesetzt worden wäre, den militärisch äußerst versierten Erzherzog auch versetzte, an seinem renitenten Verhalten, an seiner gebetsmühlenartigen Kritik an den bestehenden Zuständen in der Armee änderte dies nichts. Als ihn der Monarch wegen seiner Tapferkeit während der Okkupation Bosniens und der Herzegowina im Juli 1878 – »Gianni« hatte als Kommandant einer Gebirgsbrigade teilgenommen – mit dem höchsten militärischen Orden der Monarchie, dem Maria-Theresien-Orden, auszeichnen wollte, lehnte der nunmehr 27-jährige Johann Salvator die Annahme dieser Auszeichnung entschieden ab, da er sie nicht wirklich verdient habe, wie er mitteilen ließ, außerdem würde er den Orden vor seinen Kameraden nicht rechtfertigen können. 1879 beförderte ihn der Kaiser zum Feldmarschall-Leutnant. Der Prinz, eher klein gewachsen und stämmig, war ein ausgezeichneter Offizier, dessen militärische Reformvorschläge der Zeit weit voraus waren. Sein scharfer Blick für den erbärmlichen Zustand der k. u. k. Armee, hoch entwickelter persönlicher Ehrgeiz und österreichischer Patriotismus waren die Triebfedern seiner pointierten

Kritik. Er beanstandete die veraltete Ausrüstung der Armee, die schlechte Besoldung, Willkür, stumpfsinnigen Drill und vor allem die aufgeblähte Bürokratie. Johann war gerade einmal 23 Jahre alt, als er Anfang 1875 – natürlich als Anonymus – die Abhandlung »Betrachtungen über die Organisation der österreichischen Artillerie« veröffentlichte, in der er sich auch auf das glatte Parkett der Außenpolitik wagte. Der Erzherzog plädierte für ein Bündnis der Monarchie mit Russland und polemisierte gegen Preußen. Doch Johanns Autorenschaft blieb nicht unentdeckt, der im höchsten Maße ungehaltene Kaiser befahl ihn zu sich, erteilte mündlich einen »ernsten Verweis« und ordnete die erwähnte Versetzung zu einem Infanterieregiment nach Krakau an. Am 7. März schrieb Johann seiner Mutter über die kaiserliche Zurechtweisung: »In Wien fand ich die hohen Persönlichkeiten in einem Zustand großer Aufregung. Der Kaiser, Albrecht und Wilhelm haben mir eine Moralpauke gehalten. Der langen Rede kurzer Sinn war, dass ich, was die Tatsachen betrifft, Recht habe, doch hätte ich aus politischen und disziplinären Gründen das Pamphlet nicht schreiben sollen.«

Der nächste Sprung in der Karriere des eigenwilligen Erzherzogs, die durch seine so genannten Eskapaden nie gestoppt oder auch nur verzögert wurde, führte ihn 1881 endlich nach Wien zurück, wo er die Position des Kommandanten der Stabsoffizierskurse überantwortet bekam. Johann genoss die vielfältigen Möglichkeiten des geistigen und kulturellen Lebens in der Reichshauptstadt, doch es sollte nicht lange dauern, etwa zwei Jahre, bis er den Kaiser erneut gegen sich aufbrachte. Franz Joseph schäumte, als der Erzherzog bei den pompösen 600-Jahr-Feierlichkeiten zum Regierungsantritt der Habsburger in Österreich durch Abwesenheit glänzte. Johann war – ohne um Urlaub anzusuchen – nach Gmunden am Traunsee gereist, wo er ein malerisch gelegenes Seeschloss besaß. »Ein Telegramm rief ihn in gebieterischem Ton nach Wien zurück, wo er vom Kaiser (wieder einmal) einen scharfen Verweis erhielt.«[149] Der Prinz hatte bereits im Jahre 1876 das Landschloss Orth erworben und aufwendig adaptiert, das Seeschloss gleichen Namens ging 1878 um den Betrag von 24 000 Gulden in seinen Besitz über. Schloss Orth sollte nicht nur der

Treffpunkt der Familie werden, sondern auch der Alterssitz für seine Mutter, die im Übrigen in der in unmittelbarer Nähe gelegenen »Villa Toskana« residierte. Die aufwendigen Umbauarbeiten des Landschlosses, das der Erzherzog mit wertvollen Kunstgegenständen aus aller Welt ausschmückte, dauerten bis zum Jahre 1881. In den folgenden Jahren verweilte der Habsburger in seinem Gmundner Domizil, wann immer es ihm möglich war. Nach seiner Abreise am 7. Oktober 1889 sollte er nie mehr an diesen Ort zurückkehren.

Große Aufmerksamkeit und gleichzeitig auch Aufregung verursachte ein Vortrag des Erzherzogs im November 1883, der unter dem viel sagenden Motto »Drill oder Erziehung« stand. In der Armee dürften keine Sklaven herangezüchtet werden, forderte er, es käme vielmehr darauf an, selbständig denkende Menschen zu erziehen. Der Offizier müsse im Soldaten den Menschen sehen, auf dessen Gemüt er veredelnd einzuwirken habe. Die »Zwangsjacke« hingegen, führte Johann weiter aus, habe noch keinen »Irrsinnigen« geheilt. Ein derartiges Maß an Progressivität hatte bis zu diesem Zeitpunkt noch kein hoher Militär und erst recht kein Mitglied des »Erzhauses« formuliert. Seine Vorschläge stießen auf den erbitterten Widerstand von Erzherzog Albrecht. Johann[150] wurde zu Weihnachten 1883 einmal mehr versetzt, diesmal auf einen Kommandoposten nach Linz, wo er bis 1887 verweilen sollte. Der Mutter schrieb er zu seiner Versetzung: »Sie können sich vorstellen, wie froh ich darüber sein werde; ich werde von allen unangenehmen Pflichten Wiens befreit und in der Nähe von Gmunden sein.«

»Deine bulgarische Geschichte finde ich odios … als Balkanese könntest du mir zuwider werden«

Zwei Jahre später versuchte sich Johann als Mitspieler im Konzert der europäischen Großmächte; prompt scheiterte er. Wahrscheinlich kommt aber die Zuschreibung »Intrigant« der historischen Wahrheit näher als die eher unverbindliche Bezeichnung »Mitspieler«.

Am 7. September 1886 musste Alexander Battenberg als Fürst von Bulgarien zurücktreten. Er war im Anschluss an den Berliner Kongress, der im Sommer 1878 unter dem Vorsitz Bismarcks eine Lösung der »Orientalischen Frage« herbeizuführen versucht hatte, im April 1879 gewählt woden. Nach Battenbergs Rücktritt schickte der bulgarische Regentschaftsrat eine Delegation in die Hauptstädte der Signatarstaaten des Berliner Vertrages, womit die Hoffnung verbunden wurde, einen geeigneten Kandidaten für den verwaisten Thron zu finden. Jetzt begann der in diplomatischen Angelegenheiten unerfahrene Erzherzog Johann Salvator hinter dem Rücken des Kaisers ein gewagtes politisches Spiel, das ihn seiner Hoffnung zufolge womöglich an die Spitze der bulgarischen Armee katapultieren könnte. Oder war er tatsächlich so vermessen, den Thron für sich selbst zu erhoffen? Wir wissen es nicht. Der Historiker Friedrich Weissensteiner fand im Nachlass des Erzherzogs einen Hinweis, wonach Johann in einer französischen Tageszeitung die Nachricht lanciert hätte, dass Prinz Ferdinand von Coburg, der in Linz für einen kurzen Zeitraum unter ihm gedient hatte, Interesse am bulgarischen Thron zeige. Der junge Habsburger betrieb fortan Geheimdiplomatie, er kontaktierte die erwähnte bulgarische Delegation, trat als Vermittler auf den Plan und korrespondierte ständig mit dem geschmeichelten Coburger, den Johann Salvator in Wahrheit kein bisschen schätzte und im Gegenteil als »weibischen, unaufrichtigen, persönlich eitlen und furchtsamen Herrn« zu denunzieren wusste.

Im Juli 1887 wurde Ferdinand vom bulgarischen Parlament tatsächlich zum Fürsten gewählt, doch Johann, der hinsichtlich seiner Bemühungen persönliche und dynastische Interessen verbunden zu haben vermeinte, erwies seinem Land keinen guten Dienst. Durch Ferdinands Kandidatur wurde das fragile Verhältnis zwischen der Habsburgermonarchie und Russland, den beiden Hauptkonkurrenten auf dem Balkan, erneut einer Belastungsprobe ausgesetzt. Als Franz Joseph eröffnet wurde, welche unrühmliche Rolle Johann Salvator in diesem brisanten politischen Spiel zukam, war der letzte Rest von kaiserlicher Sympathie für diesen Erzherzog dahin. Aber auch das Verhältnis zum Kronprinzen war zu diesem Zeitpunkt so schlecht wie nie zuvor. »Deine bulgarische Geschichte finde ich odios«, schrieb Rudolf an Johann. »Ich möchte dich ganz gerne als Admiral an der Spitze meiner großen österreichisch-ungarischen Flotte sehen (jetzt sind es ja nur ein paar alte, qualmende Kasten), aber als Balkanese könntest du mir zuwider werden.«[151]

Johann, kein Mann des faulen Kompromisses, ersuchte nach der »Bulgarienaffäre« den Kaiser, über dessen Reaktion es ohnehin keinen Zweifel geben konnte, er möge ihn von seinem militärischen Kommando in Linz entheben. In einem einschlägigen Schreiben vom 21. September folgte der Monarch Johanns Bitte nur allzu gerne, da er sich von diesem Verwandten ohnehin nichts mehr erwartete. Als dem Erzherzog Anfang Oktober des Jahres vom Gemeinderat der Stadt Linz das Ehrenbürgerrecht verliehen wurde, musste er diese Auszeichnung zurückweisen, da dem vom Standesdünkel besessenen Franz Joseph die Annahme einer solchen Ehrung mit der Stellung eines Mitglieds des »Erzhauses« nicht vereinbar schien. Der rebellische Prinz hatte sich in der Zwischenzeit eine Jacht, die er sein »transportables Palästchen nannte«, angeschafft, mit der er das Mittelmeer durchkreuzte. Seine Zukunft sah Johann nun auf hoher See, nicht mehr im Schoße des Militärs, das er vor mittlerweile zwei Jahren verlassen hatte. Im September 1889 erwarb er nach langer Vorbereitung das Diplom eines »Kapitäns der langen Fahrt«. Etwa acht Monate zuvor hatte sich der Kronprinz in Mayerling erschossen und es sollte nicht lange dauern, da tauchte der Name des unbotmäßigen Erzherzogs in einer der unzähligen »Mayerling-Variationen« auf.[152]

»Da du nie eine Erzherzogin sein kannst, würde es mich glücklich machen, die Erzherzogswürde zurückzulegen, doch hoffe ich, immer dein liebes Erzherzoglein zu bleiben«

Nun brach Johann alle Brücken und Notbrücken hinter sich ab, er stellte sein Leben auf den Kopf. Am 8. Oktober 1889 verfasste der Erzherzog einen unsentimentalen Brief an den Kaiser, in dem er Franz Joseph, den er trotz aller Zwistigkeiten schätzte und respektierte, mitteilte, dass er aus der kaiserlichen Familie auszuscheiden gedenke, um einen Lebenserwerb zur See zu suchen. Diesen folgenschweren Schritt, für den er das Familienoberhaupt um Verzeihung bat, hatte vor ihm noch kein Habsburger gewagt, zwei weitere prominente »Fälle« sollten folgen.

Was Johann über seinen »Stand« dachte, formulierte er bereits als 20-Jähriger in einem Liebesbrief an eine junge Engländerin, die er während seiner ersten Mittelmeerreise kennen gelernt hatte: »Herzallerliebster Engel! Ich muss dich mit Kosenamen überhäufen«, setzte der Erzherzog schwülstig an, um dann aber einige aufschlussreiche Bemerkungen hinzuzufügen. »Mein kaiserlicher Rang steht meinem Werben *pour le bon motif* im Weg, sagst du und deine verehrte Mutter. Das sollte wohl so sein, würde ich nicht erkennen, wie außerordentlich selbstgefällig es ist, zusammen mit 70 Verwandten auf einer einsamen Bergspitze eingepfercht zu sein. Ich hasse meinen Rang und bin entschlossen, wie ein Mensch zu leben, nicht wie eine arme Kreatur, die von der Wiege bis zu Grabe verhätschelt werden muss. Es wird an dir liegen, ob ich weiterhin ein ›Erzherzoglein‹ bleiben muss oder nicht ... Ich habe den Mut, nach Australien auszuwandern, wo ich zweifellos mein Glück finden würde. ... Da du nie eine Erzherzogin sein kannst, würde es mich glücklich machen, die Erzherzogswürde zurückzulegen, doch hoffe ich, immer dein liebes Erzherzoglein zu bleiben. Johann.«

Das Schreiben an den Kaiser hatte folgenden Inhalt: »Eure Majestät! Mein Verhalten seit bald zwei Jahren wird Eure Majestät überzeugt haben, dass ich ferne von allen mir nicht zukommenden Interessen gehorsam und zurückgezogen bemüht war, Eurer Majestät einstige Ungnade zu beheben. Zu jung, um für immer zu ruhen, zu stolz, um als bezahlter Nichtstuer zu leben, musste meine Lage peinlich, ja mir unerträglich werden. Durch gewisses berechtigtes Ehrgefühl verhindert, um Wiederverwendung im Heer zu bitten, stand ich vor der Alternative: entweder das unwürdige Dasein eines fürstlichen

Müßiggängers weiter zu führen oder als gewöhnlicher Mensch eine neue Existenz, einen neuen Beruf zu wählen. Es drängte mich schließlich zum Entschlusse auch deshalb, weil mein ganzes Wesen in den Rahmen der Stellung nicht passt und mir wenigstens die persönliche Unabhängigkeit Ersatz bieten muss für das Verlorene. Ich verzichte demnach freiwillig und unbeeinflusst auf Rang und Stand, indem ich Titel und Rechte eines Erzherzogs sowie meine militärische Charge ehrfurchtsvoll in die Hände Eurer Majestät zurücklege, dagegen Eure Majestät untertänigst bitte, mir einen bürgerlichen Namen verleihen zu wollen ... Geruhen Eure Majestät mir zu glauben, dass mir dieser Schritt nur durch den Gedanken erschwert wurde, damit Eurer Majestät etwas Unangenehmes bereiten zu müssen – Eurer Majestät, Allerhöchstdieselben ich besonders zu so unendlichem Danke verpflichtet und so aus dem Grunde des Herzens ergeben bin. Da ich aber diesen Schritt selbst teuer genug – mit meiner ganzen sozialen Existenz – mit allem, was Hoffnung und Zukunft heißt – bezahle, werden Eure Majestät zu verzeihen wissen. Eurer Majestät treu gehorsamster Untertan.«[153]

»... stand ich vor der Alternative: entweder das unwürdige Dasein eines fürstlichen Müßiggängers weiter zu führen oder als gewöhnlicher Mensch eine neue Existenz ... zu wählen«

Dass Herr Johann Orth, wie er bald nach der Abfassung des Schreibens nach seinem gleichnamigen Besitz in Gmunden heißen sollte, diesen Schritt tatsächlich mit seiner »ganzen sozialen Existenz« zu bezahlen hatte, attestierte ihm der Kaiser umgehend. In einem Handschreiben kam er den Wünschen des unliebsam gewordenen Verwandten sofort nach. Franz Josephs Worte waren sorgfältig gewählt, präzise und »von schneidender Schärfe«[154]. Dem verstoßenen Habsburger wurde jede finanzielle Zuwendung aus der so genannten Hofstaatsdotation verwehrt, die Grenzen der österreichisch-ungarischen Monarchie durfte er fortan nicht mehr überschreiten.

Johann Orth war ab nun ein Ausgestoßener, der seiner Stellung, seiner Privilegien und seiner Heimat verlustig gegangen war. Auch sein Jahreseinkommen von etwa 100 000 Gulden war verloren.

Nach Aufenthalten in der Schweiz, in Deutschland und England diente Johann eine kurze Weile als Schiffsoffizier: »Diese Probefahrt war voller Ernüchterungen«, teilte er der Mutter mit. »Das Leben eines Seemannes ist ein Leben der Entbehrungen und Gefahren, das wenig Platz lässt für Ruhm und Verdienst.« Anfang 1890 kaufte der gefallene Prinz einen imposanten englischen Dreimaster, für dessen Ankauf er ein Darlehen aufnehmen musste. Die Gmundner Sparkasse soll ihm einen Kredit in der Höhe von 250 000 Gulden gewährt haben. Nach einer Reihe von Aktivitäten, die zu schildern an dieser Stelle keine Notwendigkeit besteht, stach das Schiff am 26. März 1890 von England aus in See. Es sollte eine Ladung Zement nach La Plata bei Buenos Aires bringen. Am selben Tag setzte Johann Orth auch sein Testament auf, in dem vor allem seine Mutter bedacht wurde. Ihr sollte u. a. der Besitz in Gmunden zufallen, Milli Stubel wurde mit einem Anwesen in Wien und einer größeren Summe Geldes bedacht. Aber auch auf sein Dienstpersonal und die Schiffsbesatzung vergaß Orth nicht, ebenso wenig auf Förderungsgelder für Kunst und Wissenschaft. Schließlich hielt er fest, dass »jede Verwendung (seines) Vermögens für Zwecke oder zu Handen der Kirche« untersagt sei.[155]

Das Schiff lief am 30. Mai in den Hafen von La Plata ein. Milli Stubel, die treue Gefährtin, die er wenige Monate zuvor geheiratet hatte, stieß etwa sechs Wochen später hinzu, sie war mit einem Passagierdampfer nach Südamerika gereist. In einem Brief an ihre Schwester hieß es: »In wenigen Tagen lichtet die ›Saint Margret‹ wieder ihre Anker und es geht in neue weite Fernen. Wohin, ich weiß es noch nicht.« Johann wollte um das Kap Horn herum nach Chile segeln, traditionell eine gefährliche Route, zumal in diesen Wochen heftige Stürme tobten.

»Es war ein Wagnis sondergleichen«, meinte Weissensteiner, »eine Art Todeskommando. Orth muss sich dessen bewusst gewesen sein. Aber er hatte Verträge in der Tasche, die er einzuhalten gewillt war, und er wollte vor allem nicht als feige gelten.«[156] Ein Brief an den Wiener Rechtsanwalt Haberler, der mit 12. Juli 1890 datiert ist, gilt als letztes Lebenszeichen Orths. »Ich setzte heute unter Segel um rund Cap Horn nach Valparaiso zu steuern«, hieß es darin. Von diesem Zeitpunkt an verlieren sich die Spuren. Die historische Forschung nimmt an, dass die gesamte Besatzung in der Nacht vom 20. auf den 21. Juli 1890 während eines Orkans umgekommen ist.

»Er ist am Leben so gut wie Sie und ich. Papa hat noch bis zuletzt mit ihm korrespondiert«

Seitens des zuständigen Obersthofmarschallamtes wurde Johann Orth erst am 6. Mai 1911 offiziell für tot erklärt. Um diesen Aussteiger aus dem Kaiserhaus rankten sich ebenso viele Legenden wie um den unglücklichen Kronprinzen Rudolf, mit dessen Tod das überraschende Ausscheiden des Toskaners aus dem Kaiserhaus mehrmals in Verbindung gebracht wurde. In den dreißiger Jahren tauchten immer wieder einmal falsche Johann Orths auf, die mit ihrer Maskerade Geld zu machen hofften, später waren es vermeintliche Söhne des ehemaligen Erzherzogs. Johann Orth, der gestrauchelte Prinz, ausgestattet mit glänzenden Gaben und einem übertriebenen Ehrgeiz – er durfte einfach nicht sterben. Erneut fand er sich im Gewande des Gespenstes wieder, das er sich in frühen Tagen übergestreift hatte, um die betfreudigen Damen der Hofburg zum Narren zu halten. Sollte er 20 Jahre später wieder alle zum Narren gehalten haben, einschließlich seiner geliebten Mutter, die bis zu ihrem Tod im Jahre 1898 nicht akzeptieren wollte, dass ihr Sohn ertrunken war?
Johann Orth wurde von »Zeugen« in Deutschland, Australien, Ostindien und in der argentinischen Provinz Entre Rios gesehen, andere Zeremonienmeister der Johann-Orth-Legende ließen ihn unter Indianern auf Feuerland, auf den Balearen, in Norwegen oder Chile ein geruhsames Leben führen. Wie weit die Schwingen der Fantasie ausschlagen können, wenn es um das Leben und Sterben eines Prinzen geht, dokumentiert

schließlich die Behauptung, Johann wäre mit einem japanischen Admiral, dem Grafen Yamagata, identisch. Für kühne Spekulationen sorgte aber auch der spätere Kaiser Karl, der 1907 als junger Erzherzog gegenüber seinem Berater Polzer-Hoditz bemerkt haben soll: »Glauben Sie wirklich, dass Orth am Kap Horn ums Leben gekommen ist? Er ist am Leben so gut wie Sie und ich. Papa (Erzherzog Otto, gest. 1906, Anm. C. D.) hat noch bis zuletzt mit ihm korrespondiert.«[157]

Herr Leopold Wölfling: Ein kaiserlicher Prinz heiratet eine Prostituierte und wird Würstelverkäufer[158]

»Er ist, seit ich ihn verbannt habe, tot für mich und er wird es immer bleiben«

Kaiser Franz Joseph zu Leopolds Mutter[159]

Erzherzog Leopold Salvator, der spätere Leopold Wölfling

Ein ehemaliger Österreicher namens Leopold Wölfling, der Schwiegervater des Ortsleiters der faschistischen Heimwehr Johann Böhm in Wien-Mauer, war begeistert, als der greise Reichspräsident Paul von Hindenburg einen anderen ehemaligen Österreicher zum Kanzler des Deutschen Reiches ernannte: »Der 30. Januar 1933 ist gekommen«, schrieb er etwas später, »mit Spannung und wahrer Herzensfreude habe ich den beispiellosen Aufstieg und die zielbewusste Gesundung des deutschen Volkes miterlebt, bedauernd, dass ich als Schweizer nicht dazu die Hand reichen konnte.«[160]

Nun könnte man angesichts dieser im Stil des »Völkischen Beobachters« gehaltenen Worte annehmen, Herr Wölfling wäre einer der vielen Verlierer der 1920er und 1930er Jahre gewesen, die es in der österreichischen Ersten Republik sowie in jener von Weimar in großer Zahl gegeben hat. Und tatsächlich, als der 67-Jährige am 4. Juli 1935 in der Hauptstadt des so genannten »Dritten Reiches« starb, hauchte ein an Asthma leidender, völlig mittelloser Mann sein Leben aus, der sich in so ziemlich jedem Job versucht hatte, um sich irgendwie über Wasser zu halten: Er war Würstelverkäufer, Schauspieler, Gemischtwarenhändler in Kaisermühlen u. a. m. gewesen. In die Wiege waren ihm diese ehrbaren Tätigkeiten freilich nicht gelegt worden. Trotzdem bekräftigte er in einem seiner Erinnerungsbücher, dass er in der Ausübung dieser vielfältigen und ständig wechselnden Tätigkeiten glücklicher gewesen sei als in seinem früheren Leben.

»Das bisherige Verhalten berechtigt zu den besten Hoffnungen für die Zukunft«

Leopold Wölfling wurde am 2. Dezember 1868 als Erzherzog Leopold Ferdinand Salvator in Salzburg geboren, wo sein Vater, Großherzog Ferdinand IV. von Toskana, nach der Vertreibung seiner Familie aus Italien residierte. Ein überdimensionierter Hofstaat und die aufwendige Lebensführung des Großherzogs, die ihm durch die Apanage Franz Josephs und einer zusätzlichen Zuwendung aus dem Familienfonds ermöglicht wurden, erweckte den Eindruck, ein regierender Fürst hätte sich der alten Bischofsstadt bemächtigt. Nach der traditionellen Erziehung trat Leopold Ferdinand, der älteste Sohn des Großherzogs aus zweiter Ehe mit Alice von Parma, im Alter von 15 Jahren in die k. u. k. Marineakademie in Fiume ein, mit neunzehn Jahren verließ er sie 1887 mit glänzendem Abschluss. Der junge Prinz, der bei seinen Kameraden nicht unbeliebt war, wurde von seinen Vorgesetzten wohlwollend beurteilt: »Das bisherige Verhalten berechtigt zu den besten Hoffnungen für die Zukunft«, hieß es ein Jahr später in einer internen Qualifikation der Marine. Doch das Gegenteil sollte eintreten, wohl noch nie ist ein Habsburger so tief gefallen wie Erzherzog Leopold Ferdinand. Sein ebenfalls aus der toskanischen Linie des Hauses Habsburg-Lothringen stammender Onkel Johann Salvator hatte sich 1889 als erster Habsburger in der jahrhundertelangen Familiengeschichte aus der Dynastie ins Privatleben verabschiedet und dieser Johann Orth, der dem Kaiser respektvoll ausrichtete, er würde in Zukunft einen »Lebenserwerb zur See« suchen, galt Leopold sicher als Vorbild. Die beiden hatten ähnliche Leidenschaften und ähnliche Begabungen, Intellekt und Fantasie, doch an die charakterlichen Eigenschaften Johann Orths reichte der Jüngere bei weitem nicht heran.

Als 16-Jähriger hatte sich der Erzherzog in Elvira von Bourbon verliebt, eine Tochter des spanischen Thronprätendenten. Doch der Kaiser untersagte die Heirat aus politischen Gründen, die Staatsräson würde diese Verbindung nicht erlauben. Leopold Ferdinand war zutiefst betrübt und sah im Nachhinein in dieser Entscheidung das Schlüsselerlebnis seiner Jugend: »Etwas in mir war gebrochen ... Was künftig sein sollte, war mir egal; von diesem Momente an habe ich kein weiteres Interesse an der Entwicklung meiner Karriere, meiner ganzen Zukunft gehabt. Wozu auch ...« – Der Erzherzog war sich sicher, »dass der alte Albrecht seine Finger im Spiel hatte«. Der härteste Kritiker Leopold Ferdinands innerhalb der kaiserlichen Familie war, wie könnte es wohl anders sein, eben dieser Erzherzog Albrecht, von dem schon mehrfach die Rede war.

Albrecht, der neben einer schweren Sehbehinderung auch noch mit einem nervösen Kopfleiden zu kämpfen hatte, nahm bis zu seinem Tode im Jahre 1895 die Position eines selbsternannten Gralsritters der dynastischen Idee ein. Alles, was er in diesem Kontext als Gefahr ausmachte, begann er kompromisslos zu bekämpfen, alles und jeden. »Leopold hatte immer einen schwierigen, um nicht zu sagen bösen Charakter«, analysierte er im August 1893 selbstherrlich in einem Antwortbrief auf ein Schreiben Franz Ferdinands. Und weiter: »Du hast jetzt einen neuen Beweis, was in der toskanischen Linie an wällischer Verschlagenheit, bourbonischer Miserabilität und antiösterreichischer Gesinnung geleistet wird und fortwuchert. Gebe Gott, dass es gelingen möge, wenigstens die Mehrzahl zu besseren Gesinnungen zurückzuführen.« – »Rasch hintereinander ist dies nun der dritte schmachvolle Fall im Erzhaus, welcher dieses in der ganzen Welt discreditiert und entehrt. Zwei (Kronprinz Rudolf und Johann Orth, Anm. C. D.) haben sich selbst gerichtet«, schrieb Albrecht ohne den leisesten Anflug von Mitgefühl. »Was wird der Dritte tun?«[161]

»Rasch hintereinander ist dies nun der dritte schmachvolle Fall im Erzhaus, welcher dieses in der ganzen Welt ... entehrt. Zwei haben sich selbst gerichtet. Was wird der Dritte tun?«

Der Dritte im Bunde der so ungleichen »schwarzen Schafe« dachte jedoch nicht daran, dem hartgesottenen Verwandten diesen offenherzig zu Papier gebrachten »Gefallen« zu erweisen, wenngleich er schon einmal klipp und klar mit Selbstmord gedroht hatte. Dieser Vorfall stand in einem unmittelbaren Zusammenhang mit dem Briefwechsel der Erzherzoge Franz Ferdinand und Albrecht vom Sommer 1893.
Im Dezember des vorangegangenen Jahres war der an Lungenentzündung erkrankte Franz Ferdinand unter dem Decknamen eines »Grafen Hohenberg« auf dem Torpedorammkreuzer »Kaiserin Elisabeth« zu einer ausgedehnten Seereise aufge-

brochen, die ihn nach Ägypten, Fernost, Australien und Übersee führen sollte. Mit an Bord war auch der damals 24-jährige Offizier Leopold Ferdinand, der sich mit seinem um fünf Jahre älteren Verwandten, der zu diesem Zeitpunkt offiziell noch nicht Thronfolger war, überhaupt nicht arrangieren konnte, was er u. a. damit begründete, dass ihm die arroganten Machtansprüche des erzherzoglichen »Möchtegernkaisers« nicht behagt hätten.[162]

Schon bald nach der Abreise schien sich Leopold eines äußerst renitenten Verhaltens befleißigt zu haben, weder gehorchte er seinem Vorgesetzten noch interessierten ihn die eindringlichen Mahnungen Franz Ferdinands. Dieser sah sich nach wenigen Tagen gezwungen, ein Telegramm an den Kaiser zu richten, in dem er den Onkel bat, dem unbotmäßigen Familienmitglied den Aufenthalt am Lande untersagen zu dürfen, eine Bitte, welcher der Monarch auch entsprach. Doch diese von allerhöchster Stelle sanktionierte Disziplinierungsmaßnahme dürfte Leopold nicht allzu sehr beeindruckt haben, denn kurze Zeit später nährte er durch seine ständige Bordbegleitung in der Person eines jungen Kadetten allerlei einschlägige Gerüchte, die den Kapitän veranlassten, dem Erzherzog den weiteren Umgang mit diesem Kadetten zu untersagen. Daraufhin drohte Leopold mit Suizid. Im Mai 1893 erreichten die Konflikte ihren Höhepunkt, Leopold wurde in Australien von Bord gewiesen und unter dem Vorwand einer Krankheit nach Hause geschickt. Bei dem »Kadetten« soll es sich um seine als Matrose verkleidete Geliebte gehandelt haben. Was Franz Ferdinand über Leopold dachte, wird aus dem Wortlaut jenes Briefes deutlich, den er während seiner Weltreise an den Kaiser richtete. Darin hieß es u. a., dass »dieser junge Mann, der wirklich das Ansehen, die Ehre unseres Namens und unserer Familie verunglimpft, der das schlechteste Beispiel gibt und dessen Ruf in der ganzen Marine bereits vollkommen untergraben ist ...« unter allen Umständen auf den rechten Weg gebracht werden müsse.[163]

Franz Joseph beurlaubte daraufhin den aufsässigen Prinzen für ungefähr ein Jahr, um schließlich 1894 den Befehl zu erteilen, dass Leopold fortan als Hauptmann der Infanterie im mährischen Brünn zu dienen habe. Seinen Offizierskameraden war der Habsburger nach eigener Einschätzung deswegen suspekt, weil sein Verhältnis zu den Untergebenen, denen er ein »väterlicher Freund« sein wollte, zu konziliant gewesen sein soll. »Ich ließ sie offen sehen, dass ich sie als Menschen betrachtete und nicht als Maschinen«, schrieb er einmal.[164] Das Verhältnis mit seiner damaligen Geliebten, deren gemeinsame Tochter im Jahre 1928, drei Jahre nachdem der ehemalige Habsburger wieder österreichischer Staatsbürger geworden war, eine Alimentationsklage einreichte, zerbrach, als der Offizier eine polizeibekannte Prostituierte namens Wilhelmine Adamovics kennen lernte. Seine eher überraschende Versetzung nach Przemyśl 1887 könnte mit dieser Liaison, die natürlich nicht verborgen blieb, in Zusammenhang stehen. Der Habsburger nahm die Adamovics in die weit entfernte Garnison mit, und als er 1900 zum Oberst in Iglau ernannt wurde, begleitete die Freundin mit der für die pikierten Hofkreise höchst delikaten Vergangenheit den Erzherzog auch dorthin. Doch die Empörung des Kaisers und seiner Umgebung, deren wiederholte Versuche, das illustre Paar auseinander zu bringen, all dies zerbrach an der Standfestigkeit des Erzherzogs. Erst als er Franz Joseph eröffnete, dass er die Adamovics heiraten wolle, begriff er, was es hieß, den greisen Monarchen herauszufordern, und zweifellos betrachtete dieser das Ansinnen eines Habsburgers, mit einer ehemaligen Hure den »heiligen Bund der Ehe« einzugehen, als eine persönliche Herausforderung, als eine Herausforderung an die Dynastie, die er mehr als jeder seiner Vorgänger repräsentierte.

Sich mit einem so genannten »leichten Mädchen« zu vergnügen war kein Problem, es zu schwängern ging auch noch gerade an, schließlich konnte man die Frau doch mit barer Münze ruhig stellen, aber heiraten ...? Der alte Kaiser handelte schnell und eiskalt. Mit der offiziellen Begründung, diese Konsequenz würde »zur Heilung nervöser Zustände« notwendig sein, ließ er den Erzherzog kurzerhand in eine geschlossene Anstalt einliefern. Anfang 1902 resignierte Leopold Ferdinand angesichts seiner aussichtslosen Lage hinter vergitterten Fenstern, er ließ Franz Joseph mitteilen, dass er seine

Beziehung zu Fräulein Adamovics für immer gelöst habe, da ihm dies als der einzig gangbare Weg erschienen sei, »um wieder ein anständiger Mensch und ein braver Soldat zu werden«.[165] Daraufhin musste die Adamovics ihre Wiener Villa, die sie während der erzwungenen Abwesenheit ihres Liebhabers bewohnt hatte, verkaufen und außerdem versprechen, den Erzherzog nie mehr wieder zu treffen. Leopolds Vater, der Großherzog, bedachte sie schließlich mit einem Wertpapierpaket beträchtlichen Wertes.

»Eure Majestät! Ich bitte Eure Majestät meine Stellung und Rang als Erzherzog ablegen zu dürfen«

Am 31. März verfasste der reuige Prinz, der ganz offensichtlich seine Felle davonschwimmen sah, ein devotes Schreiben an den Kaiser, in dem er um die Erlaubnis bat, in die Armee zurückkehren zu dürfen. Franz Joseph aber blieb erwartungsgemäß hart und lehnte ab. So war es nicht zuletzt die Schuld des Kaisers, dass Leopold Ferdinand nunmehr endgültig bereit war, nach Jahren der Konflikte und Skandale die letzten Konsequenzen aus seinem Zerwürfnis mit dem Monarchen zu ziehen. Erneut nahm er intimen Kontakt mit dem Fräulein Adamovics auf, jetzt wollte er sie heiraten, jetzt erst recht. Natürlich wusste der Habsburger, dass diese Entscheidung bedeuten würde, dass er aus der kaiserlichen Familie ausscheiden müsste. Doch die Perspektive, dass Franz Joseph ihn verstoßen würde, schien ihn nicht mehr zu schrecken. Am 14. Dezember 1902 schrieb er an das Familienoberhaupt: »Eure Majestät! Ich bitte Eure Majestät meine Stellung und Rang als Erzherzog ablegen zu dürfen und den Namen Leopold Wölfling anzunehmen (sic!).«[166]

Mit diesen wenigen Sätzen trat Leopold Ferdinand die direkte Nachfolge seines Onkels Johann Salvator an, der 13 Jahre zuvor mit Pauken und Trompeten aus dem Kaiserhaus ausgeschieden war. Doch im Gegensatz zu diesem erklärte er sich nicht mit allem einverstanden, was der in diesen Dingen gnadenlose Kaiser ihm aufzutragen gewillt war. Erst als seine

Rechtsanwälte ihm versichert hatten, dass seitens des Monarchen seine finanziellen Ansprüche erfüllt würden, unterschrieb er das allerhöchste Handschreiben Franz Josephs vom 9. April 1903, das ihn von allen Privilegien seiner Herkunft dispensierte. Hinzuzufügen ist, dass der gefallene Prinz außerdem noch von seinem Vater finanziell unterstützt wurde. Warum sich der frisch gebackene Herr Wölfling jedoch nur einen Tag nach dieser denkwürdigen Unterschriftsleistung beim hartherzigen und stur seiner »Pflicht« nachkommenden Kaiser für die »Huld und Gnade« bedankte, die ihm von diesem angeblich seit jeher entgegengebracht wurde – dies noch dazu dem »Drang des Herzens« folgend –, ist einigermaßen rätselhaft.

Am 25. Juli 1903 nahm Leopold Wölfling Wilhelmine Adamovics zur Frau. Die beiden heirateten in der Schweiz und die kleine Alpenrepublik wurde auch ihr zukünftiges Zuhause, da der Großherzog für den Sohn und die unstandesgemäße Schwiegertochter ein luxuriöses Haus in Zug gekauft hatte. Zwei Jahre nach der Hochzeit nahm Wölfling die Schweizer Staatsbürgerschaft an. Die Ehe des ehemaligen Prinzen mit dem ehemaligen Freudenmädchen verlief alles andere als harmonisch, zu unterschiedlich waren die Interessen und Veranlagungen der beiden. Nach einem längeren Zerwürfnis wurde die Ehe am 1. Juli 1907 geschieden. Nur wenige Tage später heiratete Wölfling erneut – und wieder war seine Angebetete eine polizeibekannte Prostituierte namens Maria Magdalena Ritter. Dieses Milieu schien Wölfling, der sich in zahlreichen Zeitungsinterviews zu verteidigen versuchte, fasziniert zu haben. Vier Jahre später ging auch diese Beziehung in die Brüche. Nach der Trennung verschlug es Wölfling nach München. Ganz ähnlich wie der ebenfalls aus dem Kaiserhaus ausgetretene Ferdinand Burg, der jedoch eine sympathischere Erscheinung war, übermannte ihn während des Ersten Weltkrieges – 1914 war er 46 Jahre alt – das Gefühl, er müsse für die Monarchie in den Krieg ziehen. Als seine Mutter Alice dem alten Kaiser die Bitte ihres Sohnes überbrachte, soll dieser geantwortet haben: »Erwähne den Namen Leopold nicht mehr. Er ist, seit ich ihn verbannt habe, tot für mich und er wird es immer bleiben!«

Den Krieg verlebte Wölfling zumeist in der Schweiz. Nachdem seine Apanage jedoch in der Nachkriegszeit der Geldentwertung zum Opfer gefallen war, begann nun jener soziale Abstieg, von dem anfangs die Rede war. Zusammen mit einer um 24 Jahre jüngeren Frau, die er 1916 kennen gelernt, jedoch erst 1933 in Berlin geheiratet hatte, verbrachte er seine letzten Jahre. Seit 1925 verlangte er von der Republik Österreich eine Rente, wobei er sich nach einer ganzen Reihe erfolgloser Versuche sogar an den Bundespräsidenten wandte. Was für eine Ironie des Schicksals; da wendet sich eine ehemalige kaiserliche Hoheit, die

Erzherzogin Luise Antoinette, die nach der Scheidung von August von Sachsen und der Scheidung vom Lehrer Giron den Komponisten Toselli heiratete, mit ihrem ersten Gemahl

über Jahrzehnte in Saus und Braus gelebt hatte, ohne auch nur einen Finger krumm zu machen, an den republikanischen Nachfolger des »geheiligten, unverletzlichen und unverantwortlichen« Monarchen, der ihn verstoßen hatte, um eine Gnadenpension zu erwirken. Doch alle Mühe blieb vergebens, die Republik zahlte Herrn Leopold Wölfling keinen Groschen.

Exkurs: Die durchgebrannte Schwester[167]

1903, in jenem Jahr, in dem Leopold Ferdinand die Adamovics zum Altar führte, ließ sich seine äußerst temperamentvolle Schwester scheiden. Erzherzogin Luise Antoinette war die zweite Tochter des Großherzogs von Toskana und hatte 1891 den Kronprinzen von Sachsen geheiratet, den späteren König Friedrich August III. Von ihrem Schwiegervater wurde sie von Anfang an unfreundlich aufgenommen. »Es ist ein Unglück, dass du in unsere Familie gekommen bist«, erklärte der bigotte Sachse, »denn du wirst niemals eine der Unsrigen.«

Kurz vor Weihnachten 1902 verließ Luise Antoinette den Hof zu Dresden, um mit dem Belgier André Giron, dem Sprachlehrer ihrer fünf Kinder, in die Schweiz durchzubrennen. Der Skandal war perfekt. Karl Kraus zitierte in der »Fackel« aus einem Zeitungsausschnitt Folgendes: »Eine Frau ist über Bord, welche, obwohl künftige Königin, Gattin und Mutter von fünf Kindern, obwohl aus ältestem Herrscherblut entsprossen, dem Spiel ihrer natürlichen Triebe sich williger als den Forderungen des königlichen Stolzes hingab.« Nicht nur in Wien wurde damals gemutmaßt, ihr rebellischer Bruder, dem man offensichtlich alles zutraute, könnte sie zur Flucht angestiftet haben. Der wahre Grund ihrer Abreise lag freilich darin, dass der sächsische Hof, nachdem er von dem Verhältnis Luises mit Giron erfahren hatte, drohte, die Habsburgerin in ein Kloster, ein Krankenhaus oder eine Anstalt zu sperren.

Im Februar 1903 wurde die Scheidung ausgesprochen. Nach Wanderjahren in der Schweiz, in Italien und Frankreich heiratete Luise Antoinette 1907 einen um zwölf Jahre jüngeren Musiker namens Enrico Toselli, mit dem sie auch einen Sohn, Karl Emanuel Philipp, hatte. Leopold Wölfling, der treu zu seiner Schwester hielt, erklärte gegenüber Toselli einmal: »Der König von Sachsen ist ein --- Und Könige sind überhaupt nicht anders als gewöhnliche Menschen. Vielleicht gibt's einen guten unter hundert. Aber ich fürchte, auch noch hiermit zu übertreiben.«

Die Ehe mit dem Komponisten, dessen Serenade op. 6/1 noch heute populär ist, hielt jedoch nur fünf Jahre. Als Luise, der man den Titel einer Gräfin von Montignoso verliehen hatte, am 23. März 1947 in Brüssel starb, war sie völlig verarmt. Auch dieses Familienmitglied war unmittelbar nach dem Eklat für Franz Joseph gestorben, er hatte sie von allen Vorrechten und Privilegien einer Erzherzogin suspendiert. Die Flucht der

Kronprinzessin und ihr anschließendes Schicksal erregte Anfang des 20. Jahrhunderts solches Aufsehen, dass ein simples Couplet unter dem Titel »Luise und Giron« große Erfolge erzielen konnte. Gegeben hat es kein Geringerer als Karl Valentin.

Herr Ferdinand Burg und der Zauber eines gewissen Fräuleins Czuber[168]

»Ich bewahre eine Erinnerung an ihr dunkelblondes, seidenweiches ... Haar. ... Später hat sie einen österreichischen Erzherzog geheiratet, der ihretwegen seiner Würde entsagte. Aus mir hatte sie sich nicht das Geringste gemacht.«

Robert Musil

Erzherzog Ferdinand Karl, der spätere Ferdinand Burg, mit seiner Gattin Bertha, geborene Czuber

m November 1911 veröffentlichte die »Wiener Abendpost«
ein kurzes Kommuniqué, dessen brisanter Inhalt die Zeitungen auch jenseits der Grenzen der österreichisch-ungarischen
Monarchie noch lange Zeit beschäftigen sollte. Die allgemein
als sensationell befundene Nachricht besagte, dass nach Erzherzog Johann Salvator (Johann Orth) und Erzherzog Leopold Ferdinand (Leopold Wölfling) erneut ein habsburgischer
Prinz aus dem Erzhaus ausgeschieden war: »Wir sind in der
Lage mitzuteilen«, wurde besagtes Kommuniqué spröde eingeleitet, »dass seine k. u. k. Hoheit der durchlauchtigste Herr
Erzherzog Ferdinand Karl vor einiger Zeit im Auslande ohne
Allerhöchste Bewilligung eine Ehe eingegangen ist und dass
Seine k. u. k. Apostolische Majestät sohin höchstdessen Bitte,
auf den Titel und den Rang eines Erzherzogs sowie auf seine
Stellung in der Armee verzichten zu dürfen, zu genehmigen
geruht haben; der Verzichtende wird fortan den Namen Ferdinand Burg führen.«[169] Der »Verzichtende« war der jüngste
Bruder von Erzherzog-Thronfolger Franz Ferdinand und somit ebenfalls ein Neffe des Kaisers, der in diesem Fall einmal
mehr zu demonstrieren gewillt war, wie brutal er jenes groteske Hausgesetz aus dem Jahre 1839, von dem in der Ein-
führung berichtet wurde, in Anspruch nahm; kein Familienmitglied durfte ohne seine ausdrückliche Zustimmung eine
Ehe eingehen.
Nach dem jahrelangen Kampf Franz Ferdinands, endlich unter ohnehin demütigenden Umständen die »unstandesgemäße«
Gräfin Chotek ehelichen zu dürfen, begehrte in Liebes- und
Heiratssachen erneut ein Sohn des Erzherzogs Karl Ludwig
auf. Wie es der Zufall so wollte, lernte der am 27. Dezember
1868 geborene Ferdinand Karl auf dem Wiener Technikerball
ausgerechnet im Jahre 1902 ein gewisses Fräulein Bertha Czuber kennen und lieben, in jenem Jahr also, in dem Leopold
Ferdinand untertänigst bat, aus dem Kaiserhaus ausscheiden
zu dürfen. Aus dem intimen Kontakt zwischen dem Erzherzog und Bertha Czuber wären an sich noch keine Schwierigkeiten erwachsen, da ein »Gschpusi« keineswegs als »unstan-
desgemäß« galt und Probleme infolge einer Schwangerschaft –
wie gesagt – finanziell leicht aus dem Wege geräumt werden

konnten. Ferdinand Karl war jedoch ein Ehrenmann. Nachdem sich der Generalmajor, damals Mitte 30, in den Kopf gesetzt hatte, die Czuber zu heiraten, war er von diesem einmal gefassten Entschluss nicht mehr abzubringen, von niemandem, auch nicht von Franz Joseph. Bereits 1903 trat er den schweren Gang zum Kaiser an, um ihn um seine Erlaubnis zur Eheschließung zu ersuchen, und natürlich, der junge Prinz hätte es wissen müssen, lehnte der Onkel entsetzt ab.

Pikanterweise war Ferdinand Karl wenige Jahre zuvor beim Kaiser vorstellig geworden, um bei diesem mit großer Entschiedenheit gegen die Ehe seines Bruders Franz Ferdinand mit einer böhmischen Gräfin zu protestieren. Ebenso wie sein leichtlebiger Bruder Otto, der mehr Skandale zu verantworten hatte als jeder andere Erzherzog, forderte er klipp und klar, dass der älteste Bruder entweder auf diese Heirat oder aber auf den Thron verzichten müsse. Als Franz Joseph seinen Neffen Franz Ferdinand letztlich doch seine Einwilligung gab, nahmen Otto und Ferdinand Karl ebenso wie alle anderen Familienmitglieder auch an der Hochzeit nicht teil. Ist ein höheres Maß an Doppelmoral, Verlogenheit und Scheinheiligkeit eigentlich noch denkbar? Es ist verständlich, dass sich Franz Ferdinand, der mit seinen Brüdern ansonsten eigentlich ein recht harmonisches Verhältnis unterhielt, an die damalige Haltung Ferdinand Karls noch gut erinnern konnte und vor allem wollte, als der jüngere Bruder seine Wünsche bezüglich einer Verehelichung mit Bertha Czuber an den Kaiser herantrug. Wenn für ihn eine Gräfin aus uraltem böhmischen Adel nicht gut genug sei, wie verhalte es sich dann erst mit einer gemeinen Bürgerlichen, polterte der Thronfolger gegenüber seinem kaiserlichen Onkel, der diesem Argument auch nichts entgegensetzte. Später ließ Franz Ferdinand seinem Bruder, der oft über Monate nicht ausfindig zu machen war, da er sich mit seiner Geliebten der komplizierten Lage durch ausgedehnte Reisen zu entziehen suchte, jahrelang durch Polizei und Konsulatsbedienstete nachstellen. Dem klerikal gesinnten Thronfolger ging es vor allem gegen den Strich, dass die Czuber vor der Liaison mit Ferdinand Karl ein Verhältnis mit einem Diplomaten aus Übersee gehabt hatte.[170]

Was war das nun für eine Frau, für die ein privilegiertes Mitglied des Kaiserhauses alles aufzugeben bereit war, seine hohe Stellung, sein komfortables Einkommen und schließlich sogar seine Heimat? Wollen wir dem großen Schriftsteller Robert Musil, der sich eines Tages in einer Brünner Tanzschule in das Mädchen verliebt haben will, glauben, war Bertha Czuber sehr attraktiv. »Ich hatte mir anfangs Elsa (!)[171] von Czuber ausgesucht, um sie zu lieben«, schrieb er in sein Tagebuch. Und weiter: »Ich bewahre eine Erinnerung an ihr dunkelblondes, seidenweiches, langes und sehr schön gewachsenes und gebürstetes Haar ... Später hat sie einen österreichischen Erzherzog geheiratet, der ihretwegen seiner Würde entsagte. Aus mir hatte sie sich nicht das Geringste gemacht.«[172]

Bertha Czuber wurde am 5. Dezember 1879 in Prag geboren, sie war also 23 Jahre alt, als sie den damals 34-jährigen Erzherzog kennen lernte. Ihre Mutter war ebenso wie ihr Vater, der angesehene Wiener Mathematikprofessor Emanuel Czuber, gegen die Verbindung ihrer Tochter mit der hochgestellten Persönlichkeit. Doch die schweren Bedenken dieses im klassischen Sinne kaisertreuen Hofrates, der zudem um seinen eigenen Ruf fürchtete und jedes öffentliche Aufsehen vermeiden wollte, stießen bei dem ungleichen Liebespaar, das zwischen 1904 und 1909 des Öfteren Aufenthalt in diversen Schweizer Kurorten zu nehmen pflegte, auf taube Ohren. Als Bertha ihrem Vater jedoch eröffnete, dass sie und der Erzherzog fest entschlossen seien zu heiraten und dieser Entschluss unumstößlich sei, stellte sich der Professor schließlich als einer der Trauzeugen ein.

»Falls Eure Majestät auf diese ... inständige Bitte nicht allergnädigst eingehen würde, wäre ich ... gezwungen, ... unter irgendeinem Namen, z. B. Burg, weiterzuleben«

Gegen das ausdrückliche Versprechen, dass Ferdinand Karl sieben Jahre zuvor dem Kaiser gegeben hatte, nahm er am 25. August 1909 das Fräulein Czuber im schweizerischen Chur zur Frau. Franz Joseph verstand diese Heirat als Affront gegen seine eigene Person, denn einen solchen Schritt demonstrativen Ungehorsams hatte sich in seiner über 60-jährigen Regierungszeit noch kein Mitglied der Dynastie erlaubt. Doch zunächst ahnte der Monarch nichts, da diese Verbindung in aller Heimlichkeit geschlossen wurde und der Erzherzog zu feige war, seinen Onkel zu unterrichten. Es sollte zwei Jahre dauern, Jahre, in welchen der lungenkranke Ferdinand Karl mit beträchtlichen Gewissensbissen zu kämpfen hatte, bis er sich den Kaiser über seinen Wortbruch zu informieren getraute.

»Als ich dieses unglückselige Versprechen gab«, schrieb er am 30. Juni 1911 an Franz Joseph, »war ich allerdings durch die beständigen Aufregungen, verschiedene Umstände und das nicht sehr zarte Vorgehen der verschiedenen Organe dem geliebten Wesen gegenüber in einem geradezu unzurechnungsfähigen Zustande.«[173] Und als ob er die primitive Rechtsauffassung des greisen Familiendiktators nicht gekannt hätte, offerierte der verzweifelte Prinz untertänigst folgenden Ausweg: »Ein Ausweg, den ich finde, wäre der, dass Eure Majestät mir vor zwei Jahren die Bewilligung zu einer geheimen Heirat gaben und Allerhöchst sich jetzt bewogen fühlen, den Vollzug meiner Ehe bekannt zu geben ... Falls Eure Majestät auf diese meine inständige Bitte nicht allergnädigst eingehen würde«, fügte er hinzu, »wäre ich selbstverständlich wohl gezwungen, auf Titel etc. zu verzichten und unter irgendeinem Namen, z. B. Burg, weiterzuleben.«[174] Das bislang praktizierte Versteckspiel würde er nicht mehr länger ertragen können, fügte er hinzu, denn er sei ein kranker Mann. Beinahe flehentlich bat er den Kaiser, dieser möge das Geheimnis wahren, auch gegenüber seinem Bruder Franz Ferdinand.

Dem Kaiser war die ganze Angelegenheit peinlich und er unternahm alles in seiner Macht Stehende, um einen Skandal zu vermeiden. Klammheimlich wurde der Name des Erzherzogs aus allen amtlichen Jahrbüchern eliminiert. Auf eine öffentliche Stellungnahme wurde diesmal verzichtet. In einem kurzen Schreiben, das in Bad Ischl unterfertigt wurde, befahl der Kaiser Ferdinand Karl kühl, dass dieser in einer Eingabe um seinen Austritt aus dem Kaiserhaus zu ersuchen habe. Auf Titel und Rang eines Erzherzogs sowie auf seine Position in der Armee sei zu verzichten, die Annahme eines bürgerlichen Namens würde ihm gestattet werden. – Ferdinand Burg, sein Vater hatte diesen Namen als Reisepseudonym verwendet, war geboren. Seitens des Hofes wurde die brisante Causa so diskret behandelt, dass die Öffentlichkeit erst Monate später vom Ausscheiden dieses Prinzen aus dem Kaiserhaus Kenntnis erlangte.

Ferdinand Karl war ein Habsburger, der aus seiner Herkunft kein Gefühl der Auserwähltheit ableitete, was ihn speziell von Franz Joseph und Franz Ferdinand wohltuend unterschied. Die Herausforderung eines Intendanten des Burgtheaters schien ihm bereits als junger Mann reizvoller zu sein als die Stellung eines habsburgischen Prinzen, seine Liebe gehörte dem Theater, der Bühne. Neben der Literatur interessierte er sich aber auch für technische Fragen bzw. deren wissenschaftlichen Hintergrund und – wie könnte es bei dieser einschlägigen Erziehung und Sozialisation auch anders sein – für das Militär. Ferdinand Karl absolvierte sogar eine Generalstabsausbildung. Während andere Erzherzoge ihre meist atemberaubend schnellen militärischen Karrieren, die prinzipiell unabhängig von einschlägigen Verdiensten und Fähigkeiten verliefen, ihrer Stellung verdankten, verstand der Absolvent der k. u. k. Kriegsschule sein trauriges Handwerk wirklich. Im Jahre 1904 zwang ihn allerdings ein Lungenleiden, welches er und Franz Ferdinand von ihrer Mutter Maria Annunziata geerbt hatten, aus der Armee auszuscheiden. Nachdem er jedoch ein jährliches Einkommen von 231000 Kronen hatte, konnte er sich seine Reisen und Kuraufenthalte problemlos leisten und auch nach seinem Rauswurf aus dem Kaiserhaus bewilligte ihm Franz Joseph eine jährliche Zuwendung von 44000 Kronen, womit er über eine stattliche Summe frei verfügen konnte.

Noch im Jahre 1911 verließen Herr und Frau Burg den Boden der Donaumonarchie. Nach einem mehrjährigen Aufenthalt in der Schweiz, wo der gefallene Prinz seine schwere Krankheit auszuheilen versuchte, übersiedelte das Paar, dessen Beziehung bis zum Ende überaus harmonisch verlaufen sein soll, kurz vor dem Ausbruch des Ersten Weltkrieges nach München. Hier war Ferdinand Burg eine kurze Phase bürgerlichen

Glücks gegönnt. Nur ein einziges Mal durfte er noch öster-
reichisches Hoheitsgebiet betreten. Anlässlich der Beerdigung
seines am 28. Juni 1914 in Sarajevo ermordeten Bruders Franz
Ferdinand erlaubte Franz Joseph dem verstoßenen Neffen die
Einreise; der ihm gemäße Platz im feierlichen Trauerzug war
ganz weit hinten im Frauengefolge. Doch zu dieser Stunde
war er bereits selbst vom nahen Tode gezeichnet. Am 10. März
1915 sollte das tückische Lungenleiden den noch nicht einmal
50-jährigen Ferdinand Burg besiegen.
1979, in jenem Jahr, in dem der sozialdemokratische Langzeit-
Bundeskanzler Bruno Kreisky – der als Kind noch das Begräbnis des alten Kaisers erlebt hatte und dem es beschieden
war, Republik und Partei mit den Habsburgern auszusöhnen –
seinen größten Wahltriumph feiern konnte, starb Bertha Burg,
das vormalige Fräulein Czuber, als hoch angesehene Bürgerin
von Meran. Sie hatte ihren Gatten um mehr als vier Dezennien
überlebt und war beinahe 100 Jahre alt geworden. Das Paar
hatte sich mutig und couragiert über ein lächerliches Hausgesetz, über den unerbittlichen, unnachgiebigen Kaiser und andere Hindernisse hinweggesetzt. Mit Bertha Burg starb eine
aufopferungsbereite und gebildete Frau, mit ihrem früh verschiedenen Gatten Ferdinand Burg eine der wenigen sympathischen *und* begabten Mitglieder des Hauses Habsburg-
Lothringen.

Erzherzog Ludwig Viktor:
der homosexuelle Transvestit
im Gewande des Prinzen

»Man müsst' ihm als Adjutanten eine Ballerina
geben, dann könnt' nix passieren!«

*Kaiser Franz Joseph über seinen Bruder
Ludwig Viktor*

*Erzherzog Ludwig Viktor,
genannt »Luzivuzi«, als Dame*

Die 37-jährige Erzherzogin Sophie schenkte am 15. Mai 1842 in Wien erneut einem Sohn das Leben. Er wurde auf den Namen Ludwig Viktor getauft, jedoch im engeren Kreis der Familie »Bubi«, »Hetzi« oder »Luzivuzi« gerufen.

Über die zahlreichen Fehlgeburten der aus dem Hause Wittelsbach stammenden Erzherzogin herrscht keine einhellige Auffassung. Es ist jedoch möglich, dass sie bis zur Geburt von »Luzivuzi« elfmal schwanger war. Die Schwägerin von Kaiser Ferdinand I. hatte fünf Kinder geboren, darunter war eine Totgeburt. Ein Kind starb, von der Mutter tief betrauert, mit vier Jahren an Epilepsie, jener schrecklichen Krankheit, an welcher auch gleich drei Kinder von Kaiser Franz I. litten. Sechs Schwangerschaften Sophies endeten mit einer so genannten »fausse couche«, also einer Fehlgeburt. Ebenso wie die anderen Söhne hatte Ludwig Viktor eine äußerst enge Bindung an die matriarchalische Sophie[175], die in dieser Familie tatsächlich »die Hosen« anhatte. Ihr beschränkter Gatte Erzherzog Franz Karl war neben ihr nur Staffage und hatte auf die sorgfältig geplante, überaus strenge Erziehung der Kinder keinen Einfluss. Trotz dieses wirklich engen Verhältnisses sparte Sophie zu keinem Zeitpunkt mit Kritik gerade an ihrem jüngsten Sohn, der sich früh als störrisch und träge erwies. »Er macht den Eindruck eines dicken, kleinen Bauernbuben«, ereiferte sie sich einmal, »und wenn der Hofpfarrer nach Aufbietung seiner ganzen Geduld glaubt, ihm etwas begreiflich gemacht zu haben, da sagt er ein einziges Wort, aus dem erhellt, dass er aber schon gar nichts verstanden hat.« Waren diese von der Mutter beklagten Eigenschaften das Erbe des beschränkten Vaters? Dem Polizeiminister Fichtenstamm gegenüber äußerte Fürst Liechtenstein einmal, dass der junge Prinz seinem Obersthofmeister »seiner Falschheit wegen« im Innersten zuwider sei.[176]

Zwei Wochen nachdem »Franzi«, »Bubis« ältester Bruder, als Kaiser Franz Joseph I. den Thron der Donaumonarchie bestiegen hatte, am 16. Dezember 1848, traf in Olmütz, wohin die Familie vor den Revolutionswirren in Wien flüchten musste, die Nachricht ein, dass Fürst Windischgraetz in das aufständische Ungarn einmarschiert war. Ludwig Viktor, der sich nach Auskunft Sophies vor der feierlichen Krönung gegenüber dem Bruder oft »sehr heftig und naseweis« verhalten hatte, war nun von Franz Joseph begeistert. Die Mutter der Brüder notierte: »Ich erzählte Bubi über die Größe seines Bruders. Er wollte es anfangs nicht glauben!«[177]

Angesichts der guten Nachrichten aus Ungarn zeigte Franz Joseph, der bereits als 18-Jähriger ein Meister der Selbstbeherrschung war, einen sympathischen Zug jugendlichen Übermutes. »Luzivuzi«, der damals sechs Jahre alt war, hatte beim ausgelassenen Ballspiel mit seinen Brüdern eine wunderschön gearbeitete Glastüre des erzbischöflichen Palais beschädigt und dieser einen Sprung beigebracht. Die verängstigten Prinzen befürchteten daraufhin eine harte Bestrafung und ersuchten ihren ältesten Bruder Franz Joseph, der doch jetzt immerhin Kaiser war, um Hilfe. Der, noch immer mehr gehorsamer Sohn seiner Mutter als Oberhaupt des »Erzhauses«, pilgerte daraufhin zu Sophie und bat um die ungewöhnliche Erlaubnis, die Türe nun gleich ganz einschlagen zu dürfen. Die Kaiserinmutter, so lautete nun ihr offizieller Titel, gab in einem Anflug von unerwarteter Nachsicht ihre Einwilligung und die Brüder zertrümmerten die bischöfliche Tür mit einer für habsburgische Prinzen geradezu anarchischen Zerstörungswut, die Scherben klirrten nur so. »Seine Majestät genoss dies in vollen Zügen«, bemerkte Sophie in ihrem Tagebuch.[178] Ob hingegen der Fürsterzbischof von Olmütz von dieser Tat so nachdrücklich begeistert war, ist nicht überliefert. Noch viel weniger begeistert wäre der Kirchenfürst freilich gewesen, wenn er vorausgesehen hätte, dass einer der Übeltäter, Erzherzog Ludwig Viktor – mittlerweile zum homosexuellen Transvestiten »gewandet« – von seinem empörten Bruder Franz Joseph Jahrzehnte später in die Verbannung auf Schloss Kleßheim bei Salzburg geschickt werden würde.

Im Sommer 1852 hatte sich der 10-jährige »Bubi« am Bein verletzt und musste zwei Wochen lang das Bett hüten. Etwas später wurde er zur Erholung ans Meer geschickt, worauf die gottesfürchtige Mutter vor dem Absamer Gnadenbild der Muttergottes für die Genesung des Kindes dankte: »Ich kann Gott nicht genug danken, dass er mir das geliebte Kind in diesem so befriedigenden Gesundheitszustande wieder gegeben hat. Er ist rührend glücklich, wieder mitten unter uns zu sein, denn sein liebendes Gemüt entbehrte uns alle schwer, zumal mich, da er mit der rührenden Liebe an mir hängt.«[179] In den überaus amüsanten »Sibyllinischen Büchern aus Österreich« kritisierte der Verfasser Karl Möhring, dessen im Ausland publiziertes Werk auf den Index der verbotenen Bücher gesetzt wurde, die Erziehungsmethoden der Prinzen, die, so der Autor, nur Duckmäuser und Neurotiker hervorbringen könne.[180] Der Psychoanalytiker Ringel kam zu ähnlichen Schlussfolgerungen.

»... die Welt von diesen Scheusalen durch Kastration oder Internierung in einem Narrenhause zu befreien«

Homosexualität war ein Begriff, der um die Jahrhundertwende noch wenig bekannt war. Wenn schon davon gesprochen werden musste, bediente man sich der Bezeichnung »Päderasterie«. Obgleich Homosexualität zu allen Zeiten und in allen Gesellschaftsschichten weit verbreitet war, handelte es sich um ein Tabu. Wurden Prominente dieser »unnatürlichen Neigung« verdächtigt oder gar überführt, war der Skandal vorprogrammiert, es sei nur an den skandalisierten Fall des deutschen Fürsten Philipp Eulenburg erinnert, der wegen des Verdachtes der Homosexualität verhaftet wurde. Der Fürst war ein besonders enger Freund von Kaiser Wilhelm, die beiden bezeichneten einander in ihren Briefen als »Liebchen« und »alte Philine«. In seinem Buch über die »Berühmten Päderasten der Geschichte« zählte der Wiener Mediziner Magnus Hirschfeld u. a. mehrere Kaiser des römischen Imperiums, sieben Päpste und drei russische Zaren auf. Ferner nannte er drei englische Könige sowie den Prinzen Eugen, der in Frankreich als »Madame Simon« bespöttelt wurde. Er »incommodiere« nicht mit Damen, soll der »edle Ritter« einmal bemerkt haben, »ein paar schöne Pagen wären besser meine Sache«. Auch Marie Antoinette soll eine praktizierende Lesbierin gewesen sein.[181] Diese Neigung ihrer Schwester soll Erzherzogin Marie Christine geteilt haben, die mit großer Wahrscheinlichkeit ein Verhältnis mit ihrer eigenen Schwägerin Isabella hatte, der Gattin von Kaiser Joseph II. »Allerliebster, allerschätzbarster Schatz ...«, hieß es da etwa, »ich küsse dein ertzenglisches Arscherl!« Die Damen gaben sich auch die briefliche Zusicherung, dass sie einander bei der allerhöchsten Inanspruchnahme des gegenseitig geschenkten Nachttopfes gedenken würden.[182]

Ziemlich genau ein Jahr vor dem Ausbruch des Ersten Weltkriegs, im Frühjahr 1913, erschütterte eine Spionageaffäre die österreichisch-ungarische Monarchie. Der Wiener Jude Stefan Zweig, der den nahenden Weltenbrand allerdings nicht erahnte, gestand, dass er damals »das Grauen an der Kehle gespürt« habe.

Alfred Redl, der Oberst im Generalstab und Leiter des k. u. k. Kundschaftsdienstes, wurde überführt, ganze 12 Jahre hindurch brisante militärische Geheimdokumente, darunter die Aufmarschpläne der Armee, u. a. an das zaristische Russland verkauft zu haben.[183] Es war Egon Erwin Kisch, der »rasende Reporter«, der die Spionagetätigkeit Redls schließlich enthüllte.[184] Der geschockte Chef des Generalstabes, Franz Graf Conrad von Hötzendorf, hatte damals die Parole ausgegeben, dass die schockierende Causa vor der Öffentlichkeit geheim zu halten sei, sogar dem Kaiser und dem Erzherzog-Thronfolger Franz Ferdinand, einem eifrigen Förderer Hötzendorfs, wurden ganz bewusst falsche Informationen übermittelt. Über die Reaktion des 83-jährigen Monarchen auf den schmählichen Verrat schrieb dessen Flügeladjutant Margutti, der zufällig auch ein Klassenkamerad Redls war: »Der alte Kaiser war entsetzt, als er die Verhaftung Redls mit ihren näheren Umständen erfuhr. Er konnte absolut nicht glauben, dass etwas Ähnliches in seinem Heere möglich wäre ... Dies war einer der grausamsten Schicksalsschläge für Franz Joseph, zuerst tobte er, dann war er wochenlang untröstlich darüber.«

Im Laufe der Ermittlungen hatte sich herausgestellt, dass Redl homosexuell war und Kontakte zu mehreren Geliebten unterhielt, die der Offizier aus einfachen Verhältnissen großzügig zu bezahlen pflegte. Wenn dieser Umstand ruchbar geworden wäre, hätte man Redl zum Ausscheiden aus der k. u. k. Armee gezwungen, da »die Unzucht mit Personen desselben Geschlechts« als Verbrechen galt, das mit einer Kerkerstrafe von bis zu fünf Jahren bestraft werden konnte. Homosexuelle zählten in der »guten alten Zeit« nicht zu vollwertigen Mitgliedern der Gesellschaft. Während Sigmund Freud mit seinem Bekenntnis »Homosexuelle Menschen gehören nicht vor den Gerichtshof« noch ziemlich alleine dastand, fügte sich die Empfehlung eines hoch angesehenen Professors namens Ernst Bischoff aus dem Jahre 1912, wonach »die Welt von diesen Scheusalen durch Kastration oder Internierung in einem Narrenhause zu befreien« sei, schon eher dem Mainstream jener Zeit.

Die sichere Perspektive gesellschaftlicher Ächtung machte einen homosexuellen Generalstabsoffizier für ausländische Geheimdienste natürlich in höchstem Maße erpressbar und Redls Lebenswandel blieb den russischen Spionen nicht lange verborgen. Als im Mai 1913 kein Zweifel mehr bestand, dass der in alle militärischen Geheimnisse eingeweihte Chef der Spionageabwehr Landesverrat begangen hatte, wurde er von Hötzendorf zum Selbstmord gezwungen. Seine letzten Worte waren: »Ich bin das Opfer meiner unseligen Leidenschaft; ich weiß, dass ich mein Leben verwirkt habe, und bitte um eine Waffe, um mein Dasein beschließen zu können.« Und nochmals, mit stockender Stimme: »Ich bitte – gehorsamst – um einen – Revolver.«

Franz Ferdinand billigte im Gegensatz zum Kaiser – aus religiösen Gründen – den Suizid Redls nicht. »Wenn der Mensch zehnmal ein Schweinehund gewesen ist«, ereiferte sich der Thronfolger, »es ist eine unchristliche Barbarei, eine Schmach, dass man Redl den Selbstmord befohlen hat«.[185] Im September dieses letzten Friedensjahres richtete der verärgerte Thronfolger während eines Manövers an Hötzendorf, dem die Kritik galt, die Frage, warum er am Vormittag nicht in der Kirche gewesen sei. Als der 61-jährige Generalstabschef sich auf seine dienstlichen Pflichten berief, wurde er vom Erzherzog, welcher wenig dezent auf den erzwungenen Selbstmord Redls anspielte, mit den Worten belehrt: »Ihre religiösen Anschauungen kenne ich ja, aber wenn ich in die Kirche gehe, haben Sie auch zu gehen.« Noch im selben Jahr ernannte der alte Kaiser seinen Neffen Franz Ferdinand zum »Generalinspektor der gesamten bewaffneten Macht«.

Dieser Entschluss, der die Leitung des Heeres und der Flotte offiziell in den Verantwortungsbereich des Thronfolgers übertrug, dürfte Franz Joseph nach all dem, was passiert war, nicht allzu schwer gefallen sein. »Das ist also die neue Zeit?«, bemerkte er nach der Redl-Affäre. »Und das die Kreaturen, die sie hervorbringt? In unseren alten Tagen wäre so etwas nicht einmal denkbar gewesen!«

Er war »schwächlich, unmännlich, geziert und von garstigem Äußeren«

Die homosexuellen Neigungen des Erzherzogs Ludwig Viktor, zahlreiche Skandale, die er gegenüber der gestrengen Mutter in mehreren Briefen aus dem Jahre 1862 heftig abzustreiten wusste, Tratschgeschichten und sein prätentiöses Auftreten in der Öffentlichkeit machten den unverheirateten Hobbysammler zu einer äußerst umstrittenen Figur. Kaiserin Elisabeth, die ihren Schwager nicht ausstehen konnte, beschuldigte ihn, durch verschiedene Zwischenträger bewusst Zwietracht in der Familie zu säen. Gegenüber ihrer Hofdame Marie Festetics verbarg sie ihren Ärger über den Kaiserbruder nicht: »Erzherzog Ludwig hat mir, um mich zu ärgern, getreu alles wieder erzählt, was die Leute über mich lügen. Natürlich hasst er mich und will mich damit treffen. Jetzt sehe ich ihn nicht mehr allein und empfange ihn nicht. Er hat so viel getratscht und gelogen, dass er mir wirklich mein Leben verdorben hat. Über jeden schimpft er und auch über mich. Er sagt hässliche Sachen und erzählt dann, ich hätte sie gesagt. Jetzt sehe ich ihn nicht mehr und lebe in Ruhe.«[186] Bei anderer Gelegenheit sagte sie: »Ich wundere mich, dass der Erzherzog nicht sofort begonnen hat, Sie zu erziehen, weil er jeden Menschen erziehen will, nur sich selbst nicht.«[187] Fürstin Nora Fugger nannte »Bubis« Zunge »scharf wie die einer Giftschlange«. Und weiter, gleichsam als Charakterbild des Prinzen: »Erzherzog Ludwig Viktor, der jüngste der Brüder, war eine sehr eigentümliche Persönlichkeit. Er war grundverschieden von seinen Brüdern, war weder militärisch noch kunstverständig, schwächlich, unmännlich, geziert und von garstigem Äußeren. Er führte ein sehr weltliches Leben, war über alles – nicht immer richtig – unterrichtet ... In alles mischte er sich ein, spann darauf Intrigen und freute sich, wenn kleine Skandälchen daraus wurden. Man hatte allen Grund, seine Indiskretionen und Tratschereien zu fürchten. Doch er war der Bruder des Kaisers. Und so ließ man sich alles gefallen. Eine gute Seite hatte er aber doch: er war der Freund seiner Freunde – mehr als seiner Freundinnen –, er verteidigte sie, wenn sie von der Welt angegriffen wurden, und bewies ihnen allerlei Amabilitäten.«[188]

An Politik war »Luzivuzi« nicht interessiert, worin er nach seinem Vater geriet. Der kinderlose Erzherzog Maximilian hatte eines Tages erwogen, den jüngeren Bruder zu seinem Nachfolger als »Kaiser von Mexiko« einzusetzen und mit der Erbin des brasilianischen Kaiserreiches, der Tochter Kaiser Pedros, zu verehelichen. Hinter vorgehaltener Hand wurde getuschelt, dass die Tochter ihrer Mutter sehr ähneln würde, und jene wäre »abstoßend hässlich«. Durch diese Verbindung wären nach Maximilians dynastischem Kalkül, welches ganz offensichtlich von romantischen Träumen gesättigt war, nicht nur die beiden riesigen Länder Mexiko und Brasilien in habsburgischer Hand geeint gewesen, auch der monarchische Gedanke hätte in Südamerika an Bedeutung gewonnen. Doch Ludwig Viktor hielt nichts von diesen imperialen Visionen und ließ dem ehrgeizigen Maximilian ausrichten, er würde ganz gewiss nicht zur Verfügung stehen. Nur ein förmlicher Befehl des Kaisers könnte ihn umstimmen – und selbst dann würde er sich »als Märtyrer« fühlen. Eine Heirat wäre für diesen Erzherzog wohl nur als Alibi infrage gekommen, ob er sich jemals wirklich für Frauen zu interessieren wusste, kann nicht mit Sicherheit gesagt werden. Im März 1866 war er allerdings in der Absicht nach Possenhofen gereist, um Sophie, eine Schwester der Kaiserin Elisabeth, zu freien, doch aus diesem Plan, der erneut Cousin und Cousine zusammengeführt hätte, wurde ebenfalls nichts. Der Habsburger und die Wittelsbacherin waren einander vom ersten Augenblick an unsympathisch. Elisabeth bedauerte dies damals noch: »Er ist wirklich ein guter Mensch«, meinte sie über ihren Schwager, den sie später verabscheuen sollte, »vielleicht kann noch einmal etwas daraus werden«.[189]

Als am 9. Mai 1873, dem Jahr der in Wien abgehaltenen Weltausstellung, in der Reichshauptstadt die Börsenkurse dramatisch fielen, wurde klar, dass »Luzivuzi« an die 200 000 Gulden verspekuliert hatte. Angesichts wesentlich kleinerer Beträge nahmen sich in diesen Tagen andere Geschäftemacher das Leben. Die Reichen erhängten sich in ihren Palais, die Armen gingen in die Donau. Kaiserliche Hoheit freilich war mit anderen Dingen beschäftigt. Ein leidenschaftliches Verhältnis des Habsburgers mit einem gemeinen Fiaker beispielsweise blieb nicht verborgen. Ein anderes Mal soll er seinem Kutscher mitten auf der Prateralle befohlen haben, sofort anzuhalten, da er auf dem Weg einen jungen Mann gesehen hatte, der ihm spontan gefiel. Er sprang aus der Kutsche und unterbreitete dem völlig Überraschten ein eindeutiges Angebot, worauf er von diesem jungen Mann, der nicht wusste, wen er vor sich hatte, ein paar Ohrfeigen bekam. Aber die wohl bekannteste Geschichte rund um den skandalumwitterten Prinzen spielte sich in einem öffentlichen Bad ab, das »Bubi« zweimal wöchentlich zusammen mit seinem Adjutanten besuchte, da sein Palais am Wiener Schwarzenbergplatz kein eigenes Schwimmbad aufwies. In derartigen Bädern war es durchaus üblich, dass schwule Masseure und Badediener ihren Körper verkauften, wobei speziell Angehörige der Armee zu den guten Kunden zählten. Ludwig Viktor hatte wieder einmal einen stürmischen Annäherungsversuch gemacht, worauf er während des einsetzenden Handgemenges schallend geohrfeigt wurde und die Flucht ergreifen musste. Dieser Skandal war nun nicht mehr zu vertuschen. Ganz Wien empörte sich darüber. Franz Joseph verbannte den Bruder nach Kleßheim bei Salzburg, wo der Erzherzog ein von der Mutter geerbtes Schloss besaß.[190]

Aufschlussreich ist hier eine Passage aus den Erinnerungen des Generals Edmund Glaise von Horstenau, der in der Periode des Austrofaschismus das Amt des Innenministers bekleidete und nach dem Einmarsch der Nationalsozialisten für kurze Zeit Vizekanzler war: »Im Schloss Kleßheim herrschte seit eh und je, wenn der Erzherzog Residenz hielt, reges gesellschaftliches Leben, an dem auch die Offiziere meines Regiments in den ersten zwei Jahren der Salzburger Zeit noch Anteil hatten. Die erste Offiziersversammlung, die ich beim Regiment mitmachte, bot eine seltsame Überraschung. Der Oberst verkündete, Einladungen nach Kleßheim seien in Hinkunft unter dem Vorwand einer Übung oder dergleichen abzulehnen. Damit bestätigte sich, was man längst geflüstert hatte: des Kaisers Bruder huldigte seit einiger Zeit unnatürlichen Neigungen. Es war sogar in Bädern schon zu unangenehmen Zwischenfällen gekommen. Auch in Kleßheim gab es ein Schwimmbad, in das junge Offiziere zur Erfrischung nach dem Tennisspiel eingeladen wurden. Sie fanden in den Kabinen keine Schwimmhosen vor und mussten sich dem gleichfalls badenden Hausherrn so zeigen, wie sie der liebe Gott erschaffen hatte ...«[191]

Hier in Salzburg zeigte sich »Luzivuzi« als Liebhaber von Frauenkleidern und der schönen Künste, außerdem erhielt er angeblich einen Adjutanten beigestellt, der seine Neigungen teilte. »Man müsst' ihm als Adjutanten eine Ballerina geben«, hatte Franz Joseph schon früher gefeixt, »dann könnt' nix passieren!«

1915, vier Jahre vor seinem Tod, wurde über Erzherzog Ludwig Viktor wegen einer Geisteskrankheit die Kuratel verhängt.

Erzherzog Otto: der Wüstling von seines Standes Gnaden

»Als Otto starb, erging sich die Presse in unbändigen Lobpreisungen auf einen Erzherzog, von dem jeder wusste, dass er ein Wüstling gewesen war«

William M. Johnston[192]

Erzherzog Otto, eines von Habsburgs schwärzesten Schafen, mit seinem Sohn Karl, dem späteren letzten Kaiser

Otto Franz Joseph wurde am 21. April 1865 als zweiter Sohn von Erzherzog Karl Ludwig und Maria Annunziata von Bourbon-Sizilien in Graz geboren. Der Vater von »Bolla«, wie er in der Familie gerufen wurde, war ein um drei Jahre jüngerer Bruder des Kaisers Franz Joseph. Wie zahlreiche andere habsburgische Prinzen war dieser Erzherzog geistig absolut unbedeutend, er wird als bieder, naiv und harmlos beschrieben, als »erzkonservativ und ekelhaft«. Seine Leidenschaft galt dem Angeln, er sammelte Briefmarken und frönte so wie alle Habsburger der Jagd. Und wenngleich er als Förderer der Künste und der Wissenschaft galt (»Ausstellungs-Erzherzog«), dürfte er von diesen Dingen nicht viel verstanden haben. Von seiner Mutter Sophie, welcher der willensschwache Karl Ludwig stets ohne Widerrede gehorchte, hatte er eine an Bigotterie gemahnende Frömmigkeit mitbekommen. Seine stumpfsinnige Katholizität drückte sich in späteren Jahren beispielsweise darin aus, dass er den vom Straßenrand her respektvoll grüßenden Bürgern allen Ernstes den Segen spendete. Anlässlich einer Reise ins »Heilige Land« trank Karl Ludwig verseuchtes Wasser aus dem Jordan und starb kurz nach seiner Rückkehr in die Heimat an einer Infektion.

»Schwach im Talente, erzkonservativ und ekelhaft ...« — Erzherzog Karl Ludwig, der Vater

Vier Jahre nach dem Tod seiner ersten Gemahlin, die mit nur 18 Jahren verstorben war, suchte Erzherzogin Sophie neuerlich eine Braut für ihren gutmütigen Sohn Karl Ludwig. Doch sie hatte nicht gut gewählt, da die ständig hüstelnde Maria Annunziata an Lungentuberkulose litt, eine Krankheit, an der sie nach neunjähriger Ehe im Frühjahr 1871 verstarb. Als ernste Anzeichen der Krankheit auftraten, hatte die Kaiserinmutter das junge Paar, das füreinander dem Einvernehmen nach überhaupt nichts empfand, ins Kronland Görz geschickt, etwas später dann nach Graz. In der Zwischenzeit erfüllte die in einer durch und durch spießbürgerlichen Umgebung gefangene Erzherzogin ihre Pflicht und schenkte vier Kindern das Leben. Peinlich wurde darauf Bedacht genommen, dass die drei Söhne Franz Ferdinand (*1863), Otto (*1865) und Ferdinand Karl (*1868) keinen Kontakt zur lungenkranken Mutter hatten, sie durften sie nicht umarmen und kaum mit ihr sprechen. Ihr früher Tod, vor dem sie noch von einem Mädchen entbunden worden war, das den Namen Margareta Sophia erhielt, schmerzte den Gatten nur mäßig.

Als sich Erzherzogin Sophie anschickte, auch die nächste Gattin für ihren indolenten Sprössling – von dem sie gegenüber ihrem Beichtvater Columbus richtigerweise einmal sagte, er wäre »schwach im Talente« und würde »niemals interessant« werden – auszusuchen, nahm dieser abermals keinen Anstoß daran und fügte sich ihrem Wunsch. Die Wahl fiel auf die portugiesische Infantin Maria Theresia, die den Kindern ihres Gatten, insbesondere aber dem schwierigen Franz Ferdinand, eine gute Stiefmutter wurde. Der Kaiser mochte dieses Familienmitglied besonders gerne, weshalb nach dem Tod der Kaiserin Elisabeth im Jahre 1898 seitens des Hofes Versuche unternommen wurden, Franz Joseph zu einer Heirat mit der verwitweten Schwägerin zu bewegen. Franz Joseph war von dieser Variante nicht angetan, Katharina Schratt, seine »liebe, gute Freundin«, wohl auch nicht.

Otto, der ebenso wie sein älterer Bruder Franz Ferdinand ein schwächliches und kränkelndes Kind war, das die Ärzte beinahe nicht durchzubringen geglaubt hatten, war der erklärte Liebling des Vaters, weshalb der ohnehin zur Eifersucht neigende Franz Ferdinand sich ständig zurückgesetzt fühlte. Otto war der bessere Reiter und der begabtere Fechter. Auch die Erzieher der Brüder bevorzugten den Jüngeren, obwohl dieser ohne Unterlass Ärger machte, was auf die Persönlichkeitsbildung der Prinzen nachhaltigen Einfluss ausübte. »Otto war ein regelrechter Ausbund (und) lernte seine Lektionen grundsätzlich nicht. Er spielte seinen Lehrern so manchen Streich und war unaufhörlich auf Unfug aus.«[193] Franz Ferdinand bekam sein übersteigertes dynastisches Sendungsbewusstsein ausgerechnet von einem ostfriesischen Lehrer namens Onno Klopp eingetrichtert, der die Prinzen auch dazu bringen wollte, ein frommes und gottgefälliges Leben zu führen, ein Unterfangen, das bei Otto auf taube Ohren stieß.[194] Wie jeder Habsburger musste auch er ein Handwerk erlernen, worauf er sich für den Beruf des Drechslers entschied. Der handwerklich nicht unbegabte Prinz tischlerte, betätigte sich als Zimmermann und fällte zusammen mit seinem Kammerdiener eigenhändig so manchen Baum. In der Nähe von Schloss Schönau beschäftigte er sich zudem mit dem Weinbau sowie der Kelterung. Und der Wein war es auch, der sich bei den von Otto verursachten Skandalen als treuer Kamerad des umtriebigen Erzherzogs erweisen sollte.

Der Wein und die Weiber

Ottos skandalträchtiger Lebenswandel verlief teilweise parallel zu seiner militärischen Karriere. 1885 wurde er als junger Offizier zum 8. Ulanenregiment nach Klagenfurt befohlen, wo sich der zunächst als eher schüchtern und menschenscheu beschriebene Prinz mit dem Oberleutnant Freiherr von Abele, »der ein den Wein und die Weiber abwechslungsweise liebender schneidiger Kavallerieoffizier war«, anfreundete.[195] Ottos Vater, Karl Ludwig, war ein guter Freund von Prinz Georg, dem späteren König von Sachsen, und schon vor etlichen Jahren hatten die beiden vereinbart, dass der erstgeborene Sohn, Franz Ferdinand, Georgs Tochter, die sächsische Prinzessin Maria Josepha, einmal zur Frau nehmen sollte. Aber Franz Ferdinand war enttäuscht von der Brautschau zurückgekehrt und machte seinem Vater ohne Umschweife deutlich, dass ihm Maria Josepha, ein »großes, blondes deutsches Mädchen mit nur wenig Reizen und von beinahe ungeschlachten Bewegungen«[196], nicht gefalle und er nicht im Traum an eine Heirat denke. Da Karl Ludwig die Sturheit und Beharrlichkeit seines ältesten Sohnes kannte, versuchte er gar nicht erst ihn umzustimmen. Bei Otto, der für den Bruder »einspringen« musste, hatte der Vater hingegen leichtes Spiel. Zur Genugtuung Karl Ludwigs und wohl auch des Kaisers willigte er in die Heirat ein. Otto reiste in die sächsische Hauptstadt Dresden, ehelichte dieses bigotte Mädchen, für das er nichts empfand, und kehrte wenige Monate später mit ihr nach Klagenfurt zurück. Das Paar bezog ein Haus in einer vergleichsweise wenig romantischen Umgebung, denn gleich gegenüber befand sich ein Friedhof. Fast jeden Tag bewegte sich unter ihrem Fenster ein Leichenzug vorbei.

»Bollas« Bruder Franz Ferdinand hatte die Lungenkrankheit der Mutter geerbt. Ständig hüstelte er, litt an leichtem Fieber und konnte meist nur schlecht schlafen. Zum Zwecke der Erholung konnte er beim Kaiser die bereits im Kapitel über Leopold Wölfling erwähnte Weltreise von 1892/93 durchsetzen, von der sich die behandelnden Ärzte eine nachhaltige Besserung seines Leidens erwarteten. Einen Tag vor der Abreise feierte man – wenngleich etwas verfrüht – Franz Ferdinands 29. Geburtstag. Otto hielt eine amüsante Abschiedsrede und unterhielt die Gäste mit seinen Scherzen vorzüglich. Den Quellen zufolge war das Verhältnis der Brüder im Grunde ausgezeichnet, nur Ottos Opposition gegen die Eheschließung Franz Ferdinands im Jahre 1900 hatte die Beziehung kurzfristig einer Belastung ausgesetzt. Nach der Rückkehr des Thronfolgers stellte sich heraus, dass sich sein Lungenleiden auch während der langen Seereise nicht wesentlich gebessert hatte. Dass in dieser Zeit der um vieles beliebtere Otto ernsthaft als möglicher neuer Thronfolger gehandelt wurde, nahm Franz Ferdinand dem Bruder nicht übel.[197] Jedenfalls rückte der »schöne Erzherzog« – die Nummer 3 in der Thronfolge – mehr und mehr in die Arena der politischen Öffentlichkeit.

Für die religiösen Übungen seiner Frau konnte sich »Bolla« von Anfang an überhaupt nicht begeistern, er zechte lieber mit seinen Regimentskameraden in den umliegenden Wirtshäusern oder lud sie zu sich nach Hause ein. Maria Josepha zog sich nach diesen Soupers meist sofort nach Beendigung der Mahlzeit zurück, da ihr der deftige, rüde Ton der Herrenrunde nicht so recht behagen wollte; sie betete lieber. Zu einiger Bekanntheit gelangte folgendes Vorkommnis: Otto hatte mit seinen Freunden wieder einmal exzessiv getrunken, worauf er mit sanfter Gewalt in das Schlafgemach seiner Gemahlin eindrang. Die schlaftrunkene Erzherzogin war starr vor Schreck. Gegenüber seinen übermütig nachdrängenden Saufkumpanen grölte Otto viel sagend: »So sieht eine Nonne aus!« Ein Adjutant konnte Schlimmeres noch verhindern.

So genannte »Saufgeschichten« gab es in dieser Zeit rund um den Kaiserneffen viele. In der Nähe von Villach stürzten er und seine schwer betrunkenen Kameraden einmal einen Ofen um, sodass es beinahe zu einem verheerenden Brand gekommen wäre. Ein anderes Mal trieben es die Offiziere mit dem Erzherzog an der Spitze so weit, dass sie während eines Zechgelages in einem St. Veiter Hotel Gläser, Geschirr und allerlei Einrichtungsgegenstände aus dem Fenster warfen. Dies hatte ein unangenehmes Nachspiel, da der Bürgermeister der Stadt ausgerechnet ein eingefleischter »Schönerianer« war, ein Deutschnationaler also, der die Gelegenheit, einen Habsburger in Verlegenheit bringen zu können, leidlich zu nützen wusste, indem er gleich das ganze Gebäude von einem großen Feuerwehraufgebot absperren ließ. Die Zeitungen in ganz Kärnten griffen den Vorfall auf, von einer Teilnahme des durchlauchtigsten Habsburgers war in den Berichten jedoch nicht die Rede. Unter den breiten Schwingen des schirmenden Doppeladlers durfte Otto sicher sein, sich in Narrenfreiheit suhlen zu können, Gesetze hin oder her, manche waren eben doch etwas »gleicher« als andere, damals, in der »guten alten Zeit«. Doch der geschädigte Gastwirt ließ den Vorfall nicht auf sich beruhen und übermittelte dem Kammervorsteher des Erzherzogs, einem Baron Türckheim, eine saftige Rechnung. Otto betrachtete das nur allzu legitime Ansinnen des Wirtes als Unverschämtheit und verweigerte arrogant jede Zahlung. Erst als der streitbare Wirt mit einem handfesten Skandal drohte, wurde die offene Rechnung auf Heller und Pfennig beglichen.

»Ich gönne dem guten Otto, der mich ja immer so unter Tränen um Verzeihung bittet, alles und noch mehr ...«

Noch im Laufe des Jahres 1896 wurde der umstrittene Prinz in eine andere Garnison versetzt, da der kleinstädtische Tratsch über den hohen Herrn ständig zugenommen hatte. Am 19. Mai dieses Jahres starb auch Ottos Vater Karl Ludwig, der nach dem Tod des Kronprinzen Rudolf im Jahre 1889 an die erste Stelle in der Thronfolge gerückt war, wenngleich ihn sein kaiserlicher Bruder nicht offiziell als Thronfolger proklamieren wollte. Franz Ferdinand, der neue Prätendent, hatte Otto in jüngeren Jahren bei manchen seiner nächtlichen Ausflüge begleitet. Die fidelen Kaiserneffen zogen dann mit Zigeunerkapellen durch die Nacht, sangen, schrien und sprachen reichlich dem Wein zu. Wenn Otto wieder einmal kein Geld mehr in der Tasche hatte, musste eben Franz Ferdinand bezahlen, dessen schwächliche Konstitution ihn allerdings davon abhielt, es dem jüngeren Bruder in allem gleichzutun. Manche Zeitgenossen meinten, dies wäre sein Glück gewesen.

Seit Sommer 1895 war der Gesundheitszustand Franz Ferdinands wirklich bedrohlich, die besorgten Ärzte sprachen von »ungewöhnlich massenhaften Tuberkelbazillen«. Den Sommer des darauf folgenden Jahres brachte der Erzherzog-Thronfolger in Kärnten zu, wo er sich in einem auf 1600 m Seehöhe gelegenen Jagdhaus erholte. Er vertrieb sich die Zeit u. a. mit eifriger Lektüre von Zeitungen und eines Tages las er, dass der k. u. k. Außenminister Graf Goluchowski aufgrund seiner schweren Erkrankung den Kaiser gebeten habe, die Regelung der Thronfolge neu zu überdenken. Ab diesem Zeitpunkt war für viele Menschen in der gesamten Donaumonarchie Otto, dem auch seitens gewisser Kreise bei Hofe demonstrativ gehuldigt wurde, der Thronfolger, nicht mehr sein älterer Bruder. Franz Ferdinand schäumte. In einem Brief an die Fürstin Fugger vom 19. Dezember 1896 echauffierte er sich: »Es ist unerhört, was der in seiner Meinung gottähnliche Goluchowski und dessen Konsorten erfinden, um mich zu kränken, vor den Kopf zu stoßen und einfach moralisch tot zu machen. Diese ganze Komödie mit dem Augarten ist ja nur darauf angelegt. Wie Sie ja wissen, stand ich, als mein geliebter Vater noch lebte, in demselben Verhältnis (ja sogar direkt näher dem Thron), wie jetzt mein Bruder zu mir ... Ich musste in dieser Hühnersteige in der Beatrixgasse (im Modenapalais) wohnen und kein Mensch kümmerte sich um mich. Jetzt auf einmal bekommt Otto Augarten, Hofhaltung, Hofküche, Lipizzaner in Wien und am Lande usw. Bei Gott, glauben Sie mir, es ist nicht Neid, der da aus mir spricht. Ich gönne dem guten Otto, der mich ja immer so unter Tränen um Verzeihung bittet, alles und noch mehr ... Ich bekomme eine Menge Anfragen aus dem Auslande, was ich denn angestellt habe.«[198] Franz Ferdinand war so erbost, dass er ab diesem Zeitpunkt alles unternahm, um seine Gesundheit wiederherzustellen, er folgte jetzt den Anordnungen seiner Ärzte punktgenau und zeigte dabei eine ganz außerordentliche Willensstärke. Im Jahre 1897 war er wieder vollständig gesund. »Bolla« war für jene Mächtigen bei Hofe, die den ehrgeizigen, machtbewussten Franz Ferdinand hassten, lediglich Werkzeug ihrer Pläne und Ambitionen. Ein »Kaiser Otto« wäre leicht zu manipulieren gewesen, Franz Ferdinand hingegen war aus einem anderen Holz geschnitzt.

»Es hat meine ganze Frechheit dazugehört, um mich und Bolla aus allem zu salvieren«

Eines Tages wurde Kaiserin Elisabeth zugetragen, dass der wieder einmal sturzbetrunkene Otto ein Bild von ihr und dem Kaiser aus dem Fenster geworfen habe, was sie, die mehr als einmal das Wirken diverser Erzherzoge bitter beklagt hatte, zum Verfassen eines ihrer Gedichte motivierte, an dessen Ende es hieß: »Ihr lieben Völker im weiten Reich/So ganz im Geheimen bewund're ich euch: Da nährt ihr mit eurem Schweiße und Blut/Gutmütig diese verkommene Brut!«[199]
Ein anderer, ungleich bedeutenderer Vorfall wurde auch im Parlament behandelt, weshalb die übliche Vertuschung nicht möglich war. Am 17. Februar 1888 hatte der prominente sozialdemokratische Abgeordnete Engelbert Pernerstorfer, ein Jugendfreund Victor Adlers, im Reichstag voller Erregung berichtet, dass »ein junger, sehr hoher Herr« mit seinen Kumpanen einem Leichenzug begegnet sei, wobei die Herren zu Pferde über den Sarg hinweggesprungen seien. Namen nannte der Politiker freilich keine. Wenig später wurde Pernerstorfer in seiner Wohnung von zwei Schlägern überfallen und mit Reitpeitschen übel zugerichtet.[200] Im Mittelpunkt der Ver-

dächtigungen stand – wie könnte es anders sein – Erzherzog Otto, dem eine Woge öffentlicher Entrüstung entgegenbrandete. Neben dem allerdings kranken Franz Ferdinand wurde pikanterweise auch Kronprinz Rudolf, der sich zu diesem Zeitpunkt bereits mit großen Mengen von Alkohol zu narkotisieren pflegte, verdächtigt, an diesem Skandal beteiligt gewesen zu sein, was diesem gegen Ende seines kurzen und eskapadenreichen Lebens ein mehr als schlechtes Zeugnis ausgestellt hätte, da er sich doch mehrmals über den »degenerierten Adel« ausgelassen hatte. Erst seit der Veröffentlichung eines einschlägigen Briefes in den Erinnerungen von Kronprinzessin Stephanie wissen wir über die Mittäterschaft Rudolfs gesichert Bescheid. Er schrieb am 5. März 1888 an seine Gattin: »Die Polizei hat mir schlechte Stunden bereitet, sie haben die Spuren entdeckt und auch das Regiment, von welchem die Prügel ausgegangen sind! Die Leute konnten sie nicht finden, denn wir haben den einen in Südungarn, den anderen in der Herzegowina angebaut. Es hat meine ganze Frechheit dazugehört, um mich und Bolla aus allem zu salvieren.«[201] Selbst der durchaus standesbewusste Graf Adalbert Sternberg[202], ein Kosmopolit mit einer ebenfalls großen Schwäche für Alkohol, kritisierte in seinen Lebenserinnerungen die Narrenfreiheit gewisser Persönlichkeiten des Hofes, etwa Erzherzog Ottos, mit beißender Schärfe. Er meinte, die faktische Immunität derartiger »Ausgeburten« habe den Untergang der Monarchie beschleunigt. Was Sternberg aber besonders ärgerte, war die Abschaffung der Adelstitel zu Beginn der Republik. Seinen Groll darüber verlieh der zum Sarkasmus neigende Exgraf dadurch Ausdruck, dass er auf seine Visitenkarte folgenden Text drucken ließ: »Adalbert Sternberg. Geadelt von Karl dem Großen 798. Entadelt von Karl Renner 1918.«

Skandal im Sacher

Aus wiederholten Äußerungen Ottos kann jedoch geschlossen werden, dass dieser Habsburger nicht frei von Selbstkritik und Selbstzweifel war.[203] Er würde seine Fähigkeiten einfach verkümmern lassen, klagte er einmal, er mache »alles nur halb«. Und er hoffe inständig, dass sein Sohn Karl die eigenen Fehler nicht wiederholen würde. In diesen Augenblicken des Innehaltens, so selten sie auch gewesen sein mögen, wäre Otto wohl nie auf den Gedanken gekommen, dass eben dieser Sohn vom Schicksal dazu auserwählt sein sollte, als letzter österreichischer Kaiser die Totenglocken der alten Monarchie zu läuten.

Bei der Wahl seiner Umgebung zeigte sich »Bolla« ziemlich unkritisch. »Er kneipte in voller Uniform in den verrufensten Lokalen mit feilen Dirnen oder veranstaltete wüste Gelage in den abgeschlossenen Räumen einzelner Hotels«, ereiferte sich etwa ein Ratgeber des Kaisers, der beklagte, dass es bei diesen Orgien in einer Weise zugegangen sein soll, »die das Schamloseste aus der Zeit des tiefsten Verfalles des römischen Kaisertums vollends in den Schatten stellte«.[204]

Eine ganz bestimmte Episode aus dem skandalträchtigen Leben Ottos fand selbst in die ödesten Darstellungen der habsburgischen Familiengeschichte Einzug; dabei handelte es sich um einen für alle Beteiligten exorbitant peinlichen Vorfall, der in einem für den Kaiser unangenehmen diplomatischen Epilog endete. Otto hatte mit seinen Zechkumpanen einen Salon im traditionsreichen Hotel Sacher gemietet, ein Haus, in welchem die so genannte »feine Gesellschaft« verkehrte. 1892 ging das Hotel, das ihr Gatte 16 Jahre zuvor gegründet hatte, in den Besitz der legendären Anna Sacher über. Frau Sacher war ein zigarrenrauchendes Original, eine emanzipierte Frau, die auch Millionäre und Aristokraten hinausschmiss, wenn sie ihr nicht zu Gesichte standen. Max Graf illustrierte jene Wiener »Endzeit«-Gesellschaft, deren hervorragender Exponent Erzherzog Otto war, wie folgt: »Ich sehe noch den distinguierten Graf Berchtold vor mir, wie er an einem Sommertag des Jahres 1914 im Eingang eines Ringstraßenhotels stand. Er hatte soeben die Kriegserklärung an Serbien unterschrieben. Nun stand er hier, schlank, mit einem ironischen Lächeln, eine Zigarette mit Goldmundstück in seinen manikürten Fingern, und betrachtete die Menge, unterhielt sich gelegentlich mit Vorübergehenden. So trat die kultivierte Ringstraßengesellschaft in den Ersten Weltkrieg ein, der sie zerbrach. Sie hatte gelebt mit Lachen und Scherzen und mit Lachen und Scherzen starb sie.«[205] Auch Ottos Zechkumpanen lachten lauthals, als sie den Erzherzog im Zuge des Trinkgelages aus einem Salon des Sacher aussperrten und dieser nun, schwerst betrunken und splitterfasernackt, nur mit einem Säbel »bekleidet«, vor der Tür stand, gegen die er mit der flehentlichen Bitte um Einlass hämmerte. Einige Darstellungen sprechen davon, dass er noch weiße Handschuhe getragen haben soll und den Orden vom Goldenen Vlies angelegt hatte. Just in diesem Augenblick erschien auf dem betreffenden Gang der Botschafter Großbritanniens, in dessen Begleitung sich einige hochgestellte Damen befanden, die wohl einer Ohnmacht nahe gewesen sein mögen. Das Entsetzen seiner Lordschaft, einen habsburgischen Erzherzog in dieser unzweideutigen Verfassung zu sehen, war enorm, weshalb er den unrühmlichen Vorfall nicht auf sich beruhen lassen wollte. Er legte offiziellen Protest ein. Doch der Diplomat blitzte sowohl beim Außenminister als auch beim Polizeipräsidenten mit seiner Beschwerde ab. Mitglieder der kaiserlichen Familie galten bis zum Ende des alten Österreich als unantastbar, niemand wollte sich die dienstbeflissenen Finger verbrennen. Schließlich erwirkte er eine Audienz beim Kaiser und berichtete über den Skandal. Als Strafe stellte Franz Joseph seinen Neffen Otto für zwei Monate in einem Kloster unter Arrest. Eugen Ketterl, der Kammerdiener des Kaisers, berichtete in seinen Erinnerungen, dass der wochenlange Aufenthalt des lebenslustigen Prinzen die Weinvorräte des Klosters empfindlich dezimiert hätte.

Bei den steifen und langweiligen Familienfesten war es immer wieder Otto, der zur Unterhaltung der hochherrschaftlichen Gesellschaft beizutragen wusste. Oft zeichnete er auf die Rückseite der Menükarten originelle Karikaturen, die das Talent des Erzherzogs fürs Zeichnen erahnen ließen. Es soll auch vorgekommen sein, dass die Lakaien ihr untertänigstes Lachen nicht mehr verkneifen konnten, wenn Otto bei Tisch seine Späße machte. Vom Protokoll und den üblichen Konventionen hielt er nicht viel. Als einmal zu Ehren des Königs von Portugal ein offizieller Empfang gegeben wurde, versetzte

Erzherzog Friedrich, den der Kaiser aufgrund dessen Geschäftstüchtigkeit, eine Eigenschaft, die in den Augen Franz Josephs für ein Mitglied seines Hauses unwürdig war, dem in »praller Husarenuniform« erschienenen Otto mit der flachen Hand einen derartigen Klaps auf dessen Hinterteil, dass jeder der Anwesenden es hören und sehen konnte. Der Kaiser war empört, der König von Portugal und Otto lachten.

Mit der Bildung des »schönen Erzherzogs« dürfte es schlecht bestellt gewesen sein, speziell mit seiner Orthographie. In der Weinstube der Berta Kunz wurden von einem Kutscher Briefe des Habsburgers hergezeigt, »durch welche er sich lasterhafte Mädchen in unerhört ›ungezwungener‹ Weise bestellte; die Gäste waren entsetzt über den Inhalt dieser Schreiben, nicht minder aber auch darüber, dass der Erzherzog keine Ahnung von der deutschen Rechtschreibung hatte und orthographische Verstöße beging, die man einem Bürgerschüler nicht verzeiht«.[206] Die haarsträubendsten Berichte über Ottos Eskapaden stammen von der bereits bestens bekannten Gräfin Larisch-Wallersee. In ihren Erinnerungen schrieb sie, dass Otto einmal einem Burschen so lange Schnaps eingeflößt habe, bis dieser gestorben sei. Ferner will sie sich erinnern, dass er Ochsen besonders perfid zu quälen verstand, sodass diese elend zugrunde gegangen sein sollen. Ob es sich hierbei um die Wahrheit oder aber um die Ausgeburt einer frivolen, mit Rachegelüsten versetzten Fantasie handelt, können wir nicht mehr in Erfahrung bringen.

»Die Virulenz des venerischen Giftes ...«

Nach 1900 zeigte sich der körperliche Verfall Ottos, bei dem Heurigensänger und Schrammelmusikanten ein und aus gingen, immer deutlicher, doch die ärztlichen Konsilien in seinem Schloss Schönau endeten meist in Saufgelagen.[207] »Bolla« starb einen qualvollen Tod. Wahrscheinlich wurde er in Monte Carlo, wo sich der leidenschaftliche Roulette-Spieler besonders wohl fühlte, von einer französischen »Cocotte« mit einer gefährlichen venerischen Erkrankung angesteckt. Nicht lange nach der Genesung seines Bruders Franz Ferdinand erkrankte er schwer, offiziell wurde von einer Kehlkopfentzündung gesprochen, weshalb er 1904 aus der Armee, in der Dienst zu tun ihm ohnedies nie ein ausgesprochenes Vergnügen war, ausschied. Trotzdem wurde er pro forma noch zum Generalinspektor der Kavallerie ernannt. Zuletzt konnte der Prinz, der an der »Franzosenkrankheit«, also der Syphilis, litt, nicht einmal mehr sprechen. Graf Kielmansegg, der mit dem Prinzen gut bekannt war, hielt fest, dass der damals berühmte Arzt Professor Mrazek erklärt hätte, »er habe noch nie in seiner gesamten Praxis eine derartige Virulenz des venerischen Giftes wie im Falle des armen Erzherzoges erlebt, alle seine Mittel versagten und dieser sei unrettbar verloren«.[208]

Die gefährliche Geschlechtskrankheit, gegen die erst im Jahre 1910 ein Medikament gefunden wurde, läuft in drei Stadien ab und eine Reihe von Körperteilen können betroffen sein, darunter auch die Nase. Für Ottos zerstörtes Nasenskelett wurde eine Protese aus Kautschuk hergestellt, zeitweise trug er auch einen Schutz aus Leder. Zur kaiserlichen Familie gab es am Ende überhaupt keinen Kontakt, lediglich die mitfühlende Stiefmutter Maria Theresia kümmerte sich bis zuletzt um »Bolla«, der in seiner Villa im Wiener Cottage neben der Erzherzogin von seiner letzten Geliebten, der Operettensängerin des Theaters an der Wien Louise Robinson, gepflegt wurde. Für Außenstehende firmierte die Dame als »Schwester Martha«. Ottos Tracheotomie machte es schließlich notwendig, dass man ihm eine Kanüle in den Kehlkopf setzte, was dem Erzherzog ungeheure Schmerzen bereitete. Maria Theresia saß oft stundenlang an seinem Krankenlager und hielt während des Schlafes des Stiefsohnes dessen Kopf, damit die Kanüle sich nicht verschieben konnte. Am 1. November 1906 war der »schöne Erzherzog«, seit langem nur noch ein Schatten seiner selbst, tot.[209]

Mit Louise Robinson hatte der libertine Habsburger zwei uneheliche Kinder. Als der Kaiser nach dem Tode seines Neffen von der Existenz dieser Nachkommen in Kenntnis gesetzt wurde, erhielten die beiden je 100 000 Kronen, die Mutter bekam bereits zuvor eine durchaus anständige Abfertigung. Die zahlreichen Affären dieses unglücklich verheirateten Prinzen waren legendär, er war »ein so notorischer und ... unbekümmerter Schürzenjäger, dass sich sogar die duldsame Wiener Gesellschaft der Jahrhundertwende schockiert zeigte«[210].

Der Erzherzog muss auf seine Zeitgenossen – oder vielleicht besser Zeitgenossinnen – großen Eindruck gemacht haben. »Er war gewiss der schönste Habsburger, der je zur Welt kam: groß, schlank, seine Gesichtszüge von vornehmstem Schnitt«, hieß es in einer Beschreibung des Erzherzogs. Vor dem Verhältnis mit Robinson unterhielt Otto, damals noch Major, eine lange Beziehung mit Marie Schleinzer, einer mit äußeren Reizen reich bedachten Tänzerin der Wiener Hofoper. Maries Vater, der als Sicherheitswachmann arbeitete, war durch »höhere polizeiliche Intervention« angehalten worden, das Verhältnis zwischen dem Kaiserneffen und seiner Tochter, die zunächst noch die Geliebte eines Hofopernsängers war, zu decken. Mit der Schleinzer soll Otto drei Kinder gehabt haben, darunter einen Sohn, den der Erzherzog ebenso wie eine Tochter aus der Beziehung mit Louise Robinson sogar anerkannte. Üblich war dieser Schritt zu jener Zeit und in jenen »Kreisen« freilich nicht, weshalb die Bereitschaft zur Anerkennung der Kinder in einer Gesamtbeurteilung des umstrittenen Erzherzogs, der in der einschlägigen Literatur lediglich aufgrund seiner Skandale fragmentarische Berücksichtigung fand, zweifellos auf der Habenseite zu verbuchen ist. Die unehelichen Kinder »Bollas« wurden in einem wenig komfortablen Landhaus in der Steiermark geboren, das auf den Namen eines einfachen Büchsenmachers gemietet worden war. Ottos eheliche Söhne Karl (er folgte als Karl I. im November 1916 Franz Joseph auf dem Thron nach) und Maximilian Eugen sahen den Vater, von offiziellen Anlässen abgesehen, kaum. Gegenüber seiner Gattin Maria Josepha, deren hyperklerikale Erziehungsmethoden er ablehnte, hatte Otto angeblich eines Tages bemerkt: »Meine Kinder werden viel besser erzogen als die deinen!«

Frau Genossin Elisabeth Windischgraetz–Petznek: die Kronprinzentochter im Banne des Sozialismus

»Sei gut für die arme Kleine, die das Einzige ist,
was von mir übrig bleibt«

Rudolf an Stephanie im Abschiedsbrief

*Kronprinz Rudolfs Tochter Elisabeth,
die »rote Erzherzogin«*

Die 19-jährige Kronprinzessin Stephanie weinte bittere Tränen, als sie am 2. September 1883 in Laxenburg von einem Mädchen entbunden wurde, das auf den Namen Elisabeth Marie getauft wurde. Sie hatte ebenso wie der Thronfolger einen männlichen Nachkommen erhofft, ja erwartet. »Das macht gar nichts«, versuchte Rudolf sie zu trösten, freilich ohne dabei überzeugen zu können, »eine Tochter ist viel herziger«. Dabei hatte der Kaisersohn dem ungeborenen Kind zuvor bereits den Namen Václav (Wenzel) gegeben, so sicher war man sich am Wiener Hof über das Geschlecht des Kindes gewesen. Eine Woche vor jenem Tag, an welchem die »allerhöchste Entbindung« erwartet werden durfte, wurde in den Kirchen des Landes um eine »glückliche Geburt« gefleht, als endlich die Wehen einsetzten, wurde das »Allerheiligste« ausgestellt. So verlangte es das Protokoll. Letzteres schrieb für einen solchen Anlass ferner eine ganz bestimmte Anzahl von Salutschüssen vor, anhand derer die Bevölkerung erkennen konnte, ob der Dynastie ein männliches oder ein weibliches Mitglied geschenkt worden war. Als an diesem Tag die Kanonen nach 24 Schüssen schwiegen, war die Enttäuschung groß. Einem kleinen Erzherzog wären 101 Schüsse zugestanden.

»Auch mich hatte die furchtbare Seuche erfasst, die noch vor niemandem ... Halt gemacht, sofern ihr Leichtsinn oder fluchwürdiges Erbe Tür und Tor öffnet«

Zunächst gefiel sich Stephanie in der Mutterrolle, sie schien ganz in ihrer neuen Verpflichtung aufzugehen. »Du kannst dir nicht vorstellen, wie brav und lieb Elisabeth ist«, berichtete sie einige Wochen nach der Niederkunft ihrer Schwester, »sie ist mein Glück und meine Freude. Sie lacht immer und weint selten.«

Zu diesem Zeitpunkt war auch die Ehe mit Rudolf noch intakt, der Thronfolger unterzeichnete seine Briefe an die Gattin mit »dein treuer Coco« oder »ein dich innigst liebender Coco«. Diese familiäre Glückssituation war jedoch nur von kurzer Dauer, bereits 1884 kühlte das Verhältnis merklich ab.[211]

Der Thronfolger widmete sich verstärkt seinen ambitionierten politischen Ideen, welche ihn in einen permanenten Gegensatz zum Kaiser brachten. Während die immer eitler und anmaßender gewordene Kronprinzessin mehr und mehr in ihrer hohen gesellschaftlichen Position aufzugehen schien, suchte Rudolf die Gesellschaft von Journalisten und Wissenschaftern, vor denen die Gattin nach eigenem Bekunden »instinktive Scheu« hatte.

Stephanie war äußerst konservativ, bigott und hochmütig, Rudolf hingegen liberal, antiklerikal und antiaristokratisch gesinnt. Seine zahlreichen amourösen Abenteuer, die der gedemütigten Prinzessin nicht verborgen blieben, quittierte sie mit rasender Eifersucht und sie scheute auch nicht davor zurück, dem Kronprinzen nachzuspionieren und vor aller Welt bloßzustellen. Mit den Jahren verdünnten sich die Gemeinsamkeiten der Ehegatten, lautstark ausgetragene Streitigkeiten, gegenseitige Schuldzuweisungen und Vorwürfe waren mittlerweile die Regel. Es gilt als ziemlich gesichert, dass der promiskuitive Kronprinz Stephanie mit einer venerischen Krankheit infiziert hatte. Es dürfte sich um Gonorrhöe, eine Ende des 19. Jahrhunderts noch unheilbare Geschlechtskrankheit, gehandelt haben, jedenfalls konnte sie keine Kinder mehr bekommen. Der Traum vom männlichen Erben war somit ausgeträumt. Viel später notierte sie: »Wochenlang lag ich, noch immer ahnungslos, mit namenlosen Schmerzen zu Bett ... Ich selbst ahnte den Grund meines Leidens nicht. Auf hohen Befehl wurde alles vertuscht, die Ärzte auf Schweigen vereidigt. Erst später entdeckte ich und erfuhr ich, dass der Kronprinz an meinem Leiden schuld war. Auch mich hatte die furchtbare Seuche erfasst, die noch vor niemandem, sei er geringen Standes oder auf den Höhen des Throns geboren, Halt gemacht, sofern ihr Leichtsinn oder fluchwürdiges Erbe Tür und Tor öffnet.«[212]

Die kleine Erzherzogin Elisabeth Marie, welche im Familienkreis Erzsi, eine Abkürzung des ungarischen Namens für Elisabeth, gerufen wurde, bekam von all dem nichts mit. Als ihr Vater am 30. Jänner 1889 in den Freitod ging, war das aufgeweckte Kind erst fünf Jahre alt. In seinem Abschiedsbrief an die Kronprinzessin schrieb Rudolf: »Liebe Stephanie! Du bist von meiner Gegenwart und Plage befreit; werde glücklich auf deine Art. Sei gut für die arme Kleine, die das Einzige ist, was von mir übrig bleibt ... Ich gehe ruhig in den Tod, der allein meinen guten Namen retten kann. Dich herzlich umarmend, dein dich liebender Rudolf.«[213]

Dem Kaiser, der übermächtigen Vaterfigur, wollte Rudolf keinen Abschiedsbrief hinterlassen, die beiden hatten sich nichts mehr zu sagen. Trotzdem war es der ausdrückliche Wunsch Rudolfs, dass sein Vater die Vormundschaft seines einzigen Kindes übernehmen sollte.[214]

Der Kaiser wurde dieser Aufgabe mit einer für diesen Mann nicht zu erwartenden Herzlichkeit gerecht, er verwöhnte seine Enkelin und sah selbst über solche Fehler hinweg, die er keinem anderen Mitglied der kaiserlichen Familie verziehen hätte, seine beiden Töchter Gisela und Marie Valerie vielleicht ausgenommen. In späteren Jahren – Elisabeth führte ein exzessives und extravagantes Leben – sahen sich der Kaiser und die Enkelin nur noch einige Male im Jahr. Ein Berater Franz Josephs schrieb, dass der Kaiser »um das Treiben seiner schönen und lebenslustigen Enkelin« gewusst hätte, weshalb er sie nicht allzuoft eingeladen habe. Er wäre »stets froh« gewesen, »wenn sich die Tür wieder hinter ihr geschlossen hatte«.[215]

»Von den gleichaltrigen Spielgefährten fern gehalten, mutterseelenallein, führte sie monatelang praktisch das Leben einer Vollwaise«

Das Verhältnis zwischen Erzsi und ihrer Mutter Stephanie war nach dem Selbstmord Rudolfs innig und liebevoll, die Witwe des Kronprinzen konzentrierte sich zunächst ganz auf ihre kleine Tochter, der sie eine gute Mutter sein wollte. Später wechselten die beiden Frauen so gut wie kein Wort mehr miteinander. Der Hof in Wien wies der Erzherzogin ein großes Maß an Mitschuld an der Tragödie von Mayerling zu und ließ sie ihre Abneigung auch deutlich spüren. Zusätzlich mag es Stephanie geschmerzt haben, dass ihre gesellschaftliche Position nicht mehr dieselbe war. Doch »das hässliche Trampeltier«, wie die Kronprinzessin von ihrer kaiserlichen Schwiegermutter wenig liebevoll genannt wurde, fand Wege und Möglichkeiten zur Zerstreuung. Sie begann viel zu reisen, wobei sie wechselnde Pseudonyme verwendete, während Erzsi, von ihrer Mutter alleine zurückgelassen, zusehends vereinsamte. »Von den gleichaltrigen Spielgefährten fern gehalten, mutterseelenallein, führte sie monatelang praktisch das Leben einer Vollwaise.«[216] Als ihre Kammervorsteherin wurde Gräfin Elisabeth Coudenhove in die Pflicht genommen, eine tief religiöse Frau, die zur einzigen Vertrauten und wirklichen Bezugsperson der Erzherzogin wurde.

Obwohl der Kaiser selbst die Oberaufsicht über die Erziehung der Enkelin innehatte, war es doch die Gräfin, welche über die Ausbildung der Tochter des Kronprinzen wachte. Der Umstand, dass die zur Frau Petznek gewandelte Prinzessin in ihrem Testament die Salesianerinnen mit 10 000 Schilling bedachte, ist ein beeindruckender Hinweis darauf, in welch guter Erinnerung die alte Dame ihre von Ordensfrauen erzogene Kammervorsteherin hatte.

Nach der Ermordung ihrer Großmutter Sisi, die viel zu egozentrisch war, zu entrückt, um sich der Halbwaise anzunehmen, erbte das Mädchen ein Fünftel des beträchtlichen Vermögens der Kaiserin. Allein die Wertpapiere Elisabeths schlugen sich mit 10 Millionen Gulden zu Buche, dazu kamen noch zahlreiche Immobilien. Erzsi war damals erst fünfzehn Jahre alt und schon äußerst vermögend, da sie bereits vom Kronprinzen als Universalerbin eingesetzt worden war. 1916 kam nochmals eine riesige Summe aus dem Erbe des Kaisers hinzu. Von Kindesbeinen an war es der Erzherzogin somit gegönnt, ein hochherrschaftliches Leben zu führen, frei von allen materiellen Sorgen und Zwängen. Das Leben bei Hofe hingegen widerte sie an, sie hielt nicht viel vom strengen Zeremoniell und dessen Zwängen. Darin war sie der unnahbaren Großmutter nicht unähnlich, ihr lebhaftes Temperament hingegen hatte sie von Rudolf geerbt. Ihre Mutter Stephanie hatte sich schon längst einem anderen Mann zugewendet. Im Jahre 1900 heiratete sie auf dem Traumschloss Miramare den ungarischen Grafen Elemér Lónyay von Nagylónya und Vásáros-namény, der freilich ein »unstandesgemäßer« Ehepartner war. Erst 1917 wurde der Graf von Kaiser Karl in den Fürstenstand erhoben. Doch schon zwischen 1887 und 1890, also noch zu Lebzeiten des Kronprinzen, hatte die Kronprinzessin eine leidenschaftliche Beziehung zu einem um fünfzehn Jahre älteren polnischen Grafen namens Artur Potocki unterhalten, der im März 1890 an Lungenkrebs verstorben war.

»Otto Windischgraetz hat uns einen Dienst und Gefallen erwiesen, dass er sie nahm, und uns dadurch weiterer Sorgen enthoben!«

Just in jenem Jahr, in dem die Mutter ihre zweite Ehe einging, lernte die 17-jährige Erzherzogin auf dem Wiener Hofball den Prinzen Otto Windischgraetz kennen. Durch eine überstürzte Heirat versuchte sie ihrer Einsamkeit zu entrinnen, konsequent drängte sie den alten Kaiser um seine Erlaubnis. Der wies das Ansinnen seiner Enkeltochter zunächst entschieden zurück, doch Elisabeth, hartnäckig, wie sie nun einmal war, gelang es 1902, in einem für die Familie ereignisreichen Jahr, den Großvater umzustimmen. Angeblich hatte es Pläne gegeben, die Tochter des österreichischen Kronprinzen mit dem deutschen Kronprinzen zu vermählen, doch die starrköpfige Elisabeth hätte sich im Gegensatz zu den anderen Erzherzoginnen gewiss keinen Ehepartner oktroyieren lassen. Erzherzog Rainer, ein populäres und überraschend liberales Mitglied des Kaiserhauses, der im Laufe seines langen Lebens 40000 Bücher zusammengetragen hatte und dessen Sammelleidenschaft die Hofbibliothek die wertvolle Papyrussammlung »El Fayum« verdankte, erklärte zu den erwähnten Heiratsplänen: »Nein, nein; das wäre ein großes Unglück gewesen; die gute Elisabeth hätte Habsburg und Hohenzollern ganz gegeneinander gebracht und den Potsdamer Hof in der kürzesten Zeit vollends auf den Kopf gestellt! Wie hätte sich Erzsi in die Disziplin der deutschen Kaiserin hineingefunden? Das hätte jeden Tag Zank, Streit und Funken gegeben! Es ist besser, dass es nicht so kam! Otto Windischgraetz hat uns einen Dienst und Gefallen erwiesen, dass er sie nahm, und uns dadurch weiterer Sorgen enthoben!«[217]

Nach dem Hausgesetz der Habsburger war selbst ein Prinz Windischgraetz, der vom Kaiser etwas später in den Fürstenstand erhoben wurde, nicht standesgemäß, da er nicht aus regierendem Hause stammte. Elisabeth musste für ihre Kinder auf alle Thronansprüche verzichten. Dem frisch vermählten Paar, das insgesamt vier Kinder hatte, war keine harmonische Ehe beschieden, zu antagonistisch waren ihre Charaktere. Der Fürst war überheblich, oberflächlich und außerordentlich geldgierig, die Fürstin herrschsüchtig und von einem überschäumenden Selbstbewusstsein getragen, das an die Arroganz ihrer Mutter erinnerte. So ließ sie keine Gelegenheit aus, daran zu erinnern, dass sie die Enkelin des Kaisers war. Insbesondere gegenüber der Fürstin Hohenberg, Franz Ferdinands »unstandesgemäßer« Gattin, verhielt sie sich ablehnend. Als Sophie Hohenberg einmal einige Worte an sie richtete, sagte die hochfahrende Kaiserenkelin unmittelbar danach: »Denken Sie sich, sie hat mich angecerkelt!«

Otto Windischgraetz betrog seine Frau und sie betrog ihn. Für aufgeregten Klatsch in ganz Wien sorgte die leidenschaftliche Affäre Elisabeths mit einem U-Boot-Offizier namens Egon Lerch, den sie auf der Adriainsel Brioni kennen gelernt hatte. Offenbar dachte die lebensfrohe Fürstin nicht daran, diese Liaison im Verborgenen zu führen, Lerch war für sie eine Art »Gatte zur linken Hand«. Nachdem der Kommandant mit seinem U-Boot von einer Ausfahrt nicht mehr zurückgekehrt war, trug Erzsi zwei Jahre lang Trauer. »Was habe ich verbrochen«, soll sie voll Schmerz gerufen haben, »dass ich so hart gestraft werde?«

Die Ehe mit Otto Windischgraetz war schon längst zerbrochen, 1915 waren beide Partner zur Trennung bereit, doch der Kaiser verweigerte seine Zustimmung zur Scheidung. Aber auch nach dem Ableben Franz Josephs, der am 21. November 1916 verstorben war, wurde die Scheidung nicht vollzogen, das Ende des Krieges sollte abgewartet werden. Die Trennung der Ehe »von Tisch und Bett« erfolgte jedoch erst im März

1924, »nach dem Bande« wurde das ungleiche Paar gar erst im Jahre 1948 geschieden. Doch nicht lange nach dem Zusammenbruch der alten Ordnung entbrannte ein dramatischer Streit um das Sorgerecht für die Kinder, der sich über mehrere Jahre hinziehen sollte. Gegenseitige Vorwürfe, strotzend von Indiskretionen und Insinuationen, begleiteten den beinharten Konflikt. Im März 1921 führte ein Gerichtsbeschluss zur Eskalation dieses Rosenkrieges. Der zuständige Richter hatte angeordnet, dass zwei der Kinder, die jüngsten, ihrer Mutter mit Gewalt entzogen werden sollten, auch gefesselt, so sich dieser Schritt als notwendig erweisen sollte. Elisabeth unternahm daraufhin einen Schritt, der ihre Biografie in gänzlich neue Bahnen lenken sollte. In ihrer Verzweiflung kontaktierte sie anlässlich einer Wählerversammlung der Sozialdemokratischen Arbeiterpartei den Schutzbündler Leopold Petznek. Die Begegnung mit Petznek, einem Lehrer, der im selben Jahr Mitglied des niederösterreichischen Landtages wurde, erwies sich für die Habsburgerin als schicksalhaft.

»Aus der skandalumwitterten Aristokratin, der Kaiserenkelin, wurde nun endgültig eine Sozial- demokratin ...«

Die aus einer Notsituation geborene Kontaktaufnahme mit dem sozialdemokratischen Funktionär, dessen Parteifreunde erfolgreich gegen die erwähnte richterliche Verfügung demonstrierten, stellte das bisherige Leben der vergnügungssüchtigen Kronprinzentochter auf den Kopf. »Aus der skandalumwitterten Aristokratin, der Kaiserenkelin, wurde nun endgültig eine Sozialdemokratin, die den Kampf ihres Lebensgefährten um bessere Lebensbedingungen für das arbeitende Volk tatkräftig unterstützte.«[218] Obwohl sie sich bei diversen sozialdemokratischen Vereinen engagierte, Wahlwerbung betrieb und Parteiversammlungen frequentierte, änderte dies nichts an Erzsis hochherrschaftlichem Lebensstil. Die ungeheuer wohlhabende Dame beschäftigte in Schloss Schönau, das sie allerdings 1929 wieder verkaufte, um in ein kleineres Anwesen umzuziehen, eine größere Anzahl von Bediensteten, die sie nicht sehr freundlich behandelt haben soll. Sie liebte den Luxus, den sie seit ihrer Kindheit gewohnt war, und legte Wert auf die Etikette. Ein unterschiedlicheres Paar hätte man sich wohl kaum vorstellen können, doch die Verbindung dieser beiden reifen Partner funktionierte leidlich. Als Petznek im Zuge der Februarereignisse des Jahres 1934 und zehn Jahre später nach dem missglückten Attentat auf Hitler noch einmal verhaftet wurde, versuchte die »rote Erzherzogin« alles, um ihren Gatten freizubekommen, wenngleich ohne Erfolg. Während sie ihn nach dem Bürgerkrieg wenigstens im Gefängnis besuchen konnte, war dies in den Jahren 1944 und 1945 nicht mehr möglich. Petznek wurde ins KZ Dachau eingeliefert und konnte erst im Juni 1945 nach Wien zurückkehren.

Das Ende des Krieges und der Einmarsch der alliierten Truppen in Wien bedeuteten für die mittlerweile 62-jährige Dame eine bittere Zäsur. In der Roten Armee erblickte sie gewiss nicht die Befreier, als sie aus ihrer feudalen Villa in der Linzer Straße Nr. 452 vertrieben wurde. Der schwer herzleidende Leopold Petznek und seine Gattin mussten sich nun ein kleines Quartier in einem nahe gelegenen Kloster teilen, für die ehemalige Fürstin ein sozialer Abstieg sondergleichen. Nachdem die sowjetischen Truppen abgezogen waren, wurde die Villa der »Gnädigen Frau«, von dem Titel »Kaiserliche Hoheit« wollte die Habsburgerin schon lange nichts mehr wissen, von den Franzosen in Beschlag genommen. Das nächste Quartier des Paars, das seine Ehe erst 1948 legalisieren ließ, war ein bescheidenes Haus in der Nähe ihrer bisherigen Unterkunft, das nicht nur durch Fliegerbomben schwer beschädigt worden war, sondern sich zudem durch extreme Feuchtigkeit auszeichnete. Für die an der Gicht leidende Elisabeth waren diese Wohnverhältnisse katastrophal, bald konnte sie sich nur mehr auf Krücken fortbewegen, später musste sie sich mit einem Leben im Rollstuhl abfinden. Leopold Petznek, mit dessen Sohn Otto die Kronprinzentochter in herzlichem und regelmäßigem Kontakt stand, starb im Sommer 1956. Im Jahr davor hatte das Ehepaar nach der Heimkehr der französischen Besatzungsmacht ihr Palais zurückerhalten, in dem Elisabeth

Petznek, umgeben von ihren geliebten Schäferhunden und einigen Bediensteten, ihren Lebensabend verbrachte.

Gesellschaftlichen Umgang pflegte die Greisin schon lange nicht mehr. Ihr Altersstarrsinn soll »groteske Formen« angenommen haben, trotz Bettlägrigkeit und späterer beidseitiger Lähmung habe die »befehlsgewohnte ehemalige Erzherzogin« ihr »Reich« noch vom Krankenbett aus regiert, erklärte Weissensteiner, der mit der Geschichte der Habsburger im 19. Jahrhundert bestens vertraute Biograf dieser außergewöhnlichen Frau.

Der Tod der einzigen Tochter des letzten österreichischen Kronprinzen war einsam, so wie ihre Kindheit. Am 16. März 1963, nur wenige Monate vor Ausbruch der »Habsburg-Krise«, welche die Große Koalition zwischen ÖVP und SPÖ an den Rand des Zusammenbruchs brachte, starb die »rote Erzherzogin«. Die übliche Todesanzeige hatte sie sich verboten. Selbst die Grabplatte ihrer Gruft, die sich auf dem Friedhof in Wien-Hütteldorf befindet, ziert kein Namenszug, kein Hinweis, dass hier eine der unkonventionellsten und buntesten Persönlichkeiten des gestürzten österreichischen Kaiserhauses ruht. Sie wollte es so.

Unter den Trauergästen befand sich auch die langjährige sozialistische Abgeordnete Rosa Jochmann, die von vielen als das »Gewissen der Partei« bezeichnet wurde. Ihre Eindrücke sind signifikant für den Weg, den Elisabeth Petznek im Laufe ihres Lebens zurückgelegt hatte: »Beim Begräbnis hat es mich erschüttert«, erinnerte sich Jochmann, »dass es einen großen Kranz der Kinderfreunde unserer Partei gegeben hat, und daneben lag der Kranz eines Offiziers aus der k. u. k. österreichisch-ungarischen Monarchie. Das hat mich tief bewegt.«

Republikanische Nachwehen zwischen Kaiserkrone und Narrenkappe

»Die Sachen, die ich sage, sind eigentlich gar nicht so daneben. Wenn ich mir die Zeitungen anschau, war ich zuerst der Bösewicht, dann der Depp, dann war ich wieder böse, dann wieder der Depp ... Zu einem guten Politiker gehört dazu, dass man auch einmal die Narrenkappe tragen kann.«

Karl Habsburg-Lothringen[219]

Karl Habsburg mit Gattin Francesca und den Kindern Eleonore Jelena und Ferdinand Zvonimir

Der 1. April 1989 war kein gewöhnlicher Samstag. Trotz des schlechten Wetters war scheinbar halb Wien auf den Beinen, um einen kurzen Blick auf den düsteren Trauerkondukt werfen zu können, der sich vom Stephansdom seinen Weg zur Kapuzinergruft auf dem Hohen Markt bahnte. Es hätte wohl keine bessere Gelegenheit gegeben, um die barocke Vorliebe der Österreicher für eine »schöne Leich'« studieren zu können. Zu Grabe getragen wurde Zita Habsburg-Lothringen, die letzte Kaiserin von Österreich und Königin von Ungarn, die am 14. März 1989 im hohen Alter von 97 Jahren in der Schweiz verstorben war. Zita hatte sich während all der Jahre strikt geweigert, eine Verzichtserklärung abzugeben. Und doch konnte sie nach einer Abwesenheit von 63 Jahren sowohl im Mai als auch im November 1982 wieder österreichischen Boden betreten. Dies wurde möglich, weil Bruno Kreisky einen »Gnadenakt« der Bundesregierung herbeigeführt hatte, der der damals 90-Jährigen die Besuche in der alten Heimat ermöglichte. Ebenso wie einige Jahre später das pompöse Begräbnis der ehemaligen Kaiserin, die sich schon vor Jahrzehnten in ihrer restaurativen Traumwelt verloren hatte, demonstrierte diese noble Geste gerade eines sozialistischen Regierungschefs, dass die Republik seit den 1960er Jahren an Selbstbewusstsein und Gelassenheit gegenüber der Geschichte gewonnen hatte.

Kreisky hat schriftlich leider nie Stellung bezogen, was er sich insgeheim dachte, als die unverbesserliche Greisin gegenüber Journalisten in ihrer wunderbar antiquiert wirkenden Sprache erklärt hatte, dass sie sich den versatilen SPÖ-Politiker durchaus auch als Ministerpräsidenten des Kaisers vorstellen könne. Die quasi offizielle Versöhnung der Republik mit den Habsburgern hatte aber bereits zehn Jahre zuvor stattgefunden. Einmal mehr war es der »Sonnenkönig«, der anlässlich des Paneuropa-Kongresses in Wien Otto Habsburg am 4. Mai 1972 die Hand zur Versöhnung reichte.

»Der Habsburger-Kannibalismus ist ein seltsamer Fall von Fresslust, wo garantiert nichts mehr zu fressen ist ...«

Dass Otto Habsburg-Lothringen[220], der älteste Sohn Kaiser Karls, sich überwinden konnte, am 31. Mai 1961 eine Verzichtserklärung auf seine persönlichen Thronrechte zu unterschreiben, hatte u. a. damit zu tun, dass er sich »eine breitere Basis für seine Propagandatätigkeit als Präsident der Paneuropa-Union ... verschaffen« wollte.[221] Zita schwieg zur Vorgangsweise ihres Sohnes, innerlich gebilligt wird sie Ottos Entscheidung wohl nicht haben.

Zwei Jahre nach dieser Erklärung kam es zu einem schweren innenpolitischen Konflikt, dem so genannten »Fall Habsburg«.[222] Am 31. Mai 1963 erregte ein Urteil des Verwaltungsgerichtshofes, wonach die Rückkehr von Otto Habsburg legal und seine Verzichts- bzw. Loyalitätserklärung ausreichend wäre, die Gemüter in der SPÖ. Der exakte chronologische Verlauf dieser Causa interessiert hier nicht. Von einiger Bedeutung ist jedoch der SPÖ-Parteitag des Jahres 1963, auf dem in erster Linie von Parteiobmann Pittermann und Justizminister Broda der »Dämon der Restauration« heraufbeschworen wurde.[223] Von einem »Juristenputsch« und einer »reaktionären Verschwörung« war die Rede, von »Erregung in den Betrieben«. Habsburg selbst galt als »das persönliche Symbol dieser Allianz von österreichischer und internationaler Reaktion«. Einige Parteitagsredner befürchteten in Erinnerung an das Jahr 1933 sogar die Ausschaltung des Parlaments sowie eine umfassende gesellschaftliche Restauration. Einer der wenigen Spitzenfunktionäre, die 1963 einen kühlen Kopf bewahrten, war Bruno Kreisky. Um die kritische Situation zu entschärfen, unterbreitete er in einem Gespräch mit Bundespräsident Adolf Schärf den Vorschlag, Otto Habsburg als österreichischen Vertreter zum so genannten »Heiligen Stuhl« zu entsenden, doch diese »salomonische« Idee wurde schließlich verworfen.[224]

»Als legitimer Erbe einer Dynastie, die durch 650 Jahre Österreich schirmte, als Sohn meines in Gott ruhenden Vaters ... kann und darf ich meiner ererbten Pflicht nicht untreu werden«

Tatsächlich hatte nach der Ausschaltung des Parlaments durch die christlichsoziale Regierung Dollfuss im Jahr 1933, der gewaltsamen Zerstörung der Arbeiterbewegung und der Errichtung eines autoritären Regimes »auf christlicher Grundlage« im Jahr 1934 der monarchische Gedanke wieder Rückenwind erhalten.[225] Dollfuss, dessen Konterfei unverständlicherweise noch heute eine Wand im Parlamentsklub der ÖVP ziert, sah nach der Machtergreifung Hitlers im Jänner 1933 in Otto eine willkommene Symbolfigur für die Selbständigkeit Österreichs. Nach der Ermordung des »kleinen Diktators« durch die Nationalsozialisten im Sommer 1934 trat mit Schuschnigg ein überzeugter Monarchist an die Spitze der Bundesregierung. Dieser Mann konnte sich eine Restauration im Rahmen des Ständestaates, eine Neugründung der Monarchie, sehr gut vorstellen, doch zum Leidwesen Ottos erst nach einer Konsolidierung der innenpolitischen Landschaft. Ein für Otto wichtiger Zwischenerfolg war die Aufhebung der Landesverweisung der Habsburger sowie der Beschlagnahme des Privatvermögens am 10. Juli 1935. Etwa neun Monate später wurde auch der so genannte »Familienversorgungsfonds« wiederhergestellt, in den Anfang 1938 31,5 Millionen Schilling flossen. Im Februar 1938 änderte Otto seine Taktik. Er machte Schuschnigg, dessen Begeisterung für den an die Macht drängenden Habsburger bereits seit 1937 im Abflauen begriffen war, das Angebot, er würde gerne auch als Bundeskanzler zurückkehren, doch der Regierungschef lehnte diesen Vorschlag mit der Begründung ab, dass ein solches Unterfangen »mit hundertprozentiger Sicherheit den Untergang Österreichs« bedeuten müsste. »Als legitimer Erbe einer Dynastie«, hatte Otto vollmundig erklärt, »die durch 650 Jahre Österreich schirmte, als Sohn meines in Gott ruhenden Vaters ... kann und darf ich meiner ererbten Pflicht nicht untreu werden.«
Nach dem »Anschluss« Österreichs wurde der oben genannte

Fonds von den Nationalsozialisten konfisziert (nach dem Ende des »Tausendjährigen Reiches« gingen diese Vermögenswerte in das Eigentum der Republik über). Am 22. April 1938 ließ Hitler einen Steckbrief gegen Otto Habsburg ausstellen, der von 1930 bis Mai 1940 auf einem Schloss in Belgien lebte. Später flüchtete er vor den Nazis über Frankreich und Portugal in die USA. Zwischen 1944 und 1954 lebte er in Frankreich und Spanien, um schließlich im Jänner 1954 seinen ständigen Wohnsitz im bayerischen Pöcking zu beziehen.

Der am 20. November 1912 in der Villa Wartholz bei Reichenau an der Rax geborene (und fünf Tage später mit Jordanwasser getaufte) Franz Joseph Otto Robert Maria Anton Karl Max Heinrich Sixtus Xaver Felix Renatus Ludwig Gaetanus Pius Ignatius Habsburg-Lothringen, dem das Innenministerium 1957 ausdrücklich untersagt hatte, den Namen »Dr. Otto Österreich« zu führen, ist der älteste Sohn von Kaiser Karl und Kaiserin Zita und seit dem frühen Tod seines Vaters am 1. April 1922 das Oberhaupt der Familie. Für die Mutter, die fortan 67 Jahre nur mehr Trauerkleidung tragen sollte, war Otto von nun an Kaiser von Österreich und König von Ungarn. Nachdem das »Habsburgergesetz« vom 3. April 1919[226] – das unmittelbarer Bestandteil der Bundesverfassung und des Staatsvertrages von 1955 ist – aus guten Gründen für jene Mitglieder des Hauses Habsburg-Lothringen, die nicht ausdrücklich auf ihre Thronansprüche zu verzichten bereit waren, die Landesverweisung sowie die Beschlagnahmung ihres Vermögens bestimmt hatte, musste Zita vom Ausland aus ihre legitimistischen Bemühungen steuern. Die Exkaiserin betrachtete es als ihre von Gott auferlegte Pflicht, alles zu tun, damit Otto seine »angestammten Rechte« in seinen »Hauptbesitzen« wahrnehmen könne. Unfähig, die Zeichen der Zeit und das Wollen der Menschen, in denen sie noch immer Untertanen erblickte, auch nur annähernd richtig zu deuten, war sie in frühen Jahren ständig reisefertig, da sie immer damit rechnete, dass man »die Dynastie« zurückberufen würde. Auf die Frage des Journalisten Andics, ob es wahr sei, dass Zita ihren ältesten Sohn mit »Majestät« anspreche, antwortete dessen Bruder Robert 1965: »Meine Mutter versäumt nie zu betonen, dass mein Bruder Chef des Hauses ist.«[227] Zita kam es nicht nur darauf an, dass »Otto wieder in den Genuss irgendwelcher monarchischer Würden gelangte. Sie rechnete fest mit der Restauration in den Ländern der Krone, mit einem – wenigstens prinzipiellen – Anspruch auf alle Länder der früheren Monarchie«.[228] Während des Zweiten Weltkrieges hatte Otto US-Präsident Roosevelt von der Notwendigkeit einer »Donauföderation« unter habsburgischer Krone, die als Bollwerk gegen die UdSSR fungieren sollte, zu überzeugen versucht. Nachdem Kreisky 1943 im schwedischen Exil von diesen Bemühungen erfahren hatte, notierte er: »Glaubt man wirklich in diesen Kreisen, dass die Hassgefühle, die mit dem Namen Habsburg verbunden waren, heute schon verschwunden sind?«[229]

Trotz hochfahrender Pläne war Otto Habsburg viel zu intelligent, um sich angesichts der Erfahrungen der 1930er Jahre erneut instrumentalisieren zu lassen. Als ihm 1952 Francisco Franco, der faschistische Diktator Spaniens, 250 Jahre nach dem Ableben des letzten spanischen Habsburgers Karl II., eines inzuchtgeschädigten Schwachkopfes, angeboten hatte, ihn als König einzusetzen, lehnte er dieses Ansinnen explizit ab.[230] Nach dem Fall des Eisernen Vorhangs wurde Otto vom konservativen »Demokratischen Forum« eingeladen, für das Amt des ungarischen Staatspräsidenten zu kandidieren. Nach anfänglicher Zurückhaltung erklärte er 1990, dass er sich einem solchen Ruf nicht verschließen würde: »Bestimmt nicht! Wenn ich überzeugt bin, dass es wirklich im öffentlichen Interesse ist … Staatspräsident, wenn es wirklich im nationalen Interesse ist: selbstverständlich ja!«

»… wären die Habsburger noch lange nicht die größten Grundbesitzer in Österreich«

Der Name Habsburg ist für viele Österreicher ein Reizwort mit konnotativem Hintergrund geblieben, für andere wiederum ist er ein Symbol nostalgischer Verklärung. Über drei Jahrzehnte nach der »Causa Habsburg« war die »Episode Habsburg« im Jahre 1996 noch immer Anlass für beträchtliche Aufgeregtheit.[231]

Im März dieses Jahres war Felix Habsburg-Lothringen, ein Bruder Ottos, illegal nach Österreich eingereist, was in der Folge zwischen den Koalitionspartnern ÖVP und SPÖ zu aufgeregten Verhandlungen führte. Habsburg vertrat die Auffassung, dass das Einreiseverbot aufgrund des EU-Beitritts, durch den sich die Republik zu den Prinzipien der Reise- und Aufenthaltsfreiheit verpflichtet habe, obsolet geworden sei. Die Christdemokraten wollten erreichen, dass aus dem Reisepass von Felix Habsburg der Sperrvermerk »Berechtigt nicht zur Einreise nach Österreich« gestrichen werde. Der alte Herr hatte zwar zuvor einen Antrag auf Ausstellung eines Passes gestellt und in zwei Zeilen sehr allgemein festgestellt, dass er die Staatsform der Republik nicht infrage stelle und keine Herrschaftsansprüche anmelden würde. Eine Verzichtserklärung im Sinne des Habsburgergesetzes war dies freilich nicht.[232] Trotzdem lenkte die SPÖ ein und war bereit, Habsburgs Worte »dem Inhalt nach« als Verzichtserklärung zu interpretieren. Doch schon wenige Stunden nach dieser mühevollen Übereinkunft brüskierte der hohe Herr die Verhandler beider Parteien, indem er über seinen Anwalt mitteilen ließ, dass seine Äußerungen keinesfalls einer Verzichtserklärung gleichgekommen wären. ÖVP-Klubobmann Khol soll damals verärgert gemeint haben: »Ich habe kein Verständnis dafür, dass man uns das Leben unnötig schwer macht. Wir haben Wichtigeres zu tun.«

Etwas später konnte doch noch eine pragmatische Lösung gefunden werden. Im Juni 1996 fanden sich die streitbaren Kaisersöhne Felix und Carl Ludwig, der bereits zuvor die finanzielle Entschädigung für das 1919 beschlagnahmte Familienvermögen eingefordert hatte, beim Zweiten Nationalratspräsidenten Heinrich Neisser ein, um ihm für die Bemühungen zu danken, Reisepässe ohne Vermerk des Einreiseverbotes zu erwirken.[233]

In diesen Wochen des Jahres 1996 wurde die »Habsburgerfrage« über den Anlassfall hinaus grundsätzlich diskutiert und von SPÖ und ÖVP höchst unterschiedlich bewertet. Während

SPÖ-Klubobmann Kostelka für die Weiterführung der Habsburgergesetze votierte, sprach ÖVP-Klubobmann Khol davon, dass deren Beibehaltung eine »internationale Blamage« wäre. Für Neisser sind die »so genannten Habsburgergesetze« gar mit der Europäischen Menschenrechtskonvention unvereinbar, deren Aufhebung wäre seiner Auffassung nach ein »Beitrag zu einer glaubwürdigen Grundrechtspolitik Österreichs«. Der konservative Politiker sagte dies erst Anfang 1999. Just zu diesem Zeitpunkt sorgten die Brüder erneut für Aufregung, da seitens ihres Anwaltes die Überlegung angestellt wurde, beim neu eingerichteten Fonds zur Entschädigung von Opfern des Nationalsozialismus einen Antrag auf Rückgabe des »Familienversorgungsfonds« einzubringen. Ein Nachrichtenmagazin bezifferte den Wert der Güter auf mehrere hundert Millionen Schilling. »Es geht insgesamt nur um 20 000 bis 25 000 Hektar«, erklärte daraufhin der Anwalt. »Bei einer positiven Entscheidung wären die Habsburger noch lange nicht die größten Grundbesitzer in Österreich.«[234]

»Seine Majestät Otto von Österreich-Ungarn«

1961, im Jahr von Ottos Verzichtserklärung, wurde ihm und seiner Gattin Regina, die der Habsburger zehn Jahre zuvor geheiratet hatte, nach fünf Töchtern der erste von zwei Söhnen geboren. Wasser auf den Mühlen aller Republikaner war der Wortlaut des Taufregisters. In der Spalte »Name des Kindes« fanden sich folgende Zeilen: Karl Thomas Robert Maria Bahnam von Habsburg. *Erzherzog von Österreich. Königlicher Prinz von Ungarn.* Otto selbst firmierte in der Spalte »Name, Stand, Religion und Wohnort des Vaters« als *Seine Majestät Otto von Österreich-Ungarn.*[235]
Noch ein wenig besser lässt sich vielleicht die Skepsis der Sozialdemokraten in den 1960er Jahren verstehen, wenn hier einige Zeilen der damaligen »Hofberichterstattung« über die Hochzeit von Otto und Regina, die sich über die »Segenswünsche« von Papst Pius XII. freuen durften, wiedergegeben werden: »Auf lothringischem Boden vermählte sich das Ober-

haupt des Hauses Österreich mit der jugendschönen Prinzessin aus deutschem Fürstengeschlecht«, hieß es damals. Und weiter: »Tausende waren aus der Heimat gekommen, um der Feier beizuwohnen. Sie erhielt ihre besondere Weihe durch die Anwesenheit der Herrin und Schutzfrau des Hauses Österreich, der Magna Mater Austriae ... Wie ein Sinnbild der engen Freundschaft, die die beiden Dynastien der Braut und des Bräutigams seit Jahrhunderten verband, trug Prinzessin Regina den kostbaren Schleier, den einst Kaiserin Maria Theresia ihrer Tochter Christine geschenkt hatte, als diese Prinz Albrecht von Sachsen geheiratet hatte ... Das Brautbukett enthielt Myrthen aus dem Park des Schlosses Schönbrunn. ... Nach der Trauung spendete Regina von Österreich dem Mariazeller Gnadenbild ... eine neue goldene, mit Brillanten und Barockperlen verzierte Krone ... Auch dem Jesuskind wurde als Geschenk von Freunden in der Heimat ein neues Krönlein gewidmet ...«[236]

»Wir sehen es als Verpflichtung gegenüber den Namen unserer Ahnen, uns für die ehemaligen Völker des Reiches einzusetzen«

1987 wurde Karl Habsburg, der fünf Jahre zuvor ein noch immer nicht abgeschlossenes Studium der Rechtswissenschaft aufgenommen hatte, Präsident der österreichischen Sektion der mit den Habsburgern eng verbundenen Paneuropa-Bewegung, die im November 1922 von Graf Richard Coudenhove-Kalergi gegründet worden war. Otto Habsburg bekleidet seit Mai 1973 die Funktion des internationalen Präsidenten, Tochter Walburga ist Generalsekretärin. Barbara Coudenhove-Kalergie, die Tochter des Gründers, zeigt sich über die Dominanz der Habsburger verstimmt: »Seit Otto das Sagen hat, ist die Paneuropa-Bewegung immer mehr zu einer Familienangelegenheit geworden. Mit den Ursprüngen hat das alles nichts mehr zu tun.«
Nachdem sich Karl Habsburg kurzfristig als wenig erfolgreicher Quizmaster der ORF-Sendung »Who ist Who« versucht

hatte, gab er 1992 als offizielle Berufsbezeichnung »Land- und Forstwirt« an. Zweimal wurde er von der Salzburger ÖVP auf wenig Erfolg versprechende Listenplätze gereiht, bis er 1996 als Kandidat für das Europäische Parlament nominiert wurde. In Brüssel traf Karl nach seiner Wahl auf Vater Otto, der 1978 die deutsche Staatsbürgerschaft angenommen und seit 10. Juni 1979 für die bayerische CSU ein Mandat innehatte. Die Herren waren bis zu ihrem gemeinsamen Ausscheiden im Jahre 1999 sogar Sitznachbarn. Für beide Habsburger gilt die Maxime Ottos: »Wir sehen es als Verpflichtung gegenüber den Namen unserer Ahnen, uns für die ehemaligen Völker des Reiches einzusetzen. Und das tun wir.« In Wien, Brüssel und Budapest, ließe sich hinzufügen.[237]

Viel aufschlussreicher als derart verklausulierte Formulierungen, die das Familienoberhaupt ohne Zweifel meisterhaft beherrscht, nehmen sich folgende Festlegungen seines Sohnes Karl aus: »Wenn man in die Geschichte zurückblickt, sieht man, dass so ein großer ›Clan‹ auch immer Verpflichtungen und Rechte in politischer, gesellschaftlicher und wirtschaftlicher Hinsicht hatte ... Dies hat sich bis heute nicht geändert – wenn man auch sagen muss, dass sich aufgrund der gegenwärtigen Umstände die Rechte drastisch eingeschränkt haben.«[238]

Man muss wohl wirklich in Jahrhunderten denken, um eine acht Jahrzehnte währende republikanische Realität als »gegenwärtige Umstände« zu bezeichnen. Die Konservierung eines überholten Weltbildes kann freilich mitunter recht modern vonstatten gehen. Wohlwollend autorisierte Otto Habsburg (s)eine von einem Paneuropa-Mitglied zu Ehren seines 85. Geburtstages erstellte Homepage im Internet, wo er als »Christ, Kaiser (!), Europäer« vorgestellt wird.[239] Am Ende der mit zahlreichen Bildern bereicherten Seite heißt es: »Diese Internet-Seite wurde Seiner Kaiserlichen und Königlichen Hoheit, Otto von Habsburg, Oberhaupt des Hauses Österreich, Chef und Souverän des Ordens vom Goldenen Vlies ... gewidmet und am 29. September 1997 von ihm angenommen.«

Der Text verrät neben biografischen Eckdaten auch neue historische Erkenntnisse, so werden Otto Habsburg und Papst Johannes Paul II. als »die beiden Totengräber des Kommunismus« prominent ins Bild gerückt und selbst die Verabschiedung der »Moskauer Deklaration« vom 1. November 1943, die aus militärischen und propagandistischen Erwägungen Österreichs Befreiung und Wiedererrichtung zur Grundlage hatte, wird zu Habsburgs »wichtigstem Erfolg« umgemünzt.

Am 31. Jänner 1993 ehelichte Karl Habsburg die Industriellentochter[240] Francesca Thyssen-Bornemisza, mit der er mittlerweile bereits drei Kinder hat. Der womöglich zu einer etwas bizarren Romantik neigende Habsburger soll seinen Heiratsantrag in ungewöhnlicher Umgebung gemacht haben, in der Kapuzinergruft zu Wien: »Willst du hier begraben sein?« ... Felix und Carl Ludwig Habsburg waren der Hochzeit demonstrativ fern geblieben, da Francesca Thyssen, die sich laut Visitenkarte im Übrigen als Erzherzogin von Österreich, als »Archduchess of Austria«, bezeichnet, für die beiden Greise womöglich keine »standesgemäße« Gattin ist. Letztere erklärte einmal, dass sie ihren Sohn Ferdinand Zvonimir so erziehen würde, dass er »für eine politische Führungsposition auf jeden Fall vorbereitet« sei. »Außerdem wird er der neue Chef unseres Hauses.«[241]

Einmal abgesehen davon, dass der kroatische Zweitname Zvonimir, der wohl die Verbundenheit zu den ehemaligen Kronländern demonstrieren soll, von der Öffentlichkeit ziemlich amüsiert aufgenommen wurde und außerdem die Hoffnung aufbranden lässt, dass dieses Kind einmal nette Klassenkameraden bekommt, geben derartige Erklärungen doch recht eindeutig Aufschluss darüber, dass die Habsburger nach wie vor von großem politischen Ehrgeiz erfüllt sind. Es hat ganz den Anschein, als ob die Familie für einen virtuellen Tag X bereit sein möchte. Sieben Jahrhunderte wiegen schwer, zugegeben, doch die Habsburger haben alles verspielt, es gibt kein »Vorwärts in die Zukunft zurück!«

»Karl wird angegriffen, weil er den gewissen gelben Stern trägt, den Namen Habsburg«

Was Otto Habsburg betrifft, so besteht kein Zweifel daran,

dass bei ihm Ehrgeiz und Talent zusammenfallen, er genoss als langjähriges Mitglied des EU-Parlaments, wo er nur selten Sitzungen versäumte, großes Ansehen, er schrieb zahlreiche Bücher und hielt weltweit eine Unmenge von Vorträgen. Seine Ansichten sind »meist ein bisserl sehr rechts, oft aber hochinteressant«, urteilte ein prominenter Journalist. Sohn Karl hingegen versteht sich weniger positiv in Szene zu setzen, er machte in den letzten Jahren eher durch Skandale und Skurrilitäten von sich reden.

»Sein Stammhalter Karl sei dem 85-Jährigen in solchen Augenblicken wenig Trost, berichten Freunde«, schrieb 1998 ein Nachrichtenmagazin. »›Leider vererbt sich die Intelligenz des Vaters nicht immer automatisch auf den Sohn‹, soll der Senior einst in trauter Brüsseler Runde geklagt haben.«[242] Lacy Milkovics, ein Vertrauter Karls, erklärte einmal, dass dieser »liebenswürdig und gutmütig« sei, jedoch »unberührt von der Muse der Intelligenz«. – »In Familienkreisen weiß man«, schrieb der »Spiegel«, »dass diese Eigenschaften auf Kaiser Ferdinand den Gütigen zurückzuführen sind, der kaum seinen Namen schreiben konnte.«[243] Dem führenden Paneuropäer Karl Habsburg, welchem beim Anblick der goldenen Sterne der europäischen Flagge die Gnade zu Teil wird, ein »Symbol der Mutter Gottes« zu erblicken, scheinen die Ideen der Aufklärung nur lästige Sandkörner im gottgewollten Getriebe der abendländisch-katholischen Tradition zu sein. Dass bei ihm als klassisches Moment ultrakonservativen Ressentiments die Französische Revolution als ideologischer Reibebaum par excellence fungiert, ist dann keine Überraschung mehr. Dabei handelt es sich um Schlaglichter eines Mannes, der nach acht Jahrzehnten Republik während eines Wahlkampfes expressis verbis bekannte, die Rückkehr zur Monarchie sei nicht für alle Zeiten auszuschließen.

Ziemlich genau 80 Jahre nach dem Tod von Kaiser Franz Joseph, im Sommer 1996, sorgte Karl Habsburg für peinliche Schlagzeilen. Am Flughafen Hohenems hatte der mit einem Privatjet aus der Schweiz einreisende Karl am 30. Juli auf die Deklarierung eines etwa 90 000 Mark teuren Schmuckstücks »vergessen«. Auf die Frage des Beamten, ob er etwas zu verzollen hätte, soll der junge Familienvater nur erwidert haben: »Babynahrung!« Im offiziellen Protokoll wurde vermerkt: »Erst als sich das Zollorgan nicht zufrieden gab und eine Gepäckskontrolle im Flugzeug ankündigte, sagte er, dass er ein Diadem mitführe.« Dieses kostbare Geschmeide aus Gold, besetzt mit Brillanten und Smaragden, war für Habsburgs Gattin gedacht, die es auf einem Ball hätte tragen sollen. Doch daraus wurde nichts. Das Diadem wurde umgehend beschlagnahmt, gegen Habsburg wurde ein Verfahren wegen Abgabenhinterziehung eingeleitet. Sein Sprecher bemerkte zum bevorstehenden Verfahren wegen versuchten Schmuggels lediglich: »Das ist ein Verwaltungsverfahren. Nicht schlimmer, als wenn er zu schnell auf der Autobahn unterwegs gewesen wäre.«[244] Schlimmer erwies sich im Jahre 1998 der Verdacht, dass seit 1996 Spendengelder der christlichen Kinderhilfsorganisation World Vision Österreich (mehr als 20000 Österreicher spenden monatlich 350,– Schilling für ein Patenkind aus der Dritten Welt)[245] an die Paneuropa-Bewegung geflossen seien, die mit diesen Mitteln Habsburgs EU-Wahlkampf mit finanziert haben soll. Habsburg fungierte als Vorstandsmitglied dieser Organisation, deren Geschäftsführerin (vormals Funktionärin der erzkonservativen, pro-monarchistischen Studentenorganisation »JES«) eine langjährige Freundin war. Deren Ehemann amtierte neben seiner Funktion als »Executive Director« bei World Vision als Generalsekretär der österreichischen Paneuropa-Bewegung und seit 1995 als Wahlkampfleiter Habsburgs. Dieser vertraute den Freunden wohl blind und seine Beteuerungen, er habe von den dubiosen Geldflüssen nichts gewusst, klingen tatsächlich glaubhaft. Besagter Spendenskandal wurde ins Rollen gebracht, weil Word Vision International eine »100-prozentige Dokumentationsprüfung« durchgeführt hatte und zum Ergebnis kam, dass für viele Millionen angeblich keine Belege zu finden seien.[246] Es wurde außerdem über die aufwendige Lebensführung des Ehepaares, über einen Villenkauf sowie über Nächtigungen der Österreich-Präsidentin und ihrer Sekretärin in Luxushotels spekuliert, wobei es sich hierbei um »eine sehr private Beziehung, die nicht ganz zur katholischen Gesinnung des Vereins passte«, gehandelt haben soll.[247]

In der sehr kühnen Verleugnung des Faktums, dass er von der ÖVP ursprünglich natürlich wegen seines klingenden Namens nominiert worden war, erklärte Karl Habsburg, er sei ja nicht wegen seiner sonstigen Tätigkeiten, sondern wegen seiner Haltung zu Europa gewählt worden. Gänzlich über die Stränge schlug freilich Otto, der zur Kritik an seinem Sohn erklärte: »Karl wird angegriffen, weil er den gewissen gelben Stern trägt, den Namen Habsburg. Die armen Juden haben ja Entsetzliches mitgemacht. Ich denke oft an sie in diesem Zusammenhang. ... Auf Karl schießt man wegen seines Namens, das ist doch alles Politik. Ich zitiere gerne Bismarck, der ja nicht unbedingt ein Freund unserer Familie war: Es sind nicht die schlechtesten Birnen, an denen die Wespen nagen.«[248]

»Wissen Sie, seine Freunde kann man sich aussuchen, aber nicht Verwandte«

Nach diesen Vorfällen wurde Karl Habsburg von der ÖVP nicht mehr nominiert. Am 13. Juni 1999 kandidierte er jedoch erneut für das Europäische Parlament, diesmal jedoch als Spitzenkandidat der ultrakonservativen »Christlich-Sozialen-Allianz (CSA)«, einer etwas schrullig anmutenden Weltanschauungspartei, die kurz zuvor aus der Taufe gehoben worden war. Als Parteigründer fungierte pikanterweise ein Herr namens Carl Albrecht Waldstein, ein Nachkomme des kaiserlichen Feldherrn Albrecht von Wallenstein, den der Habsburgerkaiser Ferdinand II. 1634 fallen gelassen hatte.

In den Reihen der ehemaligen Aristokratie regte sich rasch Misstrauen. Eine junge »Gräfin« erklärte: »Ich halte die Gründung dieser Partei für einen totalen Schwachsinn. Wenn die scheitern, dann fällt das wieder auf den Adel zurück und es heißt: Wir sind alle degenerierte Trottel.« Ein etwas älterer Standesgenosse, der Habsburg allerdings als Erzherzog titulierte, analysierte etwas präziser: »Die CSA wurde nur ins Leben gerufen, um dem Erzherzog sein Mandat im Europaparlament zu sichern. Das sind keine redlichen Gründe für eine Parteigründung, ich wittere die Absicht und bin verstimmt.«[249]

Selbst für Carl Ludwig Habsburg war die erneute Kandidatur Karls ein rechtes Ärgernis. Auch im Namen seines Bruders Felix hielt er fest: »Wir haben mit dieser Kandidatur unseres Neffen absolut nichts zu tun. Wir bedauern diese Initiative, weil sie letztlich der ganzen Familie Habsburg schaden könnte.« Otto, der den Wahlkampf seines Sohnes massiv unterstützte, reagierte in ungewohnter Schärfe auf die brüderliche Kritik: »Die Kandidatur meines Sohnes Karl geht Carl Ludwig einen Schmarrn an«, polterte er. »Aber es wundert mich nicht. Carl Ludwig war schon immer gegen Karl – auch gegen seine Heirat mit Francesca. Wissen Sie, seine Freunde kann man sich aussuchen, aber nicht Verwandte.«[250]

Karl Habsburg war im Europäischen Parlament durch eher exotische Aktivitäten und Wortspenden aufgefallen. Während seine engagierte Fürsprache dem christlichen Turkvolk der Tschuwaschen und der gepeinigten Bevölkerung von Birobischan galt, vermochte er im georgischen Präsidenten Eduard Schewardnadse nur einen »Mörder« zu sehen, eine »wirklich üble russische Marionette«. Boris Jelzin schließlich kam mit der Bezeichnung »mieser Friedensapostel« noch recht gut davon, bedenkt man, dass für den zukünftigen »Chef des Hauses« der südafrikanische Nobelpreisträger und Expräsident Nelson Mandela noch vor zehn Jahren nichts anderes als ein »kommunistischer Altterrorist« war. Doch auch diese Zuschreibung verwundert nicht, wenn man weiß, dass sein Vater Otto die »weiße« Vorherrschaft in Südafrika lange Zeit verteidigt hatte. Zu Ottos Schützlingen zählte aber auch der zentralafrikanische Ex-»Kaiser« Jean Bedel Bokassa (heute wissen wir, dass Bokassa zum Kannibalismus neigte), den der Habsburger gegenüber den amerikanischen Vorwürfen anlässlich dessen prunkvoller Krönung am 4. Dezember 1977 zu verteidigen wusste, wobei es Otto gewiss nicht um die Person dieses ehemaligen Obristen ging, der einmal über 100 Schulkinder massakrieren ließ, weil sie die von ihm verordneten Schuluniformen nicht anziehen wollten, sondern vielmehr um die Verteidigung des monarchischen Gedankens.

»Am End' is ollas umasunst!«

Hofrat Franz Grillparzer, *der* österreichische Nationaldichter schlechthin, schrieb über das Haus Habsburg: »Es ist der Fluch von unserem edlen Haus, auf halben Wegen und zu halber Tat mit halben Mitteln zauderhaft zu streben.« Dieser Satz trifft auf das Wirken vieler Mitglieder der Dynastie zu, doch vielleicht auf keinen Herrscher so sehr wie auf Kaiser Friedrich III., der ob seines Zauderns auch als des »Heiligen Römischen Reiches Erzschlafmütze« in die Geschichte einging. Friedrich, dessen nicht mehr dechiffrierbarer Wahlspruch »A E I O U« (von den vielen Varianten, wie diese fünf Vokale des Buchstabenzauberers aus dem 15. Jahrhundert zu deuten seien, die österreichischeste: »Am End' is ollas umasunst!«) noch heute jedem Grundschüler wohlbekannt ist, hatte durch die geschickte Anbahnung einer äußerst lukrativen Eheschließung zwischen seinem Sohn Maximilian (dem »letzten Ritter«) und Maria von Burgund, der damals reichsten Fürstin Europas, den Grundstein für den Aufstieg seines Hauses zur Großmacht gelegt. Von Friedrichs großem Widersacher Matthias Corvinus soll die Bemerkung stammen: »Bella gerant fortes; tu, felix Austria, nube: Nam quae Mars aliis, dat tibi regna Venus.« – »Lass die Mächtigen Kriege ausfechten; du, glückliches Österreich, heirate: Was Mars den anderen gibt, dir schenkt es Venus.« – »Tu felix Karl nube«, mag das betagte Familienoberhaupt Otto seinem Ältesten zugeraunt haben, als dieser sich ebenfalls goldrichtig zu verlieben wusste und zumindest in dieser Beziehung einem seiner großen Ahnen gerecht werden konnte.

Hinsichtlich der öffentlichen bzw. politischen Wahrnehmung Karl Habsburgs mag sich hingegen manchem kritschen Beobachter eine eher unbekannte Interpretation der alten Chiffre »A E I O U« aufdrängen, wonach nicht nur Österreich »bis ans Ende der Welt« bestehen wird, denn: »Auch Eselei ist offenkundig unsterblich!«

Anmerkungen

1 Anonymus, Kaiser Franz Joseph I. und sein Hof. Erinnerungen und Schilderungen aus den nachgelassenen Papieren eines persönlichen Ratgebers (übersetzt und herausgegeben von J. Schneider), Wien 1984, S. 61 f.

2 Zur österreichischen Geschichte der Jahre 1804 bis 1914 vgl. insbesondere H. Rumpler, Eine Chance für Mitteleuropa. Bürgerliche Emanzipation und Staatsverfall in der Habsburgermonarchie, Wien 1997.

3 E. Hanisch, Der lange Schatten des Staates. Österreichische Gesellschaftsgeschichte im 20. Jahrhundert, Wien 1994, S. 212.

4 Anonymus, Franz Joseph, a. a. O., S. 61.

5 M. Larisch-Wallersee, Meine Vergangenheit, Berlin 1901.

6 A. Margutti, Kaiser Franz Joseph, Wien 1924.

7 S. Vajda, Felix Austria. Eine Geschichte Österreichs, Wien/Heidelberg 1980, S. 403.

8 G. Aretz, Marie Louise, Bremen/Wien 1936, S. 55.

9 C. F. Méneval, Napoleon und Marie Louise. Geschichtliche Erinnerungen, Berlin 1906, S. 204.

10 R. Metternich-Winneberg, Aus Metternichs nachgelassenen Papieren, Wien 1880 (Band II, No 177).

11 A. Castelot, Der Herzog von Reichstadt, Wien/Berlin/Stuttgart 1960, S. 53.

12 R. Nürnberger, Französische Revolution und Napoleon, in: G. Mann/A. Heuss/A. Nitschke (Hg.), Propyläen Weltgeschichte (Band 8), Das neunzehnte Jahrhundert, Frankfurt am M./Berlin 1991, S. 59 ff, hier S. 171.

13 E. Wertheimer, Der Herzog von Reichstadt, Stuttgart/Berlin 1902, S. 289.

14 Holler, Napoleons Sohn, Der unglücklich Herzog von Reichstadt, Wien 1987, S. 88.

15 Castelot, Herzog, a. a. O., S. 110.

16 Ebenda, S. 151.

17 F. Wencker-Wildberg, Napoleon. Memoiren seines Lebens (Band XIV), Wien/Marburg/Zürich o. J., S. 380.

18 Rumpler, Chance, a. a. O., S. 141.

19 Castelot, Herzog, a. a. O., S. 174.

20 Ebenda, S. 205.

21 H. Bankl, Die kranken Habsburger. Befunde und Befindlichkeiten einer Herrscherdynastie, Wien 1998, S. 91.

22 Holler, Napoleons Sohn, a. a. O., S. 170.

23 Archiv Montenuovo, Karton 8, No 289 vom 28. November 1819, hier zitiert nach: Holler, Napoleons Sohn, a. a. O., S. 172.

24 H. Rollet, Begegnungen. Erinnerungsblätter 1819–1899, Wien 1903, S. 37 ff.

25 A. Prokesch von Osten, Aus den Tagebüchern des Grafen Prokesch von Osten 1830–1834, Wien 1909, S. 37. Vgl. außerdem ders., Mein Verhältnis zum Herzog von Reichstadt, Stuttgart 1878.

26 Prokesch, Tagebücher, a. a. O., S. 40.

27 Castelot, Herzog, a. a. O., S. 329.

28 Holler, Napoleons Sohn, a. a. O., S. 221.

29 Gentz war zu dieser Zeit bereits 66 Jahre alt. Er schilderte das Verhältnis mit

Fanny Elßler in seinem Tagebuch sehr detailliert. Eine Freundin Elßlers, Betty Paoli, machte in ihren Erinnerungen glaubhaft deutlich, daß Reichstadt und Elßler keine intime Beziehung hatten. Vgl. E. C. Corti, Vom Kind zum Kaiser. Kindheit und erste Jugend Kaiser Franz Josephs I. und seiner Geschwister, Graz/Salzburg/Wien 1950, S. 223.

30 Prokesch, Tagebücher, a. a. O., S. 102.

31 Zur Freundschaft zwischen Erzherzogin Sophie und Reichstadt vgl. J. de Bourgoing, Le fils de Napoleon, Paris 1950, S. 343 ff.

32 Napoleon III. war der drittgeborene Sohn von Ludwig und Hortense Beauharnais, der nach dem Tode Reichstadts zum Oberhaupt der Familie avancierte.

33 J. K. Moll, Die letzten Tage des Herzogs von Reichstadt (herausgegeben von J. de Bourgoing), Berlin/Wien/Leipzig 1948, S. 152.

34 Moll, Tage, hier zitiert nach: Holler, Napoleons Sohn, a. a. O., S. 257.

35 Ich entnehme alle diesbezüglichen Gerüchte dem Buch von Holler, Napoleons Sohn, a. a. O., S. 264 ff.

36 D. Gies McGuigan, Die Habsburger, Wien 1995, S. 499.

37 G. Holler, Sophie. Die heimliche Kaiserin. Mutter Franz Josephs I., Wien/München 1993.

38 F. Herre, Kaiser Franz Joseph von Österreich. Sein Leben – seine Zeit, Köln 1992.

39 G. Brook-Shepherd, Monarchien im Abendrot. Europas Herrscherhäuser bis 1914, Wien/Darmstadt 1988, S. 161 f.

40 Bankl, Habsburger, a. a. O., S. 85.

41 F. Herre, Metternich. Staatsmann des Friedens, Köln 1983, S. 351.

42 Corti, Vom Kind zum Kaiser, a. a. O., S. 133.

43 Nachlaß Erzherzogin Sophie, Brief vom 8. März 1831.

44 Vgl. »Wiener Zeitung« vom 3. März 1835.

45 Prokesch, Tagebücher, a. a. O., S. 33.

46 F. Walter, Die österreichische Zentralverwaltung. Die Zeit Franz II. (I.) (1792–1848). Die österreichische Zentralverwaltung II/1956.

47 Nachlaß Erzherzogin Sophie, Brief an ihre Mutter vom 25. Mai 1835.

48 V. Bible, Kaiser Franz und sein Erbe, o. O. 1922, S. 268.

49 H. Reschauer, Das Jahr 1848, Wien 1878, S. 4.

50 Vgl. »Neue Freie Presse« vom 13. März 1924.

51 Herre, Kaiser Franz Joseph, a. a. O., S. 63.

52 J. Emmer, Erzherzog Franz Karl, Salzburg 1883, S. 21.

53 F. Endler, Wien im Biedermeier, Wien 1978, S. 253.

54 V. Geramb, Ein Leben für die Anderen. Erzherzog Johann und die Steiermark, Wien 1959; G. Klingenstein (Hg.), Erzherzog Johann von Österreich. Beiträge zur Geschichte seiner Zeit, Graz 1982; H. Magenschab, Erzherzog Johann, Habsburgs grüner Rebell, Graz/Wien/Köln 1981; G. Nenning, Erzherzog Johann. Mythos und Wirklichkeit, Wien 1982; O. Pickl (Hg.), Erzherzog Johann von Österreich. Sein Wirken in seiner Zeit, Graz 1982; V. Theiß, Erzherzog Johann, der steirische Prinz, Wien 1981; H. Wiesflecker, Erzherzog Johann, ein Leben für die Steiermark, Graz 1959.

55 K. E. Vehse, Memoirs of the Court and Aristocracy of Austria (2 Bände, hier Band 2), London 1896, S. 409.

56 F. Weissensteiner, Erzherzog Johann. Kaiserlicher Außenseiter, Volksfreund und Rebell, in: ders., Reformer, Republikaner und Rebellen. Das andere Haus Habsburg-Lothringen, München 1995, S. 102 ff, hier S. 106.

57 H. Andics, Die Frauen der Habsburger, Wien 1993, S. 179.

58 Weissensteiner, Erzherzog Johann, a. a. O., S. 112.

59 W. Kleindel, Österreich. Daten zur Geschichte und Kultur, Wien 1995, S. 221.

60 Tagebucheintragung vom 24. Dezember 1823.

61 Zum Verhältnis von Johann und Anna Plochl vgl. auch S.-M. Größing, Ein Märchen wurde wahr. Erzherzog Johann und Anna Plochl, in: dies., Amor im Hause Habsburg, München 1996, S. 186 ff.

62 Erzherzog Johann, Der Brandhofer und seine Hausfrau (herausgegeben von W. Koschatzky), Graz 1978. Das Original dieses Buches ging in den letzten Tagen des Zweiten Weltkrieges verloren.

63 Corti, Vom Kind zum Kaiser, a. a. O., S. 160.

64 Tagebucheintragung vom 1. Jänner 1848.

65 Zur Geschichte der Revolution in Deutschland, Querverbindungen zu Österreich und den Ereignissen in der Paulskirche vgl. unter vielen G. Mann, Deutsche Geschichte des 19. und 20. Jahrhunderts, Frankfurt am Main 1992, S. 193 ff, insbesondere S. 209 ff.

66 E. Hoor, Erzherzog Johann von Österreich als Reichsverweser, Wien 1981.

67 Weissensteiner, Erzherzog Johann, a. a. O., S. 128.

68 H. Andics, Frauen, S. 189.

69 Dieser Satz entstammt einem längeren Gedicht von K. Kraus.

70 E. Ringel, Die österreichische Seele, Graz/Wien 1984, S. 34.

71 Aus der umfangreichen Literatur vgl. S. Beller, Franz Joseph. Eine Biografie, Wien 1997; J. P. Bled, Franz Joseph. »Der letzte Monarch der alten Schule«, Wien 1988; Corti, Vom Kind zum Kaiser, a. a. O.; ders., Mensch und Herrscher. Wege und Schicksale Kaiser Franz Josephs I. zwischen Thronbesteigung und Berliner Kongreß , Graz/Salzburg/Wien 1952; ders./H. Sokol, Der alte Kaiser. Vom Berliner Kongreß bis zu seinem Tode, Graz/Salzburg/Wien 1955; O. Ernst, Franz Joseph in seinen Briefen, Wien 1924; Herre, Kaiser Franz Joseph, a. a. O.; Palmer, Franz Joseph I., a. a. O.; J. Redlich, Kaiser Franz Joseph von Österreich, Berlin 1929.

72 J. Redlich, Schicksalsjahre Österreichs 1908–1919, (2 Bände, bearbeitet von F. Fellner, hier Band 1), Graz 1953/54, S. 235.

73 H. Benedikt, Die Monarchie des Hauses Österreich, Wien 1968.

74 Corti, Vom Kind zum Kaiser, a. a. O.

75 Diese berühmten Worte soll Franz Joseph am 15. April 1910 gegenüber dem ehemaligen US-Präsidenten Theodore Roosevelt in einer Privataudienz gesagt haben. Roosevelt erzählte später, der Kaiser von Österreich sei ihm »nicht als besonders fähiger Mann erschienen, aber er war ein Gentleman«. Einen Monat später traf Roosevelt auch mit Erzherzog-Thronfolger Franz Ferdinand zusammen, der in einem Brief an Franz Joseph am Amerikaner kein gutes Haar lassen wollte: »Roosevelt« zeichne sich »durch auffallenden Mangel an höfischen Formen aus«, er sei »ungemein gegenwärtig, respective deutsch gesagt: frech«.

76 Pointiert dazu K. Tschuppik, Von Franz Joseph zu Adolf Hitler (herausgegeben und eingeleitet von K. Amann), Wien/Köln/Graz 1982, S. 109 ff.

77 Besonders repräsentativ ist in diesem Zusammenhang die Beweihräucherungspublizistik des ehemaligen Unterrichtsministers Drimmel. Vgl. H. Drimmel, Franz Joseph. Biographie einer Epoche, Wien/München 1983.

78 W. M. Johnston, Österreichische Kultur- und Geistesgeschichte. Gesellschaft und Ideen im Donauraum 1848 bis 1938, Wien/Köln/Weimar 1992, S. 48.

79 Corti, Mensch und Herrscher, a. a. O., S. 78.

80 F. Schnürer (Hg.), Briefe Franz Josephs I. an seine Mutter 1838–1872, München 1930, S. 176 f.

81 Corti, Mensch und Herrscher, a. a. O., S. 106.

82 Palmer, Franz Joseph, a. a. O., S. 104.

83 B. Hamann, Elisabeth. Kaiserin wider Willen, Wien/München 1982, S. 31 f.

84 G. A. Craig, Königgrätz, Wien/Hamburg 1966.

85 Vgl. Art. 1 des »Staatsgrundgesetzes über die Regierungs- und Vollzugsgewalt«.

86 A. Schäffle, Aus meinem Leben (2 Bände, hier Band 2), Berlin 1905, S. 70.

87 F. Anders/K. Eggert, Maximilian von Mexiko. Erzherzog und Kaiser, St. Pölten/Wien 1982; E. C. Corti, Maximilian und Charlotte von Mexico, Wien 1924; B. Hamann, Mit Kaiser Max in Mexico. Aus dem Tagebuch des Fürsten Khevenhüller, Wien 1983; J. Haslip, Maximilian. Kaiser von Mexiko, München 1972; J. Kühn (Hg.), Das Ende des maximilianischen Kaiserreiches in Mexico, Göttingen 1965; W. Middendorf, Maximilian. Kaiser von Mexiko. Sein Leben und sein Prozeß in historischer und psychologischer Sicht, Köln 1981.

88 Corti, Mensch und Herrscher, a. a. O., S. 397.

89 Hinsichtlich dieser Bemerkung Franz Josephs (»Mir bleibt doch nichts erspart«) gibt es zwei Deutungen. Nach Corti fiel dieser Satz nach der Ermordung Elisabeths, nach den Worten der Exkaiserin Zita erst nach jener Franz Ferdinands in Sarajevo.

90 H. Holzer, Der Fluch über dem Hause Habsburg, München 1981.

91 E. Kielmansegg, Kaiserhaus, Staatsmänner und Politiker. Aufzeichnungen des k. k. Statthalters Erich Graf Kielmansegg, Wien u. a. 1966, S. 85.

92 F. Heer, Entdeckung eines Kontinents. Geleitwort, in: Johnston, Kultur- und Geistesgeschichte, a. a. O., S. 13 ff, hier S. 14.

93 Kielmansegg, Kaiserhaus, a. a. O., S. 26.

94 Vgl. A. Fuchs, Geistige Strömungen in Österreich 1867–1918, Wien 1984; Johnston, Kultur- und Geistesgeschichte, a. a. O., S. 127 ff und ebenso subjektiv wie anregend F. Torberg, Die Tante Jolesch oder Der Untergang des Abendlandes/Die Erben der Tante Jolesch, Wien 1995.

95 Anonymus, Franz Joseph, a. a. O., S. 96.

96 Schnürer (Hg.), Briefe, a. a. O., S. 233.

97 B. Hamann (Hg.), Meine liebe, gute Freundin. Die Briefe Kaiser Franz Josephs an Katharina Schratt, Wien 1992, S. 364.

98 Zu diesem jahrzehntelangen Verhältnis vgl. Bourgoing, Briefe, a. a. O.; Hamann, Meine liebe, gute Freundin, a. a. O.; J. Haslip, Die Freundin des Kaisers, Stuttgart 1985; Kielmansegg, Kaiserhaus, a. a. O.; H. Mailler, Die Frau Schratt. Ein Lebensbild, Wien 1947; G. Markus, Katharina Schratt. Die heimliche Frau des Kaisers, Wien/München 1982; H. Tabarelli, Kaiser Franz Joseph und die gnädige Frau, Wien 1948.

99 F. Saathen (Hg.), Anna Nahowski und Kaiser Franz Joseph, Graz/Wien/Köln 1986.

100 Vgl. den Brief Franz Josephs an die Schratt vom 26. August 1903, in: Bourgoing, Briefe, a. a. O., S. 445.

101 E. Ketterl, Der alte Kaiser. Wie nur einer ihn sah, Wien 1980, S. 24.

102 Ebenda.

103 E. C. Corti, Elisabeth. Die seltsame Frau, Graz/Wien/Köln 1996 (Erstauflage

1934). Wichtige Hinweise auf Elisabeth und deren Verwandtschaft finden sich auch in Cortis oben zitierter Franz-Joseph-Trilogie. Ein weiterer Meilenstein in der Elisabeth-Forschung war die Arbeit von Hamann, Elisabeth, a. a. O.

104 Darüber berichtete Irma Sztáray, Aus den letzten Jahren der Kaiserin Elisabeth, Wien 1909, S. 249.

105 B. Demandt, Das Attentat auf Kaiserin Elisabeth von Österreich 1898, in: A. Demandt (Hg.), Das Attentat in der Geschichte, o. O. 1999, S. 317 ff; B. Hamann, Der Mord an Kaiserin Elisabeth, in: L. Spira (Hg.), Attentate, die Österreich erschütterten, Wien 1981, S. 21 ff.

106 Margutti, Franz Joseph, a. a. O.

107 Haslip, Sissi, a. a. O., S. 12.

108 Gies McGuigan, Habsburger, a. a. O., S. 512.

109 Franz Joseph an Elisabeth, Verona, 31. Mai 1859. Vgl. Corti, Elisabeth, a. a. O., S. 83.

110 Es kursierten auch Gerüchte, dass der Kaiser seine Frau mit Gonorrhöe angesteckt hätte. Vgl. dazu Andics, Die seltsame Frau und die gnädige Frau, in: ders., Frauen, a. a. O., S. 231, Anm. 9.

111 Corti, Elisabeth, a. a. O., S. 93.

112 Weissensteiner, Elisabeth. Die Antikaiserin, in: ders., Reformer, a. a. O., S. 184 ff, hier S. 196.

113 Die beiden Briefe stammen vom 28. Februar und vom 15. April 1862. Hier zitiert nach: Weissensteiner, Die verhinderte, ichsüchtige Mutter, in: ders., Frauen, a. a. O., S. 32.

114 Tagebucheintragung vom 22. April 1865. Vgl. Palmer, Franz Joseph, a. a. O., S. 212.

115 So lautete das Urteil der Hofdame Fürstenberg. Vgl. Corti, Elisabeth, a. a. O., S. 7.

116 J. von Stockhausen, Im Schatten der Hofburg. Gestalten. Puppen und Gespenster, Wien 1952. Die Kronprinzessin ließ diese Sätze angeblich in Gegenwart Stockhausens fallen.

117 Die beiden wichtigsten Biografien über Rudolf sind: B. Hamann, Rudolf. Kronprinz und Rebell, Wien 1993 (Erstaufl. 1978) und noch immer O. Mitis, Das Leben des Kronprinzen Rudolf, Wien 1971 (Erstaufl. 1928).

118 Schnürer (Hg.), Briefe, a. a. O., S. 286.

119 Palmer, Franz Joseph, a. a. O., S. 185.

120 Corti, Elisabeth, a. a. O., S. 132.

121 Hamann, Elisabeth, a. a. O., S. 181.

122 B. Hamann (Hg.), Kronprinz Rudolf. Private und politische Schriften, Wien/-München 1987, S. 19 ff.

123 Vgl. Hamann, Rudolf, a. a. O., S. 485.

124 E. Franzel, Kronprinzen-Mythos und Mayerling-Legenden, Wien 1973, S. 27f.

125 Weissensteiner, Rudolf, a. a. O., S. 286.

126 Zum Verhältnis von Kronprinz und Kronprinzessin vgl. Andics, Mayerling und kein Ende. Kronprinzessin Stefanie und Mary Vetsera, in: ders., Frauen, a. a. O., S. 271 ff; Größing, Die Tragödie von Mayerling begann in Brüssel. Kronprinz Rudolf und Stephanie von Belgien, in: dies., Amor, a. a. O., S. 246 ff sowie Stephanie von Belgien, Fürstin von Lónyay, Ich sollte Kaiserin werden. Lebenserinnerungen der letzten Kronprinzessin von Österreich-Ungarn, Leipzig 1935.

127 Gies McGuigan, Habsburger, a. a. O., S. 547.

128 Vgl. in diesem Kontext die psychologisch motivierte Studie von Franzel, Kronprinzen-Mythos, a. a. O.

129 F. Judtmann, Mayerling ohne Mythos. Ein Tatsachenbericht, Wien 1982, S. 13.

130 Corti, Elisabeth, a. a. O., S. 422.

131 Franzel, Kronprinzen-Mythos, a. a. O., S. 35 bzw. 8; B. Zuckerkandl, Österreich intim, Frankfurt am Main/Berlin/Wien 1970.

132 B. Zuckerkandl, Ich erlebte fünfzig Jahre Weltgeschichte, Stockholm 1939, S. 148 f. Zuckerkandl berichtete, dass Rudolf in Prag eine Liebesaffäre mit einer jungen Jüdin gehabt haben soll, die starb, als sie aus ihrem Exil, zu dem sie gezwungen worden war, ausbrach. Mary Vetsera soll den Kronprinzen an dieses Mädchen erinnert haben.

133 H. L. Mikoletzky, Österreich. Das entscheidende 19. Jahrhundert. Geschichte, Kultur und Wirtschaft, Wien 1972, S. 466.

134 Das m. E. beste Buch über den Tod des Kronprinzen stammt nicht von einem Fachhistoriker, sondern von einem gelernten Architekten. Vgl. Judtmann, Mayerling, a. a. O. In diesem Buch werden zahlreiche Mayerling-Legenden eindrucksvoll widerlegt. Vgl. außerdem C. Schaefer, Mayerling. Die Tragödie und ihre Deutungen, Wien 1987.

135 Das Mayerling-Original. Offizieller Akt des k. k. Polizeipräsidiums, Wien 1955, S. 42.

136 R. Barkeley, The road to Mayerling. Life and Death of Crown Prince Rudolf of Austria, New York 1958, S. 271.

137 Dafür sprechen u. a. die Aufzeichnungen von M. Szeps, welche sich dieser nach einer Unterredung mit Rudolf in der Nacht vom 30. zum 31. Jänner gemacht hatte.

138 Stockhausen, Schatten, a. a. O.

139 Hoyos hinterlegte diese versiegelte Denkschrift im Haus-, Hof- und Staatsarchiv in Wien, wo sie von Oskar Mitis, dem Direktor des Archivs, aufgefunden wurde. 1928 veröffentlichte Mitis die Schrift in seinem oben zitierten Werk über den Kronprinzen. Die Hoyos-Denkschrift ist in diesem Archiv im so genannten Kronprinz-Rudolf-Selekt, Karton 21, einsehbar.

140 Diese Version berichtete die »Neue Freie Presse« in einer Extraausgabe vom 1. Februar, worauf die Zeitung noch im Druck beschlagnahmt wurde.

141 Ketterl, Der alte Kaiser, a. a. O., S. 48.

142 Judtmann, Mayerling, a. a. O., S. 415 f.

143 Dazu Anton Bossi-Fedrigotti, Franz Joseph und seine Zeit, Zürich/München 1978.

144 Vgl. »Die Stunde« vom 29. September 1923.

145 G. Holler, Die Lösung des Rätsels. Der Tod des Kronprinzen Rudolf und der Baronesse Vetsera aus medizinischer Sicht, Wien/München/Zürich 1980.

146 Wandruszka äußerte diese Ansicht in seiner Einleitung zur Neuausgabe des Buches von Mitis im Jahre 1971.

147 Dazu H. Schaffelhofer, Johann Orth. Im Weltmeer verschollen, Wien/Krems 1952, S. 15 ff.

148 Zu allen Zitaten vgl. F. Weissensteiner, Ein Aussteiger aus dem Kaiserhaus. Johann Orth. Das eskapadenreiche Leben des Erzherzogs Johann Salvator, Wien 1985, S. 55 ff.

149 Weissensteiner, Johann Salvator (Johann Orth). Der unbotmäßige Erzherzog, in: ders., Reformer, a. a. O., S. 256 ff, hier S. 267.

150 Am 15. November 1882 legte Johann mit kaiserlicher Entschließung den

Beinamen Salvator ab, ich verwende ihn in der Folge aus stilistischen Gründen trotzdem weiter.

151 Hamann, Rudolf, a. a. O., S. 310.
152 Vgl. dazu Kapitel 7 (»Kronprinz Rudolf oder: Wie stirbt eigentlich ein Schneider?«).
153 Schaffelhofer, Johann, a. a. O., S. 127 f.
154 Weissensteiner, Reformer, a. a. O., S. 257.
155 Vgl. »Gmundner Wochenblatt« vom 13. Juni 1911.
156 Weissensteiner, Aussteiger, a. a. O., S. 254.
157 Vgl. »Neues Wiener Tagblatt« vom 22. Juni 1935.
158 L. Wölfling verfasste folgende Bücher: Habsburger unter sich, Berlin 1921; From Archduke to Grocer. My Lifestory, London 1930; Als ich Erzherzog war, Berlin 1935. Vgl. außerdem W. Wölfling-Adamovics, Meine Memoiren (herausgegeben Von J. Schmall) und im Überblick B. Hamann, Leopold Ferdinand, in: dies. (Hg.), Die Habsburger, Ein biographisches Lexikon, Wien 1988, S. 262 f. Ausführlicher zum Thema wieder Weissensteiner, Leopold Ferdinand (Leopold Wölfling), in: ders., Reformer, a. a. O., S. 279 ff.
159 Wölfling, From Archduke, a. a. O., S. 225.
160 Wölfling, Als ich Erzherzog war, a. a. O., S. 189.
161 Vgl. Haus-, Hof- und Staatsarchiv, Franz Ferdinand Nachlaß II. Briefe, Karton 2.
162 Wölfling, From Archduke, a. a. O., S. 87 ff.
163 Vgl. Haus-, Hof- und Staatsarchiv, Franz Ferdinand Nachlaß II. Briefe, Karton 1.
164 Wölfling, From Archduke, a. a. O., S. 99.
165 Vgl. Kriegsarchiv, Militärkanzlei seiner Majestät 1902, 68 – 6/1, hier zitiert nach: Weissensteiner, Leopold Ferdinand, a. a. O., S. 287.
166 Als Aufgabeort schien Brüssel auf, was sich jedoch als fingierter Aufgabeort herausstellte, da er zu diesem Zeitpunkt in der Schweiz weilte. Ob der grammatikalische Fehler beabsichtigt war, lässt sich nicht eruieren.
167 L. von Toskana, Mein Lebensweg (herausgegeben von L. Mikoletzky), Wien 1988; E. Toselli, Meine Ehe mit Luise von Toscana, Basel/St. Ludwig o. J. Es ist darauf hinzuweisen, daß die Erinnerungen der ehemaligen Kronprinzessin ebenso wie jene der Gräfin Larisch kritisch und mit großer Vorsicht zu lesen sind.
168 Nachfolgende Ausführungen orientieren sich wieder primär an F. Weissensteiner, Erzherzog Ferdinand Karl (Karl Burg). Der sanfte Rebell, in: ders., Reformer, a. a. O., S. 294 ff. Andere Arbeiten über diesen Habsburger sind mir nicht bekannt.
169 Vgl. »Wiener Abendpost« vom 18. November 1911.
170 Kielmansegg, Kaiserhaus, a. a. O., S. 173.
171 Der Name wurde von Musil bewusst ausgetauscht, Elsa war der Name seiner Schwester. Vgl. in diesem Zusammenhang auch das Bild der »Agathe« im »Mann ohne Eigenschaften«.
172 A. Frisé (Hg.), Robert Musil, Tagebücher. Band 1, Reinbek bei Hamburg 1976, hier S. 952 f.
173 Weissensteiner, Ferdinand Karl, a. a. O., S. 302 f.
174 Ebenda
175 Vgl. dazu Haus-, Hof- und Staatsarchiv Wien, Nachlaß Erzherzogin Sophie. Briefe Erzherzogs Ludwig Viktors an seine Mutter.

176 Holler, Sophie, a. a. O., S. 295.

177 Tagebuch der Erzherzogin Sophie vom 2. Dezember 1848.

178 Corti, Vom Kind zum Kaiser, a. a. O., S. 343.

179 A. Brandl, Erzherzogin Sophie von Österreich und eine tirolische Dichterin Walpurga Schindl, Wien/Leipzig 1902, S. 88.

180 K. Möhring, Sibyllinische Bücher aus Österreich, Hamburg 1848, S. 291.

181 M. Hirschfeld, Die Homosexualität des Mannes und des Weibes, Berlin 1920.

182 J. Hrazky, Die Persönlichkeit der Infantin Isabella von Parma. Mitteilungen des österreichischen Staatsarchivs (12. Band), Wien 1959, S. 174 ff (mit einer Edition der Briefe Isabellas an Marie Christine); U. Tamussino, Isabella von Parma. Gemahlin Josephs II., Wien 1989.

183 G. Markus, Der Fall Redl. Mit unveröffentlichten Geheimdokumenten zur folgenschwersten Spionage-Affäre des Jahrhunderts, Frankfurt am Main/Berlin 1986; F. Morton, Wetterleuchten 1913/14, Wien 1990, Kapitel 6 und 7; A. Sternberg, Warum Österreich zugrunde gehen musste, Wien 1927, S. 117 ff.

184 E. E. Kisch, Wie ich erfuhr, daß Redl ein Spion war. Zwölf Reportagen, Berlin (Ost) 1961.

185 Markus, Redl, a. a. O., S. 258.

186 Corti, Elisabeth, a. a. O., S. 202.

187 Ebenda, S. 198.

188 N. Fugger, Im Glanz der Kaiserzeit, Wien/München 1932.

189 Corti, Elisabeth, a. a. O., S. 132 f.

190 N. Fugger, Glanz, a. a. O. Vgl. im Überblick auch B. Hamann, Ludwig Viktor, in: dies.: (Hg.), Die Habsburger. a. a. O., S. 268; K. Vocelka./L. Heller, Die private Welt der Habsburger, Graz 1998.

191 E. Glaise-Horstenau, Ein General im Zwielicht (herausgegeben von P. Broucek), Wien 1980.

192 Johnston, Kultur- und Geistesgeschichte, a. a. O., S. 57.

193 F. Weissensteiner, Franz Ferdinand. Der verhinderte Herrscher, Wien 1983, S. 60.

194 Vgl. »Reichspost« vom 28. Mai 1929 (»Onno Klopp als Geschichtslehrer Franz Ferdinands«).

195 Kielmansegg, Kaiserhaus, a. a. O., S. 131.

196 Ebenda.

197 Vgl. »Neues Wiener Journal« vom 2. Juni 1929 (»Franz Ferdinand und Otto«) sowie »Neue Freie Presse« vom 21. Mai 1931 (Erzherzog Franz Ferdinand und sein Bruder Otto. Ein Brief an die Fürstin Fugger-Babenhausen).

198 Weissensteiner, Franz Ferdinand, a. a. O., S. 109.

199 Hamann, Elisabeth, a. a. O., S. 473.

200 R. Arthaber, Engelbert Pernerstorfer, NÖB, Band 2/1925, S. 105 f.

201 S. von Belgien, Fürstin von Lónyay, Ich sollte Kaiserin werden.

202 Sternberg, Warum Österreich zugrunde gehen musste, a. a. O.

203 R. Lorenz, Kaiser Karl und der Untergang der Donaumonarchie, Graz 1959, S. 40.

204 Anonymus, Kaiser Franz Joseph, a. a. O., S. 64.

205 M. Graf, Legend of a Musical City, New York 1945, S. 69 f.

206 Anonymus, Kaiser Franz Joseph, a. a. O., S. 64.

207 V. Eisenmenger, Franz Ferdinand, Wien 1930.

208 Kielmansegg, Kaiserhaus, a. a. O., S. 141.

209 A. Polzer Hoditz, Kaiser Karl. Aus der Geheimmappe seines Kabinettschefs, Wien 1980, S. 66.

210 Brook-Shepard, Abendrot, a. a. O., S. 185 f.

211 Zum Verhältnis zwischen Rudolf und Stephanie vgl. die im Kapitel über Kronprinz Rudolf angeführte Literatur.

212 F. Weissensteiner, Die lieblose Gattin: Kronprinzessin Stephanie, in: ders., Frauen um Kronprinz Rudolf, Wien 1991, S. 183 ff, hier S. 200.

213 Ein Faksimile des Abschiedsbriefes ist abgedruckt in: Corti/Sokol, Der alte Kaiser, a. a. O., S. 96 f.

214 Die nachfolgenden Ausführungen orientieren sich hauptsächlich an F. Weissensteiner, Die rote Erzherzogin, Wien 1982. Eine Kurzfassung (»Die Kronprinzentochter«) gibt der Autor in seinem schon mehrmals zitierten Werk Reformer, a. a. O., S. 239 ff. Vgl. außerdem E. Salburg, Das Enkelkind der Majestäten, Dresden 1929.

215 Anonymus, Kaiser Franz Joseph, a. a. O., S. 71 f.

216 Weissensteiner, Kronprinzentochter, a. a. O., S. 239.

217 Anonymus, Kaiser Franz Joseph, a. a. O., S. 70 f.

218 Weissensteiner, Kronprinzentochter, a. a. O., S. 248.

219 Vgl. »profil«, Heft 6/1999, S. 26 f.

220 Die Bücher über Otto Habsburg wurden zum größten Teil von Sympathisanten geschrieben bzw. herausgegeben und lassen es nicht selten an Differenzierung fehlen. Vgl. W. Douglas/S. Baier (Hg.), Otto von Habsburg. Ein souveräner Europäer, Wien 1997; E. Feigl, Otto von Habsburg – Profil eines Lebens, Wien 1992; W. Kraus, Otto von Habsburg (Selbstverlag), o. O. 1955; E. Vasari, Dr. Otto Habsburg oder Die Leidenschaft für Politik, Wien 1972; A. Werner, Otto von Habsburg – Weg, Weltbild und Werk (Selbstverlag), o. O. 1958.

221 J. Leslie, Otto, in: Hamann (Hg.), Die Habsburger, a. a. O., S. 379 ff, hier S. 381.

222 H. Andics, Der Fall Otto Habsburg, Wien 1965; F. Kaufmann, Sozialdemokratie in Österreich. Idee und Geschichte einer Partei von 1889 bis zur Gegenwart, Wien/München 1978; N. Leser, Salz der Gesellschaft. Wesen und Wandel des österreichischen Sozialismus, Wien 1988, S. 124 ff; G. Nenning, Anschluß an die Zukunft. Österreichs unbewältigte Gegenwart und Vergangenheit, Wien 1963; M. Mommsen-Reindl, Die österreichische Proporzdemokratie und der Fall Habsburg, Wien/Köln 1976.

223 Vgl. das Protokoll des 16. Parteitages der SPÖ vom 6. bis 8. Juni 1963.

224 P. Lendvai/K. H. Ritschel, Kreisky. Porträt eines Staatsmannes, Wien 1972, S. 116.

225 I. Mosser, Der Legitimismus und die Frage der Habsburger-Restauration in der innenpolitischen Zielsetzung des autoritären Regimes in Österreich (1933–1938) (Diss.), Wien 1979.

226 Gesetz vom 3. April 1919, StGBl. Nr. 209, betreffend die Landesverweisung und die Übernahme des Vermögens des Hauses Habsburg-Lothringen.

227 Andics, Frauen, a. a. O., S. 381, Anm. 30.

228 T. Griesser-Pecar, Zita. Die Wahrheit über Europas letzte Kaiserin, Bergisch-Gladbach 1985.

229 H. Lackner, Die Habsburger. Die ewigen Kaiser, in: »profil«, Heft 48/1998.

230 Vgl. »profil«, Heft 51/1997. Der Beitrag bezieht sich auf eine Publikation, die meines Wissens bisher nur in spanischer Sprache vorliegt: R. Pérez-Maura, Del Imperio a la Unión Europea: la huella de Otto de Habsburgo en el siglo XX, 1997.

231 Vgl. »profil«, Heft 13/1996, S. 34.

232 Nach der authentischen Auslegung des § 2 Habsburgergesetz durch Art. I. des B-VG BGBl 1963/172 hat die Bundesregierung im Einvernehmen mit dem Hauptausschuss des Nationalrates durch Bescheid festzusetzen, ob eine Verzichtserklärung ausreichend ist.

233 Vgl. »Kurier« vom 21. Juni 1996.

234 Vgl. »Format«, Heft 8/1999.

235 Das Taufregister ist abgedruckt bei: H. Portisch, Österreich II. (3. Band), Wien 1996, S. 194 f.

236 Werner, Otto, a. a. O.

237 Ottos zweiter Sohn, Georg Habsburg-Lothringen, wurde als Vertreter der Familie nach Ungarn »geschickt«, wo er als »EU-Botschafter« beste Kontakte zu konservativen Politikern unterhält.

238 H. Czernin, Der Schattenkaiser, in: »Der Standard« vom 17. November 1997. Dieses kritische Porträt wurde Otto Habsburg gewidmet, der am 20. November 1997 seinen 85. Geburtstag feierte.

239 Vgl. http://members.tripod.com/~tschwarzer/otto/.htm.

240 Francesca Habsburgs Vater Heinrich Thyssen-Bornemisza besitzt eine der kostbarsten Gemäldesammlungen der Welt und soll über ein geschätztes Barvermögen von 24 Milliarden Schilling verfügen. Ihre Mutter Fiona (Campbell-Walter) war die dritte Frau des Industriellen, doch die Ehe wurde relativ bald wieder geschieden. Vgl. »NEWS«, Heft 21/1999.

241 Vgl. »profil«, Heft 48/1998.

242 Vgl. »Format«, Heft 14/1999.

243 Vgl. »Der Spiegel«, Heft 52/1998.

244 Vgl. »News«, Heft 20/1998.

245 Vgl. »Format«, Heft 9/1999.

246 Vgl. »News«, Heft 48/1998.

247 Vgl. »profil«, Heft 49/1998.

248 Vgl. »profil«, Heft 50/1998.

249 Vgl. »Format«, Heft 20/1999 (beide Zitate).

250 Vgl. »Neue Kronen Zeitung« vom 22. Mai 1999.

Bildnachweis:

Bildarchiv der Österreichischen Nationalbibliothek: 17, 39, 55, 69, 85, 89, 107, 118, 145, 153, 157, 165, 175, 189

Franz Neumayr: 199